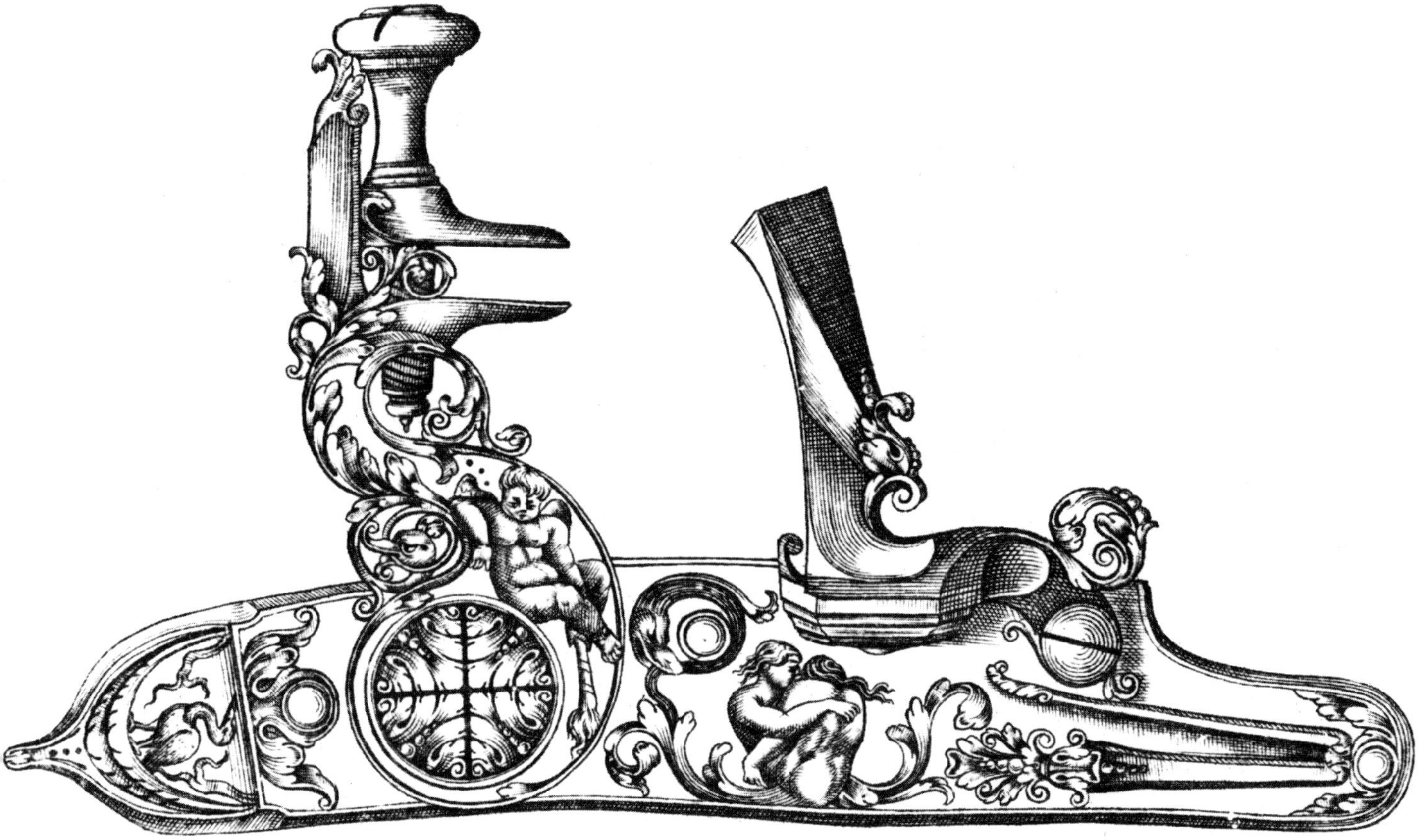

Feuerwaffen

Falken Bunte Welt

W Bailes

Feuerwaffen

Richard Akehurst

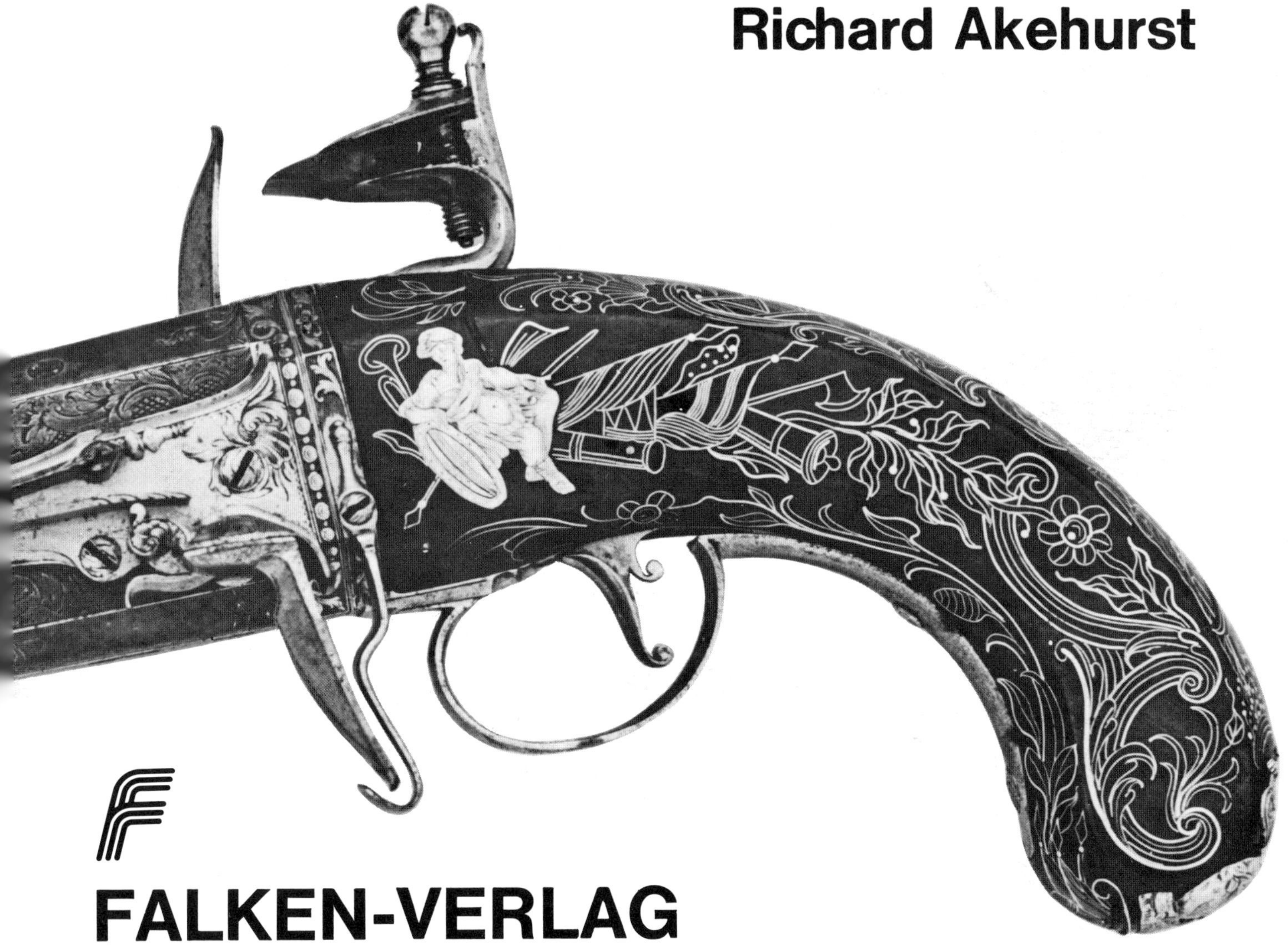

FALKEN-VERLAG
ERICH SICKER KG · WIESBADEN

Deutsch von Elisabeth Schwarz

ISBN: 3-8068-4101-2
Gesamtherstellung: Druckerei Ernst Uhl Radolfzell

Inhalt

Entwicklung der Feuerwaffen

Die Erfindung des Schießpulvers und seine Verwendung als Treibmittel für Feuerwaffen hat in der Welt eine einschneidende Veränderung bewirkt. Ein wenig Pulver und eine Bleikugel in einem einseitig verschlossenen Eisenrohr und irgendein Zündmittel – so einfach, und doch so tödlich! Von den ersten Anfängen bis hin zu den Feuerwaffen der Neuzeit ist das Prinzip das gleiche geblieben.

In diesem Kapitel wird ausgeführt, wie man die Grundidee weiterentwickelte, um die Wirksamkeit der Feuerwaffen zu steigern. Die folgenden Kapitel werden aufzeigen, wie die Feuerwaffen an die speziellen Bedürfnisse angepaßt wurden, und wie neue Erfindungen den Lauf der Ereignisse beeinflußt haben.

Das genaue Datum der Erfindung des Schießpulvers ist nicht bekannt. Man nimmt an, daß eine leicht brennbare Substanz aus Schwefel, Salpeter und Holzkohle in China und einigen Ländern im Bereich des Islam schon bekannt war, bevor ihre Existenz in Europa nachgewiesen wurde. Der Nachweis für eine Rezeptur zur Herstellung von Schießpulver findet sich in den Arbeiten des Franziskanermönchs Roger Bacon aus den Jahren 1250 bis 1270. Offenbar wurde das Schießpulver anfangs nur für Feuerwerk benutzt; seine Verwendbarkeit als Treibmittel wurde erst allmählich erkannt. Die Chinesen haben die Idee als erste aufgenommen und vermutlich ein besonders starkes Bambusrohr benutzt, während in Europa im ersten Viertel des 14. Jahrhunderts nachweislich ein seltsames, vasenähnliches Geschütz als Kriegsgerät zum Einsatz kam. Frühe Darstellungen dieses Geschützes zeigen, wie es mit einer an einen Stock gebundenen Lunte gezündet wurde. Als Projektile dienten lange Eisenpfeile oder Bolzen.

Nachdem das Grundprinzip einmal festlag, war es nicht mehr weit bis zur Herstellung der ersten Handbüchsen, die aus einem an einem einfachen Holzschaft befestigten Eisenrohr bestanden. Gezündet wurden sie mit Hilfe einer schwelenden Substanz am Ende eines kurzen Stocks, der in der rechten Hand gehalten wurde.

So primitiv diese Zündmethode auch erscheinen mag, es ist interessant, festzustellen, daß sie bis zur Mitte des 19. Jahrhunderts für die Zündung von Geschützen am geeignetsten gehalten wurde. Beim Umgang mit Handwaffen war es jedoch sehr lästig, die Waffe nur mit einer Hand halten zu können, während die andere die Lunte hielt. Die Lösung des Problems erfolgte durch die Anbringung eines gebogenen, eisernen Luntenhalters, des Hahnes der die Lunte auf das Zündloch senkte, wenn die Finger der rechten Hand sein hinteres Ende aufwärts bewegten. Diese mit einem sogenannten Serpentine-Schloß versehenen Luntenbüchsen wurden nachweislich schon zu Beginn des 15. Jahrhunderts benutzt. Eine Reihe von Verbesserungen folgte: der Lauf wurde hinten mit einem Schraubbolzen verschlossen und das Zündloch seitlich eingebohrt, mit einer verschließbaren Zündpfanne daneben. Eine Weiterentwicklung des Serpentine-Schlosses, bei dem eine Feder die Lunte von der Zündpfanne fernhielt, wurde elegant seitlich in den Schaft eingelassen. Ein leichter Druck auf den Hebel unter dem Schaft führte die Lunte an die Zündpfanne. Da dieser Hebel auch versehentlich bewegt werden konnte, ersetzte man ihn später durch den mit einem Abzugsbügel geschützten Abzug, wie er uns bekannt ist. Im 16. Jahrhundert wurden verschiedene Arten des Luntenschnappschlosses verwendet, vorzugsweise an Scheibenbüchsen, bei denen der Luntenhalter, also der Hahn, von einer seitlichen Abzugsstange gehalten wurde. Zog man ab, schnellte die Lunte in die Zündpfanne.

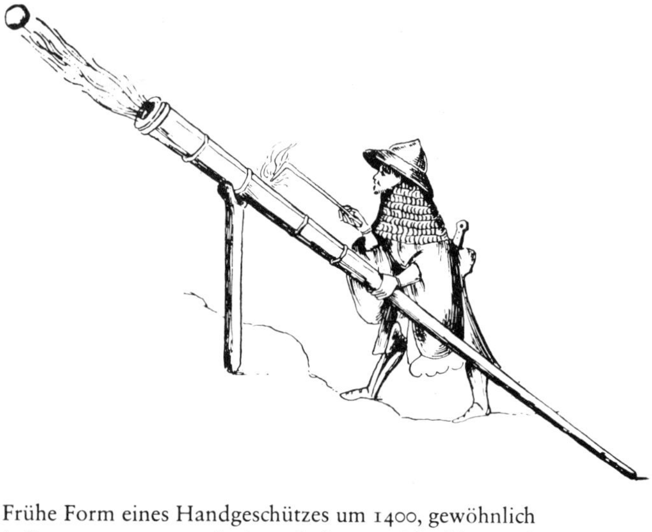

Frühe Form eines Handgeschützes um 1400, gewöhnlich in Bronze gegossen, mit einem hölzernen Schaft hinter der Kammer. Der Schütze stützte die Waffe mit der linken Hand und hielt mit der Rechten die Lunte an das Zündloch.

Eine reich verzierte italienische Luntenschloß-muskete aus dem 17. Jahrhundert, mit der Zündschnur im Hahn. Der Abzugshebel führte die glimmende Lunte an das Zündpulver in der Pfanne. Am Schaft erkennt man eine Ein-legearbeit aus Messingornamenten. Der Lauf ist mit Silber damasziert.

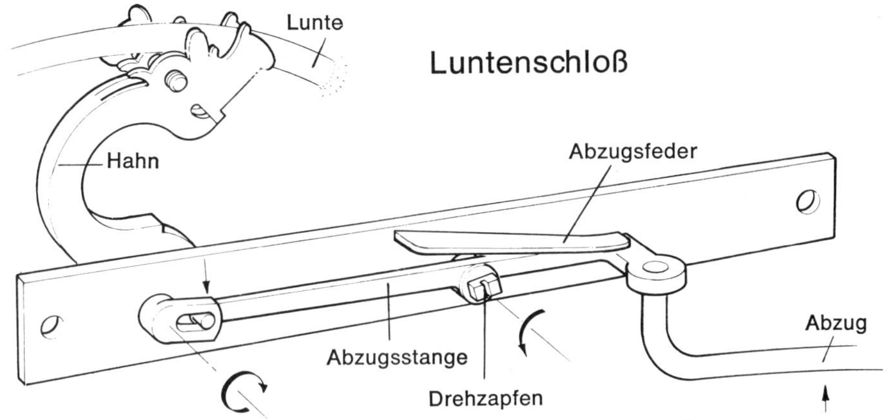

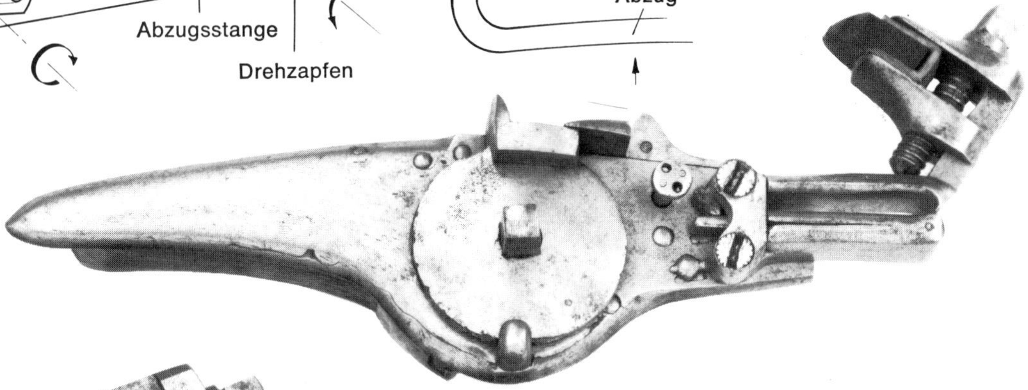

Oben: Außenansicht eines Radschlosses um 1600
Sie zeigt den Hahn mit eingespanntem Schwefelkies. Das Schloß ist hier gesichert.
Darüber: Innenansicht, feuerbereit.
Dazwischen: Schlüssel zum Spannen des Rades.

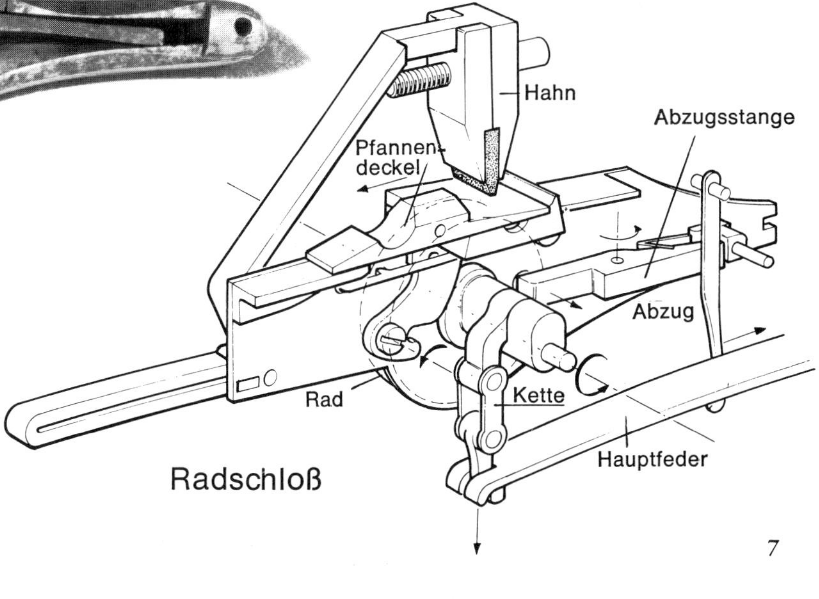

Mitte des 16. Jahrhunderts begann man den Lauf zu ziehen, d.h., es wurden in seine innere Wandung spiralförmige Vertiefungen eingegraben, um dem Geschoß einen Drall zu geben und so die Treffsicherheit zu erhöhen. Dieses Verfahren wurde vorzugsweise bei wertvollen Scheibenbüchsen oder Jagdgewehren für den Adel angewendet.

Die ersten Luntengewehre hatten einen hölzernen Schaft, der an die Wange gehalten wurde. Das Gewicht der Waffe absorbierte den Rückstoß weitgehend. Gegen Ende des Jahrhunderts entwickelte man dann jedoch einen Anschlagschaft, der den Rückstoß zur Schulter ableitete. Dies war besonders bei den schwereren Kriegswaffen, den »Musketen«, von Bedeutung.

Gegen Ende des 16. Jahrhunderts hielt man das Gewehr an die Schulter und feuerte mit Hilfe eines Abzugs, eine Praktik, die bis heute beibehalten wurde. Allerdings war die Zündung mit Lunten überaus unbequem. Um das Gewehr feuerbereit zu machen, mußte eine lange Lunte entzündet und in den Backen des Hahnes befestigt werden. Hinzu kam, daß die Lunte fortwährend vorgeschoben werden mußte, da sie ja abbrannte, und die Asche war vor dem Abfeuern zu entfernen. Bei schlechtem Wetter bereitete das natürlich Schwierigkeiten. Das Radschloß löste viele dieser Probleme, zumindest für jene, die sich dieses komplizierte und kostspielige Schloß leisten konnten.

Die Funktionsweise eines Radschlosses ähnelte einem Feuerzeug. Bei Betätigung des Abzugs rotierte das unter Federspannung stehende, außen geriffelte Rad und riß Funken von einem Stück Schwefelkies, das in dem schraubstockähnlichen Hahn steckte. Die Funken entzündeten das Zündpulver auf der Pfanne, wobei eine Flamme durch das Zündloch in die Treibladung schlug. Die durch eine Kette mit dem Rad verbundene Hauptfeder wurde mit einem Schlüssel gespannt, der um die quadratisch abgefeilte Radachse griff. Der Vorteil des Radschlosses lag in der ständigen Feuerbereitschaft des Gewehrs. Darüberhinaus war die Waffe gesichert, wenn der Hahn mit dem Schwefelkies nach vorn gekippt, also nicht mehr mit dem Rade in Kontakt war.

Es gibt keine genauen Datenangaben für die Erfindung des Radschlosses; man nimmt an, daß es schon im frühen 16. Jahrhundert in Deutschland verwendet wurde. Leonardo da Vinci malte eine Version des Radschlosses in seinem Codex Atlanticus (um 1500–05), und es gilt auch als erwiesen, daß die Idee von einem zu der Zeit gebräuchlichen Zunder-Feuerzeug übernommen wurde. Bei Bekanntwerden des Prinzips der Radschloß-Zündung versuchte eine ganze Reihe von Büchsenmachern es in die Praxis umzusetzen. Anfangs waren sie fast immer auf die Hilfe von Schlossern oder Uhrmachern angewiesen um die vielen komplizierten Teile anzufertigen. Noch lange, nachdem das Radschloß generell vom Steinschloß verdrängt worden war, blieb es besonders in Deutschland populär, und zwar für Jagdgewehre und Scheibenbüchsen. Derartige Radschloßwaffen wurden bis weit in das 18. Jahrhundert gefertigt.

Da das Radschloß sehr kostspielig war, zog man ihm, wie auch dem Luntenschloß, das einfache Steinschloß vor. Seine erste Version wurde unter der Bezeichnung Schnapphahnschloß bekannt und kam Mitte des 16. Jahrhunderts aus Skandinavien. Weitere Steinschlösser erschienen bald darauf in verschiedenen Teilen Europas. Der Feuerstein war in den Backen des mit der Schlagfeder verbundenen Hahns eingespannt. Der zurückgezogene Hahn schnellte bei Betätigung des Abzugs vor, und der Feuerstein schlug Funken von einer Schlagfläche über der Zündpfanne, deren Deckel beiseiteglitt, um das Zündpulver freizugeben. Diese Art des Steinschlosses, bei dem die Schlagfläche vom Pfannendeckel getrennt war, blieb in Skandinavien, Schottland und Norditalien bis weit ins 17. Jahrhundert hinein verbreitet. Anderenorts in Europa bevorzugte man das Steinschloß, bei dem Schlagfläche und Pfannendeckel miteinander verbunden waren. Diese L-förmige Kombination, Batterie genannt, wurde in England und anderen Teilen Europas im ersten Viertel des 17. Jahrhunderts gebräuchlich. Beim Batterieschloß kippte der gegen die Schlagfläche schlagende Feuerstein den Deckel hoch, so daß die Funken gut in die Pfanne gelangen konnten. Da der Hahn bei geschlossenem Pfannendeckel in gespanntem Zustand war, baute man eine Sicherheitsvorrichtung: ein Fanghaken wurde so angebracht, daß er in eine am Hahn befindliche Kerbe einrastete und ihn so festhielt. Wegen der seitlichen Abzugsstangen waren diese Schlosse jedoch immer noch relativ plump und wurden bald darauf durch die französische Version ersetzt, die Anfang des 17. Jahrhunderts aufkam. Bei diesem Schloß war innen auf der Hahnachse eine sogenannte »Nuß« fest angebracht, die beim Zurückziehen des Hahnes die Feder spannte und die zwei Kerben aufwies. In diese Kerben, »Rasten« genannt, glitt, je nach Stellung des Hahns, die senkrechte Abzugsstange: in die erste, die Ruhrast, und dann in die zweite, die Spannrast. Diese erste Kerbe war zu tief, als daß die Stange durch den Abzug aus ihr gleiten konnte. Die Waffe war daher völlig gesichert, bis der Hahn ganz zurückgezogen wurde.

Später wurde innen noch eine Halteplatte, der Studel, hinzugefügt, und abgesehen von einigen unerheblichen Verbesserungen blieb dies die Standardausführung bis weit in die erste Hälfte des 19. Jahrhunderts.

Bevor wir das Steinschloß verlassen, soll noch eine bedeutende Variante Erwähnung finden, die in der ersten Hälfte des 17. Jahrhunderts entwickelt und – aus Spanien stammend – im Mittelmeerraum gefunden wurde. Die charakteristischen Merkmale dieses »Miquelet-Schlosses« waren die grobere Ausführung, der senkrechte Hahn, seine außenliegende Schlagfeder und die seitliche Abzugsstange, die durch die Vorderseite der Schloßplatte ragte und so den Hahn arretierte.

Obwohl das Steinschloß den damaligen Anforderungen weitgehend genügte, hatte es doch erhebliche Nachteile. Es war abhängig von einem guten Feuerstein, der genügend Funken in das Zündpulver schlug, das wiederum empfindlich auf Feuchtigkeit und Nässe reagierte. Selbst bei optimalen Bedingungen dauerte es eine merkbare Zeit, bis nach Betätigung des Abzugs die Treibladung gezündet wurde.

Die Lösung des Problems bestand in einer anderen Art der Zündung. Explosivstoffe, wie Gold- oder Quecksilberfulminate, hatte man schon seit dem 17. Jahrhundert gekannt, und bei Versuchen, sie anstelle von Schwarzpulver als Treibladung zu verwenden, war es zu katastrophalen Zwischenfällen gekommen. Reverend Alexander Forsyth aus Bellevie, Schottland, gelang es um 1806, winzige Mengen dieser Explosivstoffe zur Zündung der eigentlichen Treibladung zu verwenden. Seine geniale Erfindung bestand in einem kleinen, drehbar an der Schloßplatte angebrachten, flaschenförmigen Magazin, das das neue Zündmittel enthielt. Durch kurzes Drehen gelangte eine kleine Menge des Zündmittels in eine Kammer, die durch eine Bohrung mit dem Zündloch in Verbindung stand. Beim Betätigen des Abzuges trieb der entsprechend geformte Hahn einen gefederten Stift in diese Kammer und auf das Zündmittel, das detonierte und eine Flamme durch das Zündloch in die Treibladung schickte. Das Forsyth-Schloß wurde im Jahre 1807 patentiert. Obwohl es einwandfrei funktionierte und sich auch gut verkaufte, war es doch recht kostspielig und erforderte große Präzision bei der Herstel-

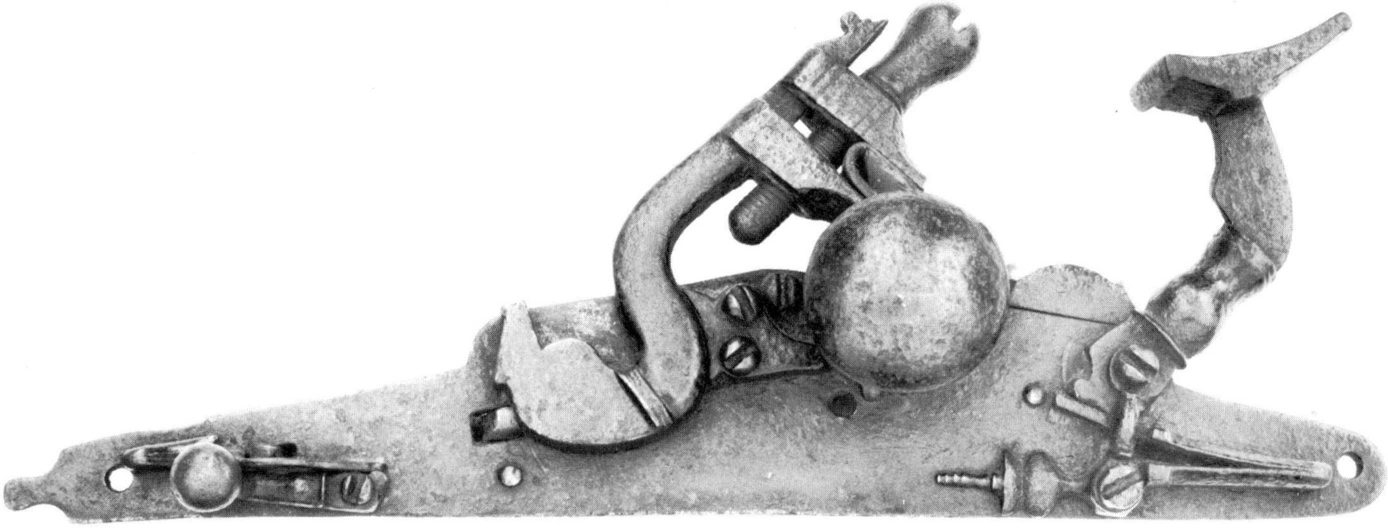

Holländisches Schnapphahnschloß, hier abgefeuert. Der Feuerstein in den Spannbacken des Hahns hat von der jetzt zurückgeschnellten Schlagfläche Funken in die Pfanne geschlagen. Die Abzugsstange greift durch die Schloßplatte, um den Hahn zu halten. Dieses Schloß stammt aus der zweiten Hälfte des 16. Jahrhunderts.

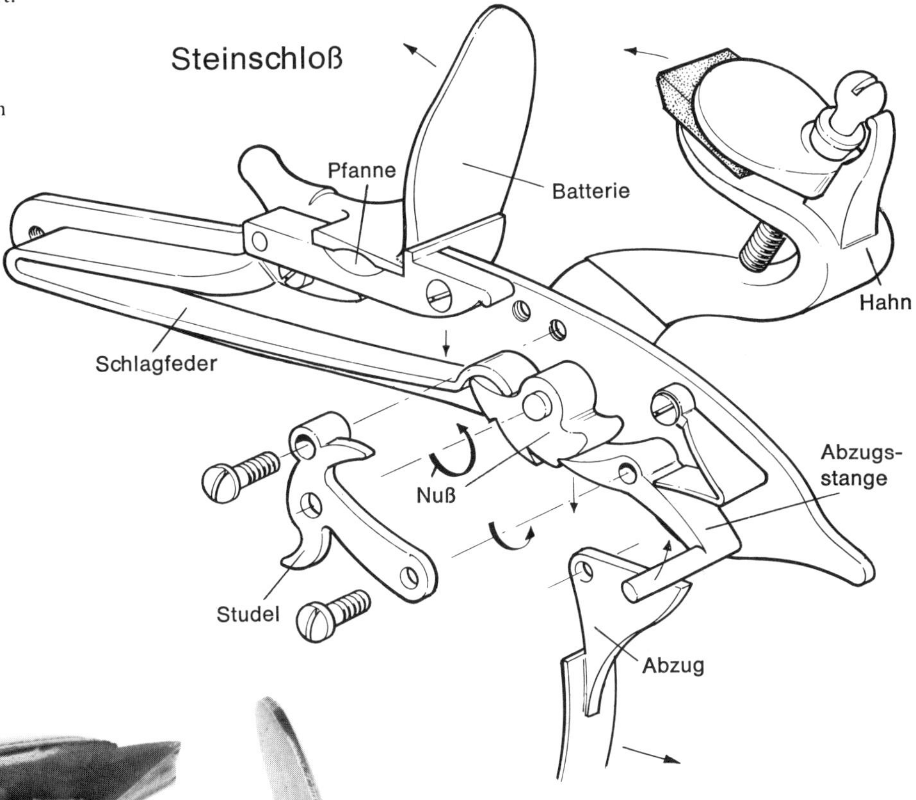

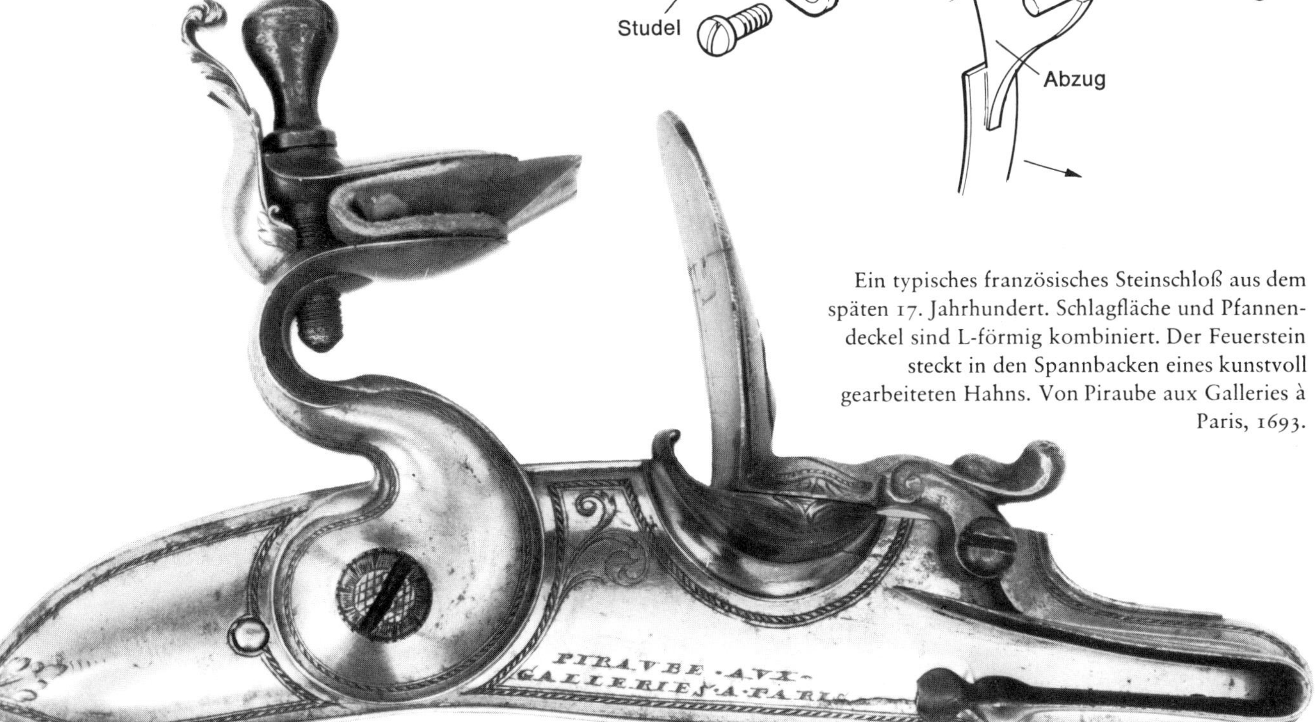

Ein typisches französisches Steinschloß aus dem späten 17. Jahrhundert. Schlagfläche und Pfannendeckel sind L-förmig kombiniert. Der Feuerstein steckt in den Spannbacken eines kunstvoll gearbeiteten Hahns. Von Piraube aux Galleries à Paris, 1693.

lung. Wie dem auch sei, es hatte die Möglichkeiten aufgezeigt, und so dauerte es nicht lange, bis andere Büchsenmacher die verschiedensten Möglichkeiten für den Gebrauch von Explosivstoffen ausprobierten, in Form von Pillen, Scheiben, Streifen, Röhrchen und Kappen.

Als um 1821 das Patent von Forsyth auslief, entdeckte man die Vorteile des kupfernen Perkussions-Zündhütchens. Es wurde über das Posten gestülpt (ein in den Lauf geschraubtes Stahlröhrchen). Bei Auftreffen des Hammers detonierte die in diesem Zündhütchen befindliche Masse und zündete die Ladung. Da keine nennenswerte Verzögerung auftrat, kein Zündpulver naß oder feucht werden konnte und Fehlzündungen sehr selten waren, wies das Perkussionsschloß gegenüber dem Steinschloß bedeutende Vorteile auf. Es schuf auch die Grundlage für weitere wesentliche Fortschritte.

Das Problem des Ladens von vorne blieb jedoch bestehen. So entwickelte man Perkussions-Hinterlader in verschiedenen Ausführungen, bei denen dünne Papier- oder Lederpatronen mit Hilfe eines von außen aufzusetzenden Zündhütchens abgefeuert wurden. Es war jedoch die Patrone mit eigenem Zündhütchen, die in der Folgezeit ihren Weg machen sollte. Unter den ersten erfolgreichen Patronen mit Selbstzündung waren die Stiftfeuer- und Zündnadelpatronen, die um 1840 aufkamen. Bei der französischen Stiftfeuerpatrone saß das Zündhütchen innen, und die Zündung erfolgte durch einen Stift, der hinten aus der Patrone rechtwinklig herausstand. Die preußische Zündnadelpatrone enthielt eine Zündpille zwischen Geschoß und Pulverladung. Gezündet wurde mit einem langen, nadelähnlichen Zündstift, der erst die Pulverladung durchdringen mußte. Noch andere Arten von Patronen wurden entwickelt, u. a. die Randfeuerpatrone (in begrenztem Maße noch immer gebräuchlich), aber zweifellos gebührt der Zentralfeuerpatrone die größte Bedeutung.

1855 erhielt Potter, Frankreich, das Patent auf einer Zentralfeuerpatrone, bei der das Zündhütchen in der Mitte des metallenen Hülsenbodens angebracht war. Auf eine andere Version erhielt Schneider 1858 ein Patent. Die Zentralfeuerpatrone fand bald allgemeine Verwendung für die meisten Gewehre und Pistolen. Sie erst machte die Entwicklung einer Vielzahl von Mehrladern, sowohl Repetier- als auch Selbstladewaffen, möglich. Angesichts der vielen, verschiedenartigen Gewehre der letzten hundert Jahre erscheint es interessant, daß die Zentralfeuerpatrone nur wenig verändert wurde und eine hervorragende Anpassungsfähigkeit bewiesen hat. Eine bedeutende Verbesserung war die Verwendung von diversen Nitrozelluloseverbindungen als Treibladung, anstelle des Schieß- oder Schwarzpulvers. Die Waffen neigten nicht mehr zum Versagen, weil sie sich mit Pulverrückständen zugesetzt hatten, und keine Rauchentwicklung erschwerte mehr die Zielerfassung.

Bei diesem kurzen Überblick über die Entwicklung der Feuerwaffen konnten gezwungenermaßen nur die wichtigsten Aspekte angeschnitten werden. Im Hinblick auf den allgemeinen Trend sollte man jedoch nicht vergessen, daß viele Ideen schon experimentell erprobt wurden, lange, bevor sie generell Anerkennung fanden. Sowohl Waffen mit drehbaren Magazinen als auch mehrläufige Waffen, Repetier- und Hinterladergewehre wurden in der Ära des Lunten- und Steinschlosses ausprobiert. Ihre Aufwendigkeit, das Verschmutzen durch die Rückstände des Schwarzpulvers und die Mangelhaftigkeit früherer Zündvorrichtungen trugen die Schuld daran, daß sie zu der damaligen Zeit nur geringe Verwendung fanden.

Zusammenfassend könnte man es folgendermaßen ausdrücken: Die Feuerwaffen bestanden während ihrer ganzen geschichtlichen Entwicklung aus einem einseitig verschlossenen Rohr, in das die Treibladung und eine Kugel oder Schrot eingeführt wurde. Es gab drei Arten der Zündung: Durch Lunte, durch Feuerstein und durch Perkussion bzw. Detonation. Die bedeutendsten Fortschritte in der Technologie der Feuerwaffen wurde erst durch die Erfindung der Zentralfeuerpatrone ermöglicht, die Zündung, Treibladung und Geschoß bzw. Schrotladung in sich vereinigte.

Zündschloß von Reverend Alexander Forsyth, seiner äußeren Form wegen auch »scent bottle« (Riechfläschchen) genannt. Patentiert im Jahre 1807. Dieses Schloß entstand um 1813.

Draufsicht eines typischen doppelläufigen Perkussionsgewehrs. Man sieht die Hähne und Pistons, die so ausgerichtet sind, daß der Zündstrahl in das Zentrum der Pulverkammer geleitet wird. Herstellung: Charles Lancaster, 1863. Das Perkussions-Zündhütchen tauchte erstmals um 1820 auf.

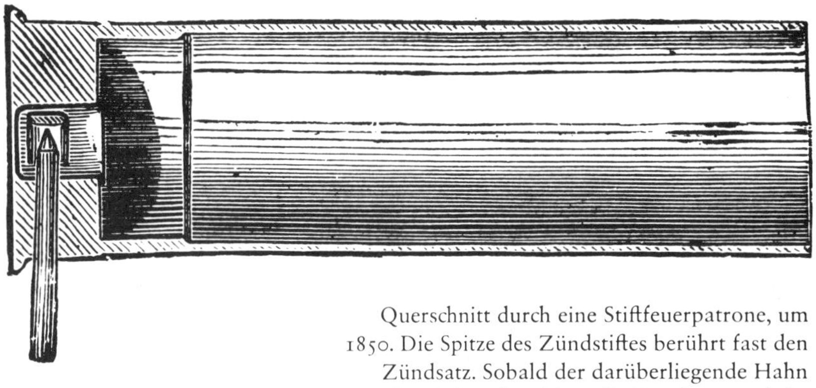

Querschnitt durch eine Stiftfeuerpatrone, um 1850. Die Spitze des Zündstiftes berührt fast den Zündsatz. Sobald der darüberliegende Hahn den Stift traf, erfolgte die Zündung, und die Ladung detonierte.

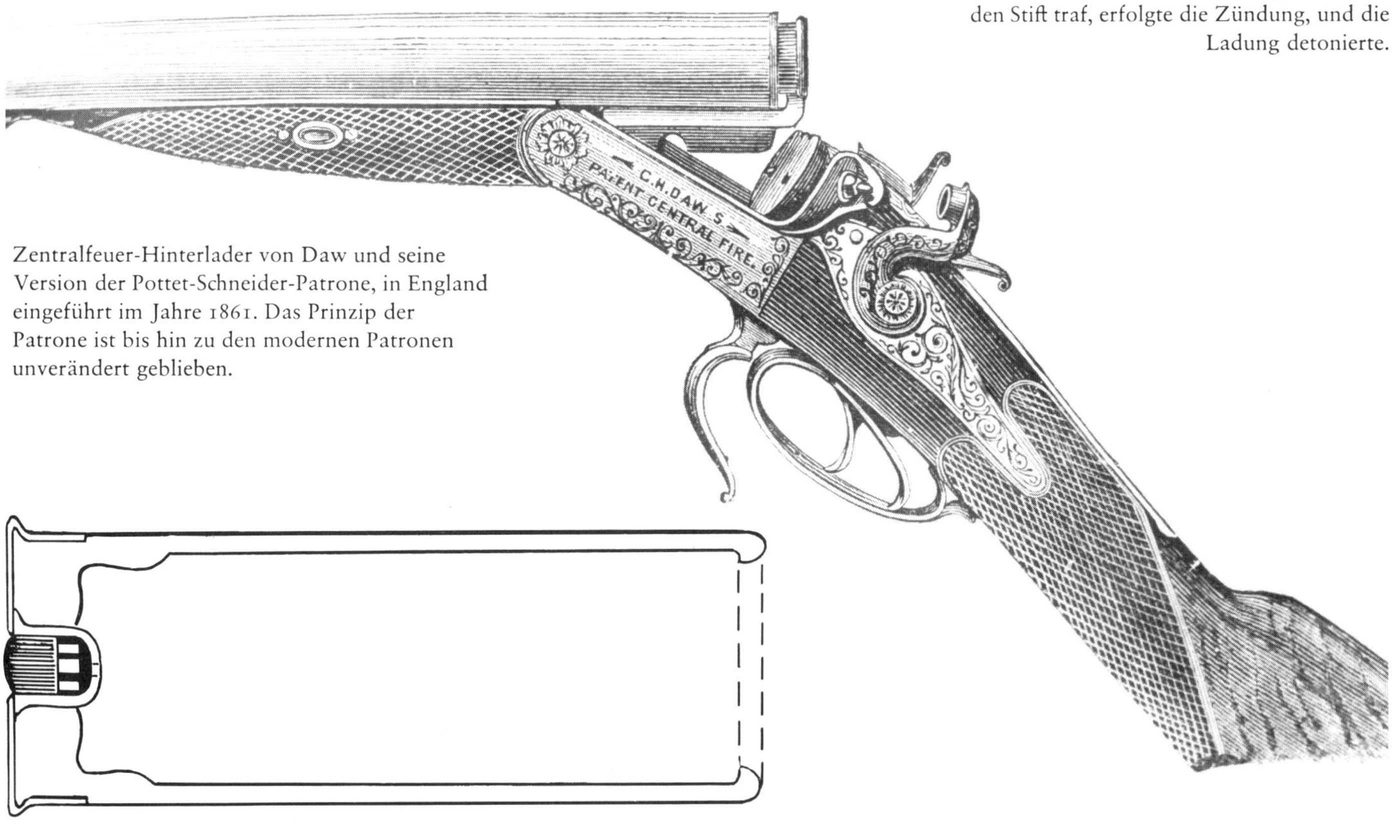

Zentralfeuer-Hinterlader von Daw und seine Version der Pottet-Schneider-Patrone, in England eingeführt im Jahre 1861. Das Prinzip der Patrone ist bis hin zu den modernen Patronen unverändert geblieben.

Die Feuerwaffen als Kriegsgerät

Teil einer Serie von Stahlstichen um 1600. Sie zeigt Exerzierübungen eines Musketiers: laden, zünden und feuern. Der Schütze benützt eine Stützgabel und trägt die einzelnen Ladungen in einem Bandelier über der Schulter. Das Zündpulver wird in einer kleinen Flasche aufbewahrt, die an seiner linken Seite hängt.

Feuerwaffen wurden vermutlich erstmals als Kriegsgerät in der Schlacht von Crécy (1346) benutzt, als eine Art frühe Kanone Verwendung fand. Diverse grobe Handbüchsen folgten, die anfangs jedoch weder mit Langbögen noch Armbrüsten konkurrieren konnten, abgesehen von dem ohrenbetäubenden Lärm und dem Qualm, mit denen sie die Neulinge unter den Gegnern erschreckten.

In der ersten Zeit versuchten die Ritter noch, ihre Rüstungen kugelsicher zu verstärken. Bald jedoch, als die Feuerwaffen immer besser wurden, hätte eine solche Rüstung ihres Gewichtes wegen den Ritter annähernd bewegungsunfähig gemacht. Der Gebrauch von Feuerwaffen verursachte einen tiefgreifenden Wandel im Gleichgewicht der Kräfte. Ein kampferprobter Ritter mit Schwert und Lanze konnte trotz seiner schweren Rüstung nun von einem mit einer Feuerwaffe ausgerüsteten Soldaten überwunden werden. Auch Bogenschützen mit langjähriger Erfahrung mußten die Erfahrung machen, daß ihr Platz von Arkebusieren eingenommen wurde, deren Ausbildung weniger Zeit beanspruchte. Pikeniere in Massenformation, eine Spezialität der Schweizer Söldnertruppen, waren der Feldartillerie und der mit Luntenmusketen bewaffneten Infanterie unterlegen. Bei der Schlacht von Bicocca (1552) wurden so viele von ihnen niedergemäht, daß sich seit der Zeit die Pikeniere weitgehend darauf beschränkten, die Reihen der Arkebusiere zu unterstützen.

Um 1600 trat die Feuerwaffe in Europa die Nachfolge des Bogens an. Auch in England gab man 1595 den auf den Schlachtfeldern Europas einst so erfoglreichen Langbogen offiziell auf. Musketiere, unterstützt von Pikenieren und Feldartillerie, bildeten den Kern europäischer Armeen und erwiesen sich oft einer schwerbewaffneten Kavallerie als durchaus ebenbürtig.

Luntenmusketen wurden, je nach Bedarf, in den verschiedensten Längen und Kalibern hergestellt. Die zeitgenössischen Geschichtsschreiber waren sich nicht ganz einig, wie die einzelnen Gewehrtypen zu benennen waren, und die Bezeichnungen wechselten von Land zu Land. In England wurde die Muskete um 1600 zur Standardbewaffnung der Infanterie, mit einem 1,20 m langen Lauf und Kaliber 10. Bei der Festlegung des Kalibers ging man davon aus, wieviele Bleikugeln des jeweiligen Kaliberdurchmessers auf ein Pfund gingen, d. h., je größer die Zahl, desto kleiner das Kaliber. Es gab mittlere Gewehre, genannt »Caliver« oder »Arquebuse« mit kürzerem Lauf und vom Kaliber 16, und leichte Gewehre, vor allem von der Kavallerie bevorzugt, »Karabiner« oder »Petronel« genannt, die die kürzesten Läufe und Kaliber 24 hatten. Viele dieser Waffen hatten ein Radschloß, ganz einfach deshalb, weil ein Luntenschloß für einen Mann zu Pferde sehr schwierig zu handhaben war.

Nachdem die Kavallerie sich ihrer schweren Rüstungen entledigt hatte, konnte sie ihre natürliche Mobilität und Schlagkraft voll einsetzen. Deutsche Kavalleristen, die »Reiter«, trugen drei Radschloßpistolen und waren für eine Spezialtaktik bekannt: sie luden, in dichten Reihen aufeinander folgend, näherten sich den feindlichen Linien, feuerten und schwenkten ab. Diese Radschloßpistolen waren elegante, langläufige Waffen mit sauber gearbeiteten, glatten Schlössern und Beschlägen aus Stahl. Die reich verzierten Pistolen dieses Typs mit kunstvoll gravierten Schlössern und Schäftungen und Hirschhorn-Einlagen in der Schäftung wurden vorzugsweise für Angehörige des Adels gemacht. Bei feierlichen Anlässen trug man sie im Sattelholster und stellte sie als Kunstwerk zur Schau.

In den 1618 ausbrechenden Dreißigjährigen Krieg wurde

Sichert, blast an und öffnet die Pfanne!

Fertig!

Gebt Feuer!

Muskete ab!

Hahn zurück!

Lunte heraus!

Säubert die Pfanne!

Pulver auf die Pfanne!

Pfanne schließen!

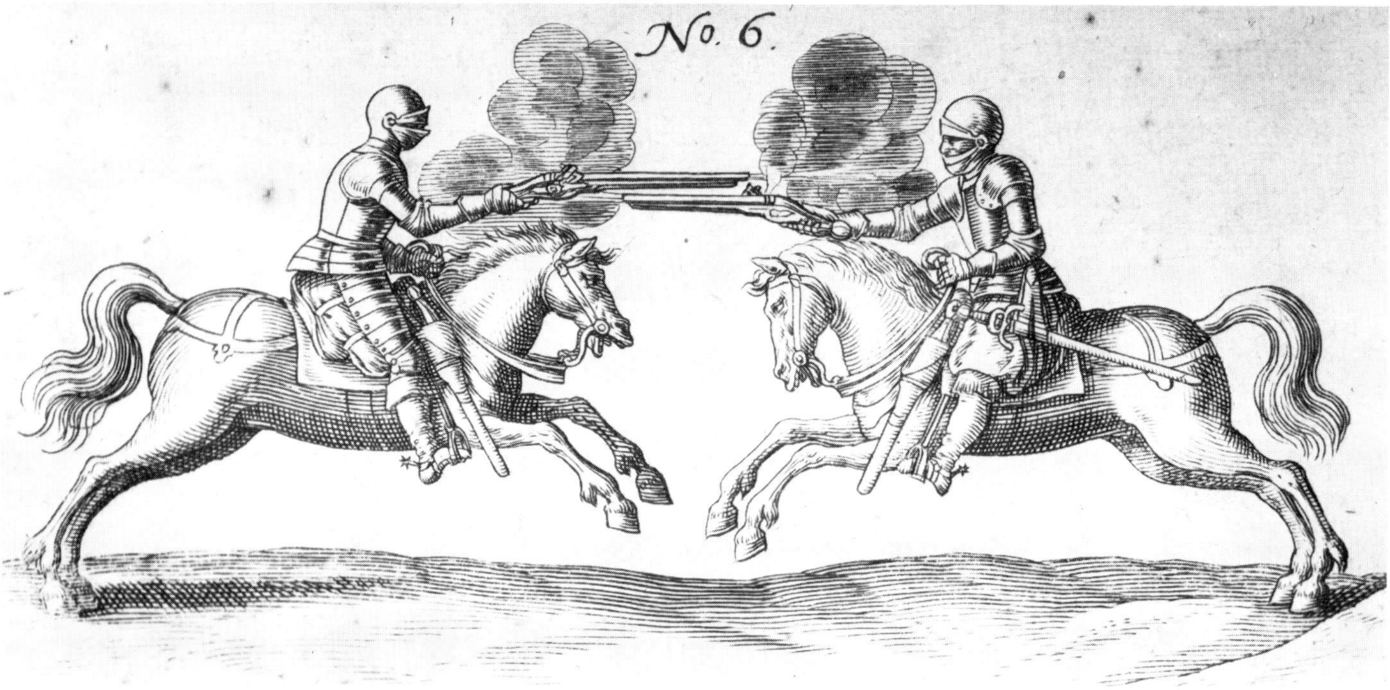

Abbildung aus »Kriegskunst zu Pferde« von Jean Jacques de Wallhausen, Frankfurt, 1616. Sie zeigt den Gebrauch von Radschloßpistolen bei der schweren Kavallerie der Zeitepoche.

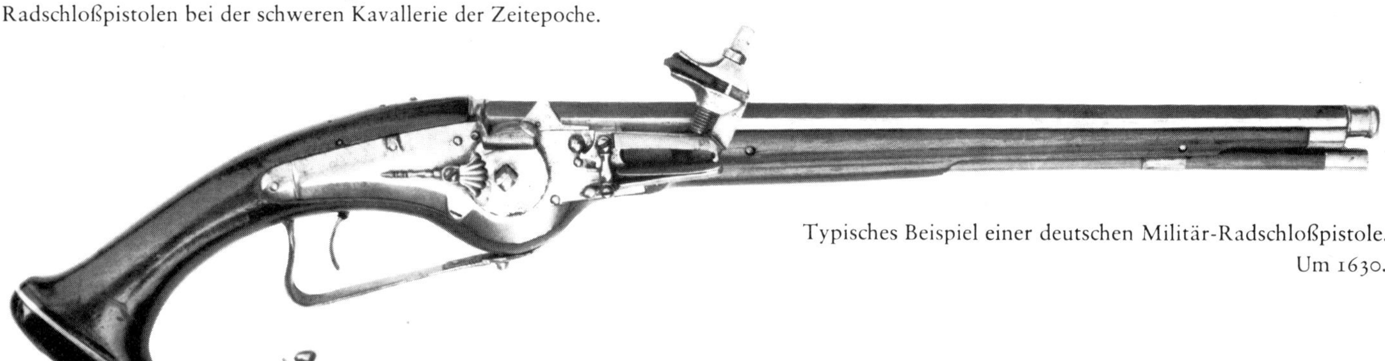

Typisches Beispiel einer deutschen Militär-Radschloßpistole. Um 1630.

Musterbeispiel einer englischen Pistole mit abschraubbarem, gezogenem Lauf von Harman Barne, um 1655. Der mit dem Vorderteil des Schafts verbundene Lauf wurde zum Laden abgeschraubt.

fast ganz Europa verwickelt. Er brachte ein militärisches Genie hervor: Gustav Adolf, König von Schweden, der die Kriegsführung des 17. Jahrhunderts entscheidend beeinflußte. Da er die Feuerkraft der Infanterie hoch einschätzte, erhöhte er die Zahl der Musketiere im Verhältnis zu den Pikenieren. Er verbesserte auch die Mobilität der Musketiere, indem er die Musketen kürzer und leichter machte, so daß zum Abfeuern keine Stützgabel mehr erforderlich war. Zur Beschleunigung des Ladens führte er die Papierpatrone ein. Der Schütze riß die Patrone mit den Zähnen auf, füllte ein wenig Pulver auf die Zündpfanne, schüttete den Rest in den Lauf und stopfte die Papierhülse mit der Kugel nach. Somit diente die Papierpatrone als Kugelpflaster und Pfropfen und bildete einen leidlich gasdichten Abschluß. Zur Erleichterung des Ladens waren Musketenkugeln üblicherweise kleiner als das Kaliber des Laufes. Da die Musketenläufe nach einigen Schüssen starke Rückstände aufwiesen, war es sehr schwierig, ein bündig passendes Geschoß einzuführen, und da Schnelligkeit beim Laden und Abfeuern der Salven von entscheidender Bedeutung war, bot eine kleinere Kugel die beste Lösung.

Gustav Adolf setzte seine Musketiere und Pikeniere nach dem Prinzip der gegenseitigen Sicherung ein, wobei jede Einheit ihre spezielle Aufgabe hatte. Bei Verteidigung und Angriff bot ein Wall von Piken und Musketieren Schutz, aus dem heraus sie den Feind mit laufenden Salven eindeckten. Gustav Adolfs Kavallerie gab die wenig effektvollen Manöver auf, bei denen

Eine englische Muskete, um 1650, mit einem für die Epoche typischen englischen Steinschloß, auch »doglock« genannt, wegen des »dog« oder der Klinke, die das Ende des Hahns sichert. Das Schloß trägt die Initialen »H. B.«, möglicherweise Harman Barne.

Typisch englische Steinschloßmusketen, wie sie im frühen 18. Jahrhundert (oben) und in der zweiten Hälfte des 18. Jahrhunderts (unten) im Gebrauch waren.

man dicht vor den feindlichen Reihen Pistolensalven abfeuerte. Stattdessen preschten die Musketiere mit dem Schwert in der Hand vor und hielten die Pistolen für den Nahkampf zurück. Auf diese Weise konnten sie die volle Wucht ihres Angriffs bis ins Zentrum der feindlichen Linien tragen. Gustav Adolf benutzte seine mobile Feldartillerie, um starke Feindformationen aufzureißen, und so die kombinierten Angriffe der Musketiere und Pikeniere oder der Kavallerie vorzubereiten.

England beteiligte sich nicht an den Kämpfen in Europa, wurde 1642 jedoch selbst vom Bürgerkrieg geschüttelt. Zu Beginn der Kampfhandlungen bestand die Infanterie größtenteils aus hastig aufgestellten Freischärlern mit einem Sammelsurium von Waffen. Es waren Musketen mit Lunten- und Schnapphahnschlössern, den frühen englischen Steinschlössern oder »doglocks« und einigen Radschlössern. In der Literatur jener Zeit wird erwähnt, daß Wildhüter Gewehre mit abschraubbarem Lauf benutzten. Bei diesen Gewehren wurde der Lauf abgeschraubt, so daß die Ladung in die nun freiliegende Kammer gebracht werden konnte, wobei die Kugel oben in einer Vertiefung lag. Der Lauf wurde dann wieder angeschraubt. Diese Gewehre hatten den Vorteil, daß die Kugel dem Laufkaliber entsprach. Aus zeitgenössischen Berichten geht hervor, daß diese Gewehre vor allem beim Scharfschießen auf größere Entfernung sehr wirkungsvoll waren.

Zuerst bewies die Königliche Kavallerie unter Prinz Rupert ihre Überlegenheit über die der Parlaments-Partei. Die erfahrenen Reiter folgten dem vorstürmenden Prinzen mit gezücktem Schwert nach dem Vorbild Gustav Adolfs und benutzten ihre

Englische Steinschloß-Reiterpistole, um 1710.

Pistolen erst an zweiter Stelle. Es waren vorzugsweise langläufige Holsterpistolen mit Rad- oder Steinschloß. Darunter waren auch ein paar Pistolen mit abschraubbarem Lauf, die nach dem gleichen Prinzip funktionierten wie die Gewehre.

Prinz Rupert, der ständig mit Waffen experimentierte, benutzte solche Pistolen und demonstrierte seinem Vetter, Charles I., mit großem Stolz ihre Zielsicherheit, als er mit mehreren Schüssen einen Kirchturmhahn traf. Mit einem Geschoß, das den Lauf genau ausfüllte, konnte man auch mit einer kurzläufigen Pistole dieses Typs einen Brustharnisch durchschlagen.

Im Winter des Jahres 1642–43 stellte Oliver Cromwell im Osten Englands ein Kavallerieregiment auf und machte diese »Ironsides« nach hartem Drill zu einer schlagkräftigen Streitmacht. Über einem büffelledernen Waffenrock trugen sie einen Rücken- und Brustharnisch und einen Helm; bewaffnet waren sie mit Schwert, Karabiner und einem Paar Pistolen.

1644 schlug Prinz Ruperts Kavallerie bei Marston Moor das Heer der Parlaments-Partei vernichtend und nahm dann die Verfolgung auf, in der Annahme, die Schlacht sei gewonnen. Da fiel Cromwell mit seinem Regiment der Königlichen Infanterie in die Flanke und rieb sie nach einem erbitterten Kampf auf.

Im Zuge der Reorganisation der Parlamentsarmee wurden weitere Kavallerieregimenter und noch ein Dragonerregiment aufgestellt. Bewaffnet mit Schwert und Muskete wurden die Dragoner so ausgebildet, daß sie sowohl zu Pferde als auch zu Fuß kämpfen konnten. Ihre Mobilität und Vielseitigkeit waren ein unschätzbarer Vorteil. Die Musketiere der »New Model Army«, wie sie gennannt wurde, trugen rote Waffenröcke. Bewaffnet waren sie mit einer leichten Muskete, vorzugsweise mit dem englischen Steinschloß. Zu jeweils zwei Musketieren gehörte ein Pikenier, der ein Schwert und eine 1,20 m lange Pike, Helm und Harnisch trug. Die »New Model Army« könnte man ohne weiteres als erste reguläre britische Armee bezeichnen. Bis zum Ende des 19. Jahrhunderts sollte das Rot ihrer Waffenröcke die Farbe der britischen Infanterie bleiben.

Zu der damaligen Zeit war für Waffenkäufe von Musketen und Pistolen die Feldzeugmeisterei zuständig. Viele Waffen wurden Mitgliedern der »Worshipful Company of Gunmakers« (gegründet 1637) geliefert, die ihren Sitz in der Nähe des Towers hatte.

Der spanische Erbfolgekrieg (1701–13) brach aus, weil Frankreich in seiner Ruhmessucht keine Grenzen kannte und versuchte, Europa zu unterwerfen. Er brachte einen der größten Militärstrategen hervor: John Churchill, bekannt unter dem ihm später verliehenen Titel des ersten Duke of Marlborough.

Marlborough besaß alle Qualitäten, die einen hervorragenden Heerführer auszeichnen. Er gewann rasch das Vertrauen und die Zuneigung seiner Leute, deren Wohl ihm stets am Herzen lag. Als perfekter Organisator, Stratege und Taktiker hatte er auch genug diplomatisches Feingefühl, seine Verbündeten zusammenzuhalten. Marlborough brachte die Taktik Gustav Adolfs und Cromwells zur Perfektion, indem er das Schwert noch stärker einsetzte. Dies war ein Gebot der Notwendigkeit, denn es erforderte eine geraume Weile, die Pistole zu ziehen, sie zu spannen, zu zielen, abzufeuern und sie dann zurückzustecken, während man ein nervöses Pferd bändigen mußte. Dies alles setzte ihrer Wirksamkeit gewisse Grenzen. Zudem war das Schwert stets einsatzbereit, während Pistolen nur einmal abgefeuert werden konnten.

Die Erfindung des Bajonettverschlusses im Jahre 1678 war für die Infanterie von größter Bedeutung. Die Muskete konnte

Oben: Steinschloß-Hinterlader von Durs Egg, um 1770, mit heruntergeschraubtem Kammerverschluß nach dem Ferguson-Prinzip.

Unten: Eine Auswahl von Steinschloßmusketen vom Typ Brown Bess mit ihren 43 cm langen Dillen-Bajonetten, wie sie während der Napoleonischen Kriege bei der britischen Armee im Gebrauch waren.

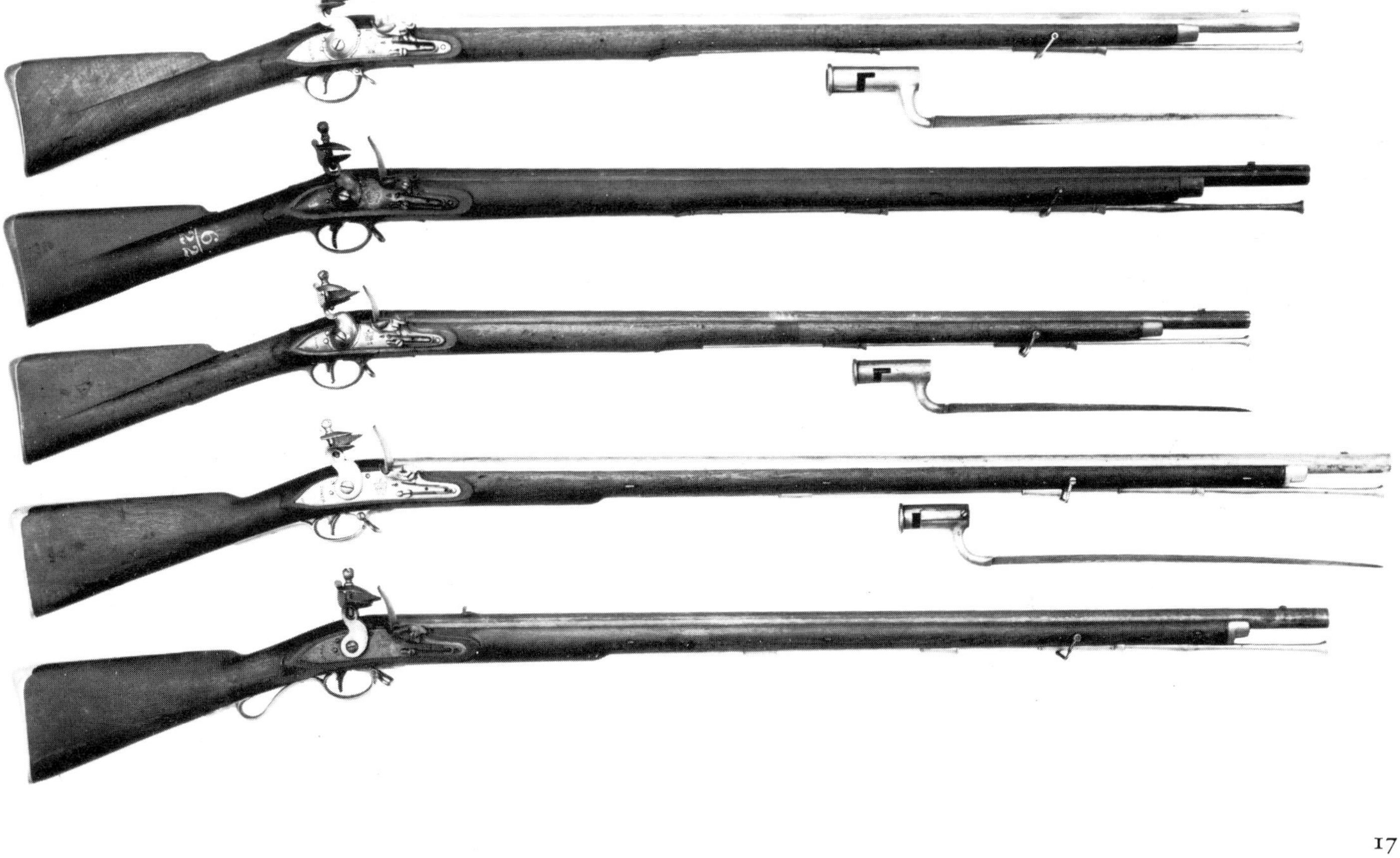

Ramillies (Belgien) 1706, einer der glorreichsten Siege des Herzogs von Marlborough. Das 16. Infanterieregiment feuert in dichter Staffelung eine Salve ab und stürmt mit gefälltem Bajonett vor. Gemälde von R. Simkin.

Oben: Das 95. Schützenregiment im Jahre 1813 in den Pyrenäen, gegen Ende des Feldzuges in Spanien. Bewaffnet mit der Baker-Steinschloßmuskete und in ihren dunkelgrünen Waffenröcken leisteten sie Wellington gute Dienste. Gemälde von R. Simkin.

Unten: »Waterloo«, 1815, von Sir William Allen. Die Grenadiere der Alten Garde Napoleons sind auf dem ungeordneten Rückzug. Es ist der Wendepunkt der Schlacht. Die verheerenden Salven des 1. Infanterieregiments zersplittern die Truppenspitze der Franzosen, und das 52. Regiment fällt ihnen in die Flanke. Nach Abfeuern der Salven Sturm mit gefälltem Bajonett. Die Alte Garde zieht sich zurück, und Wellington befiehlt den allgemeinen Vormarsch.

mit aufgepflanztem Bajonett geladen und abgefeuert werden. Das war ein großer Vorteil gegenüber der alten Ausführung, bei der das Bajonett in die Laufmündung der Muskete geschoben wurde. Ausgerüstet mit der neuen Waffe konnte das Fußvolk sowohl die Funktion der Musketiere als auch die der Pikeniere übernehmen. Das erhöhte die Feuerkraft der Infanterie, da die bisherigen Pikeniere jetzt auch mit Musketen und Bajonett bewaffnet wurden. Nach 1704 gab es in der britischen Armee keine Pikeniere mehr. Außerdem konnte die Infanterie, in der jeder Musketier gleichfalls Pikenier war, nun auch der Kavallerie mehr Widerstand entgegensetzen.

Dies führte zu einer viel größeren Manövrierfähigkeit. Fußsoldaten lernten, in Schützenlinien Salven abzufeuern, um ein Optimum an Feuerkraft zu erlangen. Sie brauchten jedoch eine gute Ausbildung und mußten fähig sein, angesichts einer vorrückenden massierten Infanterie in der Schützenlinie auszuharren. Bei einem Kavallerieangriff bildeten sie ein hohles Karree und verhinderten so jeden Durchbruchsversuch. Ein Fußsoldat trug 40–60 Papierpatronen in seiner Patronentasche, wodurch eine beachtliche Ladegeschwindigkeit ermöglicht wurde.

Mit Hilfe seiner flexiblen und ausgewogenen Streitmacht konnte Marlborough die Franzosen aus Mitteleuropa verdrängen, wobei er in der Schlacht bei Blenheim seinen größten Sieg errang.

Im auslaufenden 18. Jahrhundert trat weder auf dem Gebiet der Waffen noch in der Strategie ein nennenswerter Wandel ein. Im amerikanischen Unabhängigkeitskrieg (1775–83) zeigte es sich jedoch, daß diese auf den Schlachtfeldern Europas so überaus erfolgreiche Art der Kriegsführung in Amerika vollkommen fehl am Platz war. Geländeunkundig boten sich die Rotröcke der britischen Armee in ihren dicht gestaffelten Formationen den aus der Deckung feuernden Rebellen als lebende Zielscheiben dar. Die amerikanischen Siedler hatten diesen Kampfstil bei ihren Gefechten mit den Indianern gelernt und waren ausgezeichnete Scharfschützen.

Im Verlauf des Krieges versuchte man mehrfach, dieser neuen Lage Herr zu werden. Eine Menge deutscher Schützen wurde angeworben und mit einer der deutschen Jagdbüchse sehr ähnlichen Büchse ausgerüstet. Auch Captain Patrick Ferguson, der die leichte Truppe des 71. Regiments befehligte, experimentierte mit seinen berühmten Hinterladern. Er hatte seine Truppe mit diesen Büchsen ausgerüstet und trainiert. Bei dieser Steinschloßbüchse wurde der hintere Laufabschluß durch eine senkrechte Schraube gebildet, die durch den als Kurbel ausgebildeten Abzugsbügel nach unten geschraubt wurde. Kugel und Pulver konnten jetzt von hinten in den Lauf gebracht werden. Die Schraube wurde wieder nach oben gedreht und verschloß so den Lauf. Es fehlte dann nur noch ein wenig Pulver auf der Pfanne, und die Büchse war feuerbereit. Da eine einzige Schraubendrehung die Kammer öffnete und schloß, konnte man pro Minute rund viermal laden und feuern – recht beachtlich für die damalige Zeit. Weitere Vorteile lagen darin, daß genau passende Kugeln verwendet werden konnten, und daß der Schütze die Waffe in Deckung liegend nachladen konnte, wohingegen Vorderlader nur aufrecht stehend nachzuladen waren.

In einer Reihe von Gefechten wurden die Ferguson-Gewehre mit durchschlagender Wirkung gegen die amerikanischen Siedler eingesetzt, aber Captain Ferguson fiel in der Schlacht bei Kings Mountain in Süd-Karolina, als er und seine Männer von einer Übermacht eingeschlossen und überwältigt wurden. Bei der Entwicklung seines aufsehenerregenden Gewehrs war Ferguson von offizieller Seite nur wenig unterstützt worden, und nach seinem Tode ließ man das Projekt fallen.

Es ist nicht mit Bestimmtheit festzustellen, wann die britischen Soldaten begannen, ihre Muskete liebevoll »Brown Bess« zu nennen. Diesen Namen trägt heute eine Reihe von Waffen, die aus der um 1720 aufgekommenen »Long Land«-Muskete hervorgingen. Diese elegante, gut gearbeitete Muskete hatte einen 1,16 m langen Lauf vom Kaliber 11 (19 mm). Anfangs hatte sie einen hölzernen Ladestock, der später durch einen stabileren Eisenstock ersetzt wurde.

Für Marine und Dragoner führte man eine »Short Land« mit 1,06 m langem Lauf ein, die 1768 zur Standardausrüstung wurde, während die »Long Land« allmählich verschwand. Die Ostindische Handelskompanie bevorzugte eine billigere, einfachere Ausführung der »Short Land« mit einem 99 cm langen Lauf. Da bei Ausbruch des Krieges mit Frankreich Musketen knapp wurden, beschloß man 1794, dieses indische Modell in großen Mengen nachzubauen. Eine sehr gute Muskete, bekannt als das Modell des Herzogs von Richmond um 1790 von dem berühmten Henry Nock entworfen, mußte aufgegeben werden, weil Quantität wichtiger war als Qualität. Trotzdem kam ein besonders gelungenes Modell der »Brown Bess« – das letzte – ab 1802 nach und nach in Gebrauch. Alle Gewehre dieser Serie hatten das 43 cm-Bajonett.

Bei der Feldzeugmeisterei war es üblich, die Musketen in großen Mengen zu bestellen, vorzugsweise in der Gegend von London oder Birmingham, und sie im Tower einzulagern. Das Überarbeiten übernahmen darauf spezialisierte Londoner Büchsenmacher.

Obwohl Captain Fergusons Hinterlader aufgegeben worden war, erkannten die Militärbehörden schließlich die Notwendigkeit für speziell ausgebildete Scharfschützen. Nachdem man um 1800 in Woolwich eine Reihe von Versuchen durchgeführt hatte, entschied man sich für die von Ezekiel Baker konzipierte Waffe. Sie hatte einen gezogenen 76 cm langen Lauf (7 Züge mit einer Vierteldrehung) und verschoß Pflasterkugeln von 22,68 g. Im Grundprinzip entsprach diese Waffe dem deutschen Jagdgewehr. Sie wog 4,3 kg, hatte ein Pflastermagazin aus Messing an der Kolbenseite und war mit einem 58 cm langen Bajonett ausgerüstet.

Die französische Revolution und Napoleon Bonaparte in seiner unersättlichen Gier nach Ruhm und Gewinn hielten ganz Europa von 1792 bis 1815 im Kriegszustand. Nachdem er Europa größtenteils unterworfen hatte, stieß Napoleon auf britischen Widerstand, nämlich auf zwei der berühmtesten englischen Kriegshelden: Horatio Nelson und den Herzog von Wellington. Nelsons glorreiche Siege – 1798 am Nil, 1801 bei Kopenhagen und 1805 bei Trafalgar – sind allgemein bekannt. Nicht so bekannt ist, daß er vorausgesehen hatte, welche Vorteile Musketenschützen bei seinem Angriff auf die dänischen Festungen bei Kopenhagen bieten würden. Nelson hatte eine Kompanie des neu formierten Rifle Corps (später das 95. Rifle Regiment) an Bord genommen, das mit Baker-Gewehren bewaffnet war. Für ihren Beitrag zur erfolgreichen Durchführung der Aktion wurden ihnen offiziell die ersten Kriegsauszeichnungen verliehen.

Die Schützen des 95. Regiments sollten auch im 3. Napoleonischen Krieg in Spanien viel Ruhm ernten, angefangen bei ihrem Einsatz als Nachhut beim Rückzug nach Coruna unter Sir John Moore (1809), bis hin zu der entscheidenden Rolle, die sie in der leichten Division unter Wellington spielten (1810–14). Sie kämpften in allen großen Schlachten, so auch in der bei Toulouse in Frankreich.

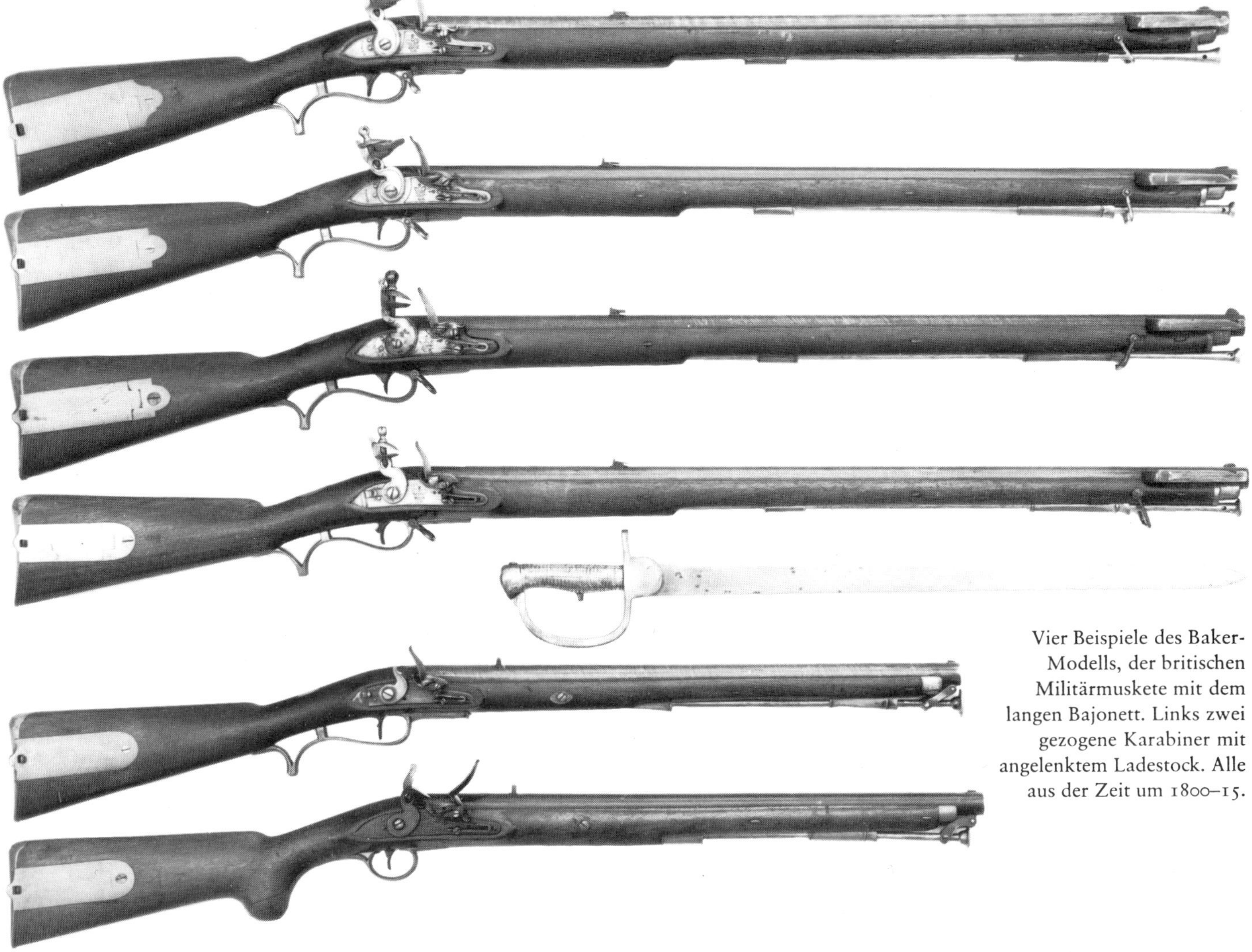

Vier Beispiele des Baker-Modells, der britischen Militärmuskete mit dem langen Bajonett. Links zwei gezogene Karabiner mit angelenktem Ladestock. Alle aus der Zeit um 1800–15.

Ein besonders schönes Exemplar einer Offizierspistole mit zwei übereinanderliegenden Läufen von Staudenmayer, London, um 1815. Sie hatte einen angelenkten Ladestock und einen Anschlagschaft, hier gesondert abgebildet, der sie zu einem auf kurze Entfernungen sehr wirksamen Karabiner machte.

Der folgende Bericht macht ihren wirkungsvollen Einsatz bei der Belagerung von Badajoz im Jahre 1812 deutlich:

»Ich lag mit einigen meiner Leute in guter Schußposition in einem vorgeschobenen Deckwehrgraben. Drei bis vier schwere Feindgeschütze richteten unter unserer Artillerie schwere Schäden an. Ich wählte ein paar Scharfschützen aus und befahl ihnen, in die Schießscharten zu feuern. Nach einer halben Stunde wurde das feindliche Kanonenfeuer schwächer, und kurz darauf stellte man Schanzkörbe als Kugelfang auf, entfernte sie dann jedoch wieder, um das Feuer erneut aufzunehmen. Dies war das Signal für mich, die Schießscharten mit Dauerfeuer zu belegen. Die Schanzkörbe wurden wieder aufgestellt, ohne daß die Kanonen zum Einsatz kamen. Ich war vom Erfolg meiner Taktik so begeistert, daß ich sie vom Morgengrauen bis zum späten Abend fortsetzen ließ. Die vierzig Mann, die ich dazu abgestellt hatte, waren die prächtigsten Burschen, die je einen Finger am Abzug hatten. Diese Geschütze waren buchstäblich zum Schweigen gebracht.«

Napoleon brachte seiner Artillerie großes Vertrauen entgegen und setzte die Infanterie in massierten Wellen ein. Wellington nutzte bei seiner zahlenmäßig überlegenen Streitmacht vor allem die Feuerkraft der Infanterie, die darauf gedrillt war, in lockeren Schützenlinien schnelle Salvenfolgen abzufeuern. Wellington war stets bemüht, seine Infanterie hinter Bodenerhebungen und Hügeln vor dem feindlichen Artilleriefeuer in Sicherheit zu bringen. Plänkler und Schützen wurden vorgeschickt, um die Franzosen zu enervieren, und berittene Artillerie und Kavallerie gaben Flankenschutz. Der Vormarsch der Franzosen erfolgte in massiver Formation. Wenn sie einen Hügelkamm überschritten, hatte es den Anschein, als ob die dünne rote Linie der britischen Infanterie vor ihnen hinweggefegt werden müßte. Die Franzosen stießen vor und feuerten auf die Reihen, die, das Gewehr im Anschlag, ihrer harrten. Sobald sie dann im Schußbereich der Musketen waren, kam der Feuerbefehl. Die Brown Bess dezimierte die dicht gestaffelten Formationen in schnell aufeinander folgenden Salven und riß die Schützenlinien auf. Wichen die Franzosen dann zurück, so stürmten die Briten mit lautem Kriegsgeschrei vor, um den Feind mit dem Bajonett vollends in die Flucht zu schlagen.

In der Schlacht von Waterloo trafen Napoleon und Wellington zum erstenmal aufeinander. Im Glauben daran, daß die Niederlagen des Kriegs in Spanien auf die Unfähigkeit der Generäle zurückzuführen seien, hatte Napoleon seine Kriegstaktik beibehalten. So griff er wieder im alten Stil an, d.h. dem Artilleriefeuer folgten massive Infanterieformationen. Diese Attacke wurde vom vereinten Feuer der Infanterie und Feldartillerie gebunden und dann von der hervorragenden schweren Kavallerie völlig zerschlagen. In der nächsten Phase der Schlacht ging man zu schwerem Artilleriebeschuß und massiven Kavallerieattacken über und zwang so die Infanterie der Alliierten, in ihren Karree-Formationen Schutz zu suchen. In diesen Karrees war sie in der Lage, den Attacken der Kavallerie Widerstand zu leisten, aber sie hatte erheblich unter dem Artilleriefeuer des immer wieder angreifenden Feindes zu leiden.

Da Napoleon annahm, die dezimierten Reihen vor ihm wären zu keinem nennenswerten Widerstand mehr fähig, entsandte er seine Elitetruppe, die berühmten Grenadiere der Alten Garde. Die Grenadiere marschierten entschlossen vor, ohne auf das Feuer der Feldartillerie zu achten. Als sie den Hügel überschritten und auf keine Gegenwehr stießen, glaubten sie, die Schlacht sei gewonnen, und dem Weg nach Brüssel stehe nichts

Oben: »Die Schlacht von Waterloo« von Felix Philippoteaux. Kürassiere greifen ein Karree des schottischen Hochländerregiments an. Mit wiederholten verlustreichen Sturmangriffen ritten französische Kavallerieregimenter unter Marschall Ney massive Attacken gegen die britischen Karrees, die – trotz nicht unerheblicher Verluste – dennoch nicht überwunden werden konnten. Eiserne Disziplin, Musketensalven in rascher Folge und ein von Bajonetten starrender Schutzwall machten den heldenmütigen Einsatz eines der besten Kavallerieregimenter jener Zeit zunichte.

Rechts: »Die Schlacht bei Balaklava, Krimkrieg, 1854«. Das 93. Sutherland-Hochländerregiment bildet die berühmte »dünne rote Linie« zwischen der Versorgungsbasis der Alliierten bei Balaklava und dem Schauplatz des Entscheidungsangriffs einer weit überlegenen russischen Kavallerieeinheit. Ein genau deckendes Dauerfeuer bot der Kavallerie Einhalt und warf sie schließlich zurück. Gemälde von R. Simkin.

Links: Ein Brunswick Karabiner, um 1840, mit sogenanntem rückliegenden Schloß, einem angelenkten Ladestock und einem Lauf mit nur zwei Zügen.

Rechts: Eine Enfield, Modell 1853, Lauf mit drei Zügen von 99 cm Länge und Kaliber .577 (15 mm). Sie wog knapp 4 kg, hatte ein Visier bis 900 yards (823 m) und war für Hohlboden-Expansionsgeschosse eingerichtet.

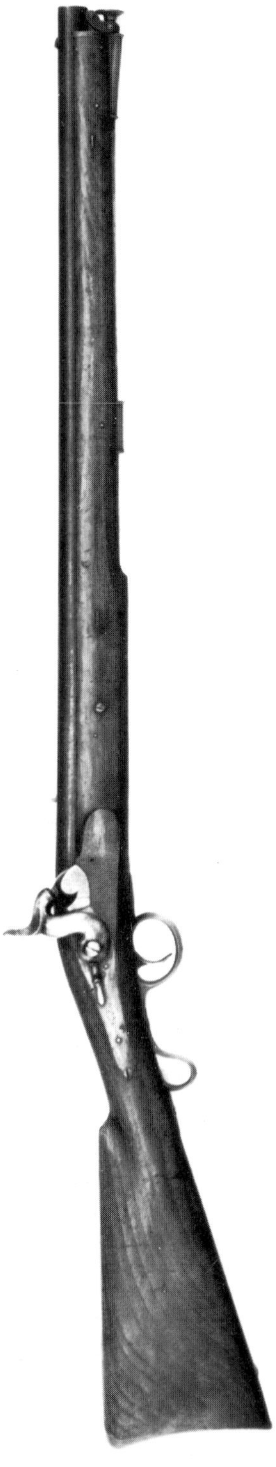

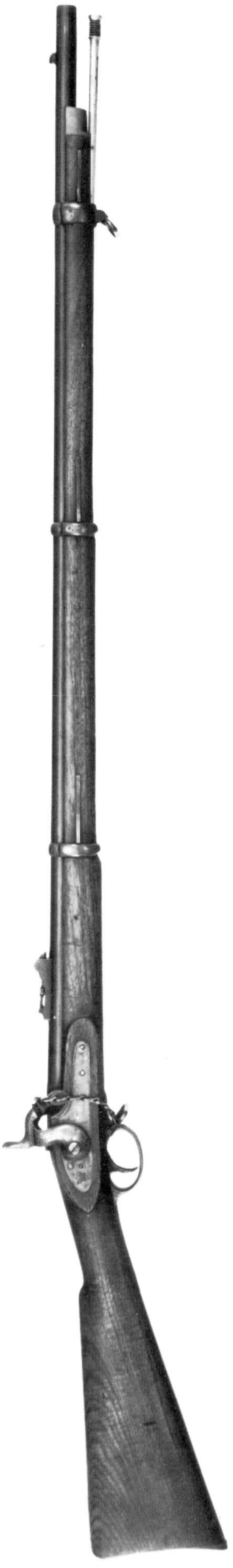

mehr entgegen. Aber das 1. Garderegiment lag – unerreichbar für das Feuer der Artillerie – in der Deckung eines Hohlwegs. »Jetzt, Maitland!« rief Wellington dem befehlshabenden Offizier zu. »Das ist Ihre Chance!« Auf das Kommando sprangen die Infanteristen auf und feuerten vernichtende Salven in rascher Folge ab. Sie mähten die vorderen Reihen der Alten Garde nieder und stifteten unter den anderen eine heillose Verwirrung. Colborne nutzte die Gelegenheit, und mit dem 52. Regiment und zwei Bataillonen des 95. fiel er der Alten Garde in die Flanke. Das Garderegiment stürmte mit gefälltem Bajonett vor, und die Alte Garde floh die Böschung hinab. Dies war der Wendepunkt der Schlacht. Als Wellington sah, wie demoralisierend die Niederlage der »unbesiegbaren« Alten Garde auf die Franzosen wirkte, schwenkte er den Hut und gab damit das Zeichen zum allgemeinen Vormarsch. Unter den Flankenattacken der Preußen flohen Napoleon und seine Armee vom Schlachtfeld. Wieder einmal hatten Musketensalven ihre Überlegenheit gegenüber massierten Formationen bewiesen.

In der darauffolgenden Friedenszeit dauerte es noch bis 1830, ehe das Steinschloß durch das Perkussionsschloß verdrängt wurde. Man rüstete auch den Brunswick Karabiner damit aus, der 1838 das Baker-Modell ablöste. Dieses neue Gewehr hatte einen 76 cm langen Lauf mit zwei tief eingeschnittenen Zügen und Kaliber .704 (17,9 mm). Es verschoß Gürtelgeschosse, d. h. Kugeln, bei denen eine erhabene Zone rundum lief, die in die Züge griff.

Ein englischer Büchsenmacher namens William Greener hatte sich vergeblich bemüht, die Feldzeugmeisterei für ein Expansions-Langgeschoß für Vorderlader zu interessieren. Es war leicht von vorn zu laden; beim Schuß jedoch wurde ein Keil in die Höhlung des Geschoßbodens getrieben, der das Geschoß auseinander und in die Laufzüge preßte, so daß es gasdicht abschloß. Eine ähnliche Lösung fand ein französischer Offizier, Captain Minié: ein Eisennäpfchen wurde tief in die Höhlung des Geschoßbodens getrieben. Man zeigte sich interessiert. Das Ergebnis war die Minié-Büchse von 1851 mit einem 99 cm langen gezogenen Lauf vom Kaliber .577 (14 mm) mit drei breiten, flachen Zügen für ein Geschoß, in dessen Boden ein Buchsbaumpflock getrieben wurde. Im Jahre 1853 wurde die Minié-Büchse von der Enfield verdrängt. Diese Gewehre leisteten im Krimkrieg und beim Sepoy-Aufstand in Indien gute Dienste.

Im Krimkrieg, als sich England, Frankreich, die Türkei und Sardinien gegen Rußland verbündeten, ging man nach den gleichen Prinzipien vor wie bei Waterloo. Auch Heroismus und Disziplin konnten die Unfähigkeit der Befehlhaber nicht wettmachen. In der Schlacht bei Alma hatten die Hochländer und die Gardetruppen einen Hügel schon fast genommen, als aufgrund eines Irrtums der Rückzug befohlen wurde; der Hügel wurde prompt von den Russen zurückerobert. Es mußte dann ein ungleich größerer Widerstand gebrochen werden, um den Hügel erneut einzunehmen. Bei Balaklava focht die leichte Brigade im alten Stil mit Säbel und Lanze, und die schwere Brigade überwand eine viel stärkere Streitmacht der russischen Kavallerie mit annähernd derselben Taktik wie vierzig Jahre zuvor bei Waterloo.

Durch die Verwendung von gezogenen Gewehren war die Kriegsführung noch nicht sonderlich beeinflußt worden, aber ein Vorfall bei Balaklava machte ihre Möglichkeiten deutlich: die berühmte »dünne rote Linie« stand in zwei Schützenlinien zwischen dem Hafen von Balaklava und einer großen, unüberwindlich erscheinenden Übermacht der russischen Kavallerie. Mit ihren unausgesetzten Feuersalven schlugen die Schützen diese Kavallerie zurück.

Wenden wir uns nun wieder der Entwicklung der Militärpistole zu. Im allgemeinen kauften die Offiziere ihre Pistolen privat, häufig bei den besten Büchsenmachern der damaligen Zeit. Im 18. Jahrhundert waren es vorzugsweise Holsterpistolen mit Vollschäftung, oft auch mit Gürtelhaken für Offiziere der Infanterie und der Marine.

Während der Napoleonischen Kriege benutzten die Offiziere Pistolen in den verschiedenartigsten Ausführungen und häufig von sehr hoher Qualität. Darunter waren einläufige Pistolen verschiedenen Kalibers, auch solche mit vollem Gewehrkaliber und angelenkten Ladestöcken, die nicht so leicht verlorengingen. Es gab auch doppelläufige Pistolen, bei denen die Läufe neben- oder übereinander lagen. Einige Offiziere bevorzugten ein- oder doppelläufige Pistolen mit abnehmbarem Anschlagschaft, mit dessen Hilfe aus der Pistole ein recht brauchbarer kurzer Karabiner wurde, besonders wenn der Lauf gezogen war. Viele Offiziere setzten im Krimkrieg ihr ganzes Vertrauen in die neuen Perkussions-Drehpistolen, von denen es drei Haupttypen gab: Bündelrevolver mit durchschnittlich fünf Läufen, Revolver vom Modell Adams, die durch Betätigung des Abzugs gespannt und abgefeuert wurden, und Colt-Revolver, deren Hahn vor dem Abfeuern mit dem Daumen gespannt wurde.

Samuel Colt machte in England viel Propaganda für seine Revolver und zeigte sie das erstemal auf der Weltausstellung von 1851.

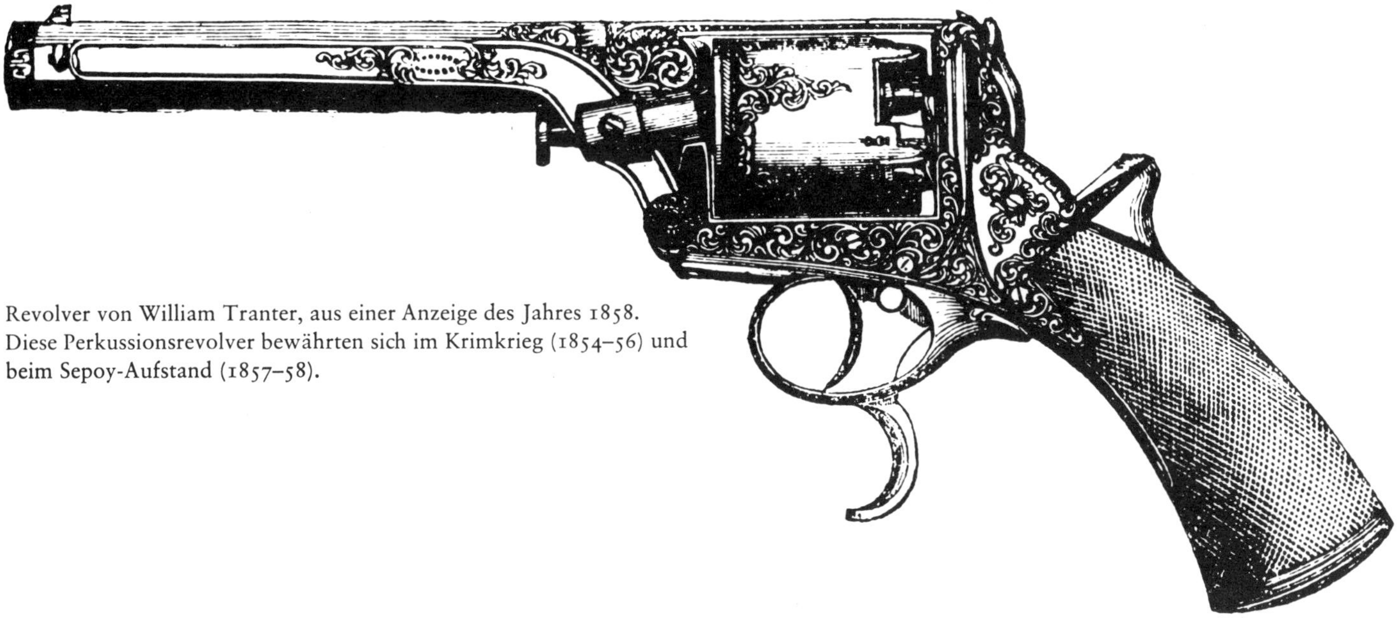

Revolver von William Tranter, aus einer Anzeige des Jahres 1858. Diese Perkussionsrevolver bewährten sich im Krimkrieg (1854–56) und beim Sepoy-Aufstand (1857–58).

Verschlußsystem Snider, 1864, mit dem britische Vorderlader in Hinterlader umgerüstet wurden. Die Kammer ist hier geöffnet.

Querschnitt durch die .577 Boxer Zentralfeuerpatrone für Snider-Büchsen. Ein Patent von Colonel Boxer aus dem Jahre 1866. Sie enthielt ein gefettetes und gerieftes Hohlbodengeschoß mit Buchsbaumkeil.

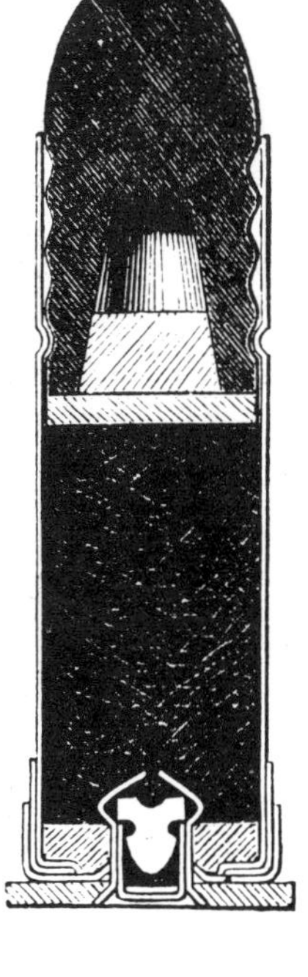

Die Schlacht bei Alma, Krimkrieg, 1854: »Forward 42nd«, ein Gemälde von Robert Gibb. Die Hochländer und die Garde erklimmen den Hügel in geordneten Schützenlinien, um die russischen Batterien zu stürmen. Der Vormarsch nach altem Stil in dichten Formationen war angesichts der immer wirksamer werdenden Feuerwaffen ein verlustreiches Unterfangen. Dies war eine der letzten Gelegenheiten, bei denen solche Formationen Erfolg hatten.

Es gelang ihm, von der Admiralität einen Großauftrag für seinen Marinerevolver zu bekommen, da bekannt geworden war, daß die russische Kriegsmarine mit Revolvern bewaffnet war. Die Admirale glaubten offensichtlich noch an Nahkämpfe von Bord zu Bord.

In der Schlacht bei Inkerman, wo in dicht gestaffelten Formationen gekämpft wurde, haben sich die Revolver besonders gut bewährt. Die Feldzeugmeisterei war von dem Adams-Revolver so beeindruckt, daß das Prinzip der »double-action« 1850 offiziell übernommen wurde. Man spannte diesen Revolver mit dem Daumen und konnte dann in aller Ruhe zielen, oder man zog, zur Erhöhung der Feuergeschwindigkeit, einfach den Abzug durch. Später wurde er für Metall-Zentralfeuerpatronen abgeändert.

Die immer besser werdenden Perkussionsgewehre, Büchsen und Karabiner, beeinflußten die Art der Kriegsführung im amerikanischen Bürgerkrieg (1861–65) erheblich. Auf beiden Seiten kam eine Vielfalt von Waffen zum Einsatz, vorzugsweise von den Herstellern Springfield, Sharps und Colt. Aus der Deckung heraus demonstrierte die Infanterie die Verteidigungskraft des Gewehrfeuers. Für die auf europäischen Schlachtfeldern üblichen dichten Formationen von Kavallerie und Infanterie wäre das vernichtend gewesen.

Samuel Colts Methoden der Massenproduktion waren wegweisend für den künftigen Einsatz des Industriepotentials für die Kriegsführung. Auch die Erfindung der ersten brauchbaren Schnellfeuerwaffe durch Richard Gatling im Jahre 1862 war von entscheidender Bedeutung. Im Bürgerkrieg kamen nur wenige dieser noch unsicheren, sechsläufigen Waffen zum Einsatz, aber 1866 erhielt Gatling einen Regierungsauftrag über 100 dieser Maschinenkanonen. Zu dieser Zeit hatte er bereits ein Modell mit einer Feuergeschwindigkeit von 1200 Schuß pro Minute entwickelt.

In Europa hatte man aus der traurigen Bilanz der amerikanischen Kriege nichts gelernt, sollte jedoch bald selbst ähnliche Erfahrungen machen. Preußen wurde unter Bismarck systematisch auf einen Krieg vorbereitet. 1841 führte das preußische Militär das Dreyse-Zündnadelgewehr ein, die erste Militärwaffe mit dem inzwischen bekannten Zylinderverschluß. Die Papierpatrone enthielt einen hinter dem Geschoß befindlichen Zündsatz, dessen Zündung mit einem nadelähnlichen Stift erfolgte, der zuvor die Pulverladung durchdringen mußte. Dieses System hatte zwei große Nachteile: Die Nadel brach leicht ab, da sie sich im Zentrum der Detonation befand, und der Kammerverschluß war nicht absolut gasdicht und verursachte dadurch einen unangenehmen Gasaustritt nach hinten.

Trotz allem war das Dreyse-Gewehr entschieden wirksamer als die bisherigen Vorderlader. Nach seinem erfolgreichen Einsatz in Preußens kurzem Feldzug gegen Dänemark (1864) und dem Sieben-Wochen-Krieg gegen Österreich (1866) wurde man in Europa in militärischen Kreisen aufmerksam. Diese spektakulären Siege hatten zur Folge, daß man sich allenthalben in Europa vorrangig darum bemühte, die Armeen mit vergleichbaren Waffen auszurüsten.

In Frankreich wurde im Jahre 1866 ein von Antoine Chassepot entwickeltes Gewehr eingeführt, ebenfalls mit Zündnadel und Zylinderverschluß. Es hatte jedoch den Vorteil, daß die Zündpille sich im unteren Teil der Patrone befand, so daß die Nadel vor dem detonierenden Pulver weitgehend geschützt war. Es verfügte auch über eine größere Reichweite, bessere Treffgenauigkeit und eine bessere Abdichtung, tendierte jedoch dazu, im Bereich der Kammer zu verschmutzen und somit das Nachladen der weichen Patronen zu erschweren. In dem Lauf von kleinerem Kaliber lagerten sich nach einigen Schüssen eine Menge Rückstände ab.

Der Deutsch-Französische Krieg (1870/71) zeigte, wie Preußen nach einem sorgfältigen Feldzugsplan Mobilisierung und Truppentransporte bewältigte. Dies geschah unter der Leitung des preußischen Generalstabschefs von Moltke, den man als geistigen Vater der modernen Kriegsführung bezeichnen könnte. Die Heeresleitung auf französischer Seite erwies sich als absolut unfähig, aber die Soldaten fochten tapfer, und es gab schwere Verluste auf beiden Seiten. Aufgrund ihrer besseren Organisation und Führung war den Deutschen der Sieg jedoch sicher. Die Feuerkraft der Hinterlader wurde trotz aller Mängel deutlich sichtbar.

Bei Saint-Privat wurde der Vormarsch der preußischen Garde durch eine mit Chassepot-Gewehren bewaffnete französische Schützenlinie gestoppt. Innerhalb von zwanzig Minuten fielen 8000 preußische Soldaten. Die bei Wörth im alten Stil attackierende Kavallerie wurde in kürzester Zeit vom Gewehrfeuer überwältigt. Bei Sedan, wo die Deutschen einen großen Teil der französischen Armee umzingelt hatten, vernichteten sie – aus Erfahrung klug geworden – die französische Infanterie außerhalb der Reichweite des Chassepot-Gewehres durch Artilleriefeuer.

Auch in England erkannte man den unschätzbaren Wert der Hinterlader und führte Versuche mit verschiedenen Gewehrmodellen durch. Der von Calisher und Terry entwickelte Hinterlader bewährte sich 1858 an Bord der »Excellent« und wurde probeweise an einige Kavallerieeinheiten ausgegeben. Im Jahre 1858 brachte Westley Richards einen Hinterlader-Karabiner heraus, wegen seines Oberhebels zuweilen auch »monkey tail« (Affenschwanz) genannt. Dieser Oberhebel wurde zum Öffnen der Kammer nach vorn geklappt. 1861 rüstete man die Kavallerie und anschließend auch die berittene Miliz mit diesem Karabiner aus, der mit Papierpatronen geladen wurde, wobei die Zündung jedoch durch separate Perkussions-Zündhütchen erfolgte.

Die dringende Notwendigkeit, einen Hinterlader für den allgemeinen Gebrauch einzuführen, wurde inzwischen von niemandem mehr angezweifelt, und so kam 1865 das Verschlußsystem von Jacob Snider auf, mit dem man die Enfield-Büchsen umrüstete, so daß sie Zentralfeuer-Papierpatronen mit Metallboden verschießen konnten. Der massive Verschlußblock, der um eine an seiner rechten Seite befindlichen Achse drehbar gelagert war, enthielt einen schräg angebrachten Schlagbolzen, der vom Hahn getroffen wurde. Die ersten Papier-Zentralfeuerpatronen mit Pappboden wurden 1867 von Colonel Boxer verbessert und widerstandsfähiger gemacht. Er entwickelte einen Stahlboden und eine dünne Messinghülse, die sich beim Abfeuern ausweitete und so einen guten Gasabschluß bot.

Das allenfalls als Behelf anzusehende System Snider wurde

Rechts oben: Amerikanischer Bürgerkrieg, 1861–65. Mit Feuersalven, abgegeben aus Deckungen wie dieser, brachten die Schützen der feindlichen Infanterie und Kavallerie schwere Verluste bei. Eine Aufnahme des Steinwalls vor dem Hohlweg bei Fredericksburg mit gefallenen Konföderierten. Foto: Brady.

Rechts: Deutsch-Französischer Krieg, 1870–71. Erstürmung des Friedhofes von St. Privat durch preußische Gardeinfanterie, die im Chassepotfeuer schwere Verluste erlitt.

1871 vom Martini-Henry-Gewehr abgelöst. Dieser einschüssige Hinterlader hatte den Martini-Fallblockverschluß, der durch einen Unterhebel hinter dem Abzugsbügel betätigt wurde. Er hatte einen 84 cm langen Lauf vom Kaliber .450 (11 mm), dessen Zugsystem von dem Edinburger Büchsenmacher Alexander Henry entwickelt worden war. Anfangs verschoß man mit diesem Gewehr die Boxer-Patrone. Da es sich beim englischen Feldzug in Ägypten jedoch herausstellte, daß sie leicht Ladehemmungen verursachte, ging man 1880 zu einer soliden Messinghülse über. Das Standardgewehr war etwa 1,22 m lang, wog 3,85 kg und hatte eine Reichweite von 1.450 yards (1325 m). Man machte auch Karabiner mit 56 cm-Läufen, deren Kaliber später auf .400 (10 mm) reduziert wurde.

Im letzten Viertel des 19. Jahrhunderts machte die Entwicklung auf dem Gebiet der Waffentechnologie ganz bemerkenswerte Fortschritte. Dies wirkte sich nicht zuletzt auch auf die Militärbewaffnung aus. Kaum hatte man die Einzellader durch Verwendung der Zentralfeuerpatrone mit Messinghülse zur Perfektion gebracht, als man auch schon mit einem Magazingewehr mit Zylinderverschluß für ein kleinkalibriges Mantelgeschoß experimentierte. Der Trend ging dahin, die Kaliber der Militärwaffen zu verkleinern und die Geschosse zu verlängern. Um 1890 lag der Durchschnitt bei .30 (7,6 mm).

Im Jahre 1877 wurde in England das von Lee entwickelte Repetiergewehr mit Zylinderverschluß eingeführt. Da sein Lauf mit den von Metford konzipierten flachen Zügen versehen war,

Isandhlwana (Afrika), 1879. Eine britische Streitmacht von rund 1600 Mann wurde bei einem von den Zulus in großer Übermacht vorgetragenen Überraschungsangriff fast vollständig vernichtet. Die Briten wurden überwältigt, bevor sie die Feuerkraft ihrer Gewehre wirksam einsetzen konnten. Ein Jahr später, bei Ulundi, schlugen sie die Zulus mit konzentrierten Feuersalven.

Abu-Klea, 1885. Auf dem Weg nach Khartum, um General Gordon zu befreien, wurde eine britische Kolonne von etwa 1100 Mann von 10 000 fanatischen Derwischen angegriffen. Die Feuergeschwindigkeit der Martini-Henry Einzelladergewehre reichte nicht aus, um die Derwische aufzuhalten. Sie brachen in das britische Karree ein, und erst nach einem verzweifelten Kampf gelang es den Briten, einer Niederlage zu entgehen.

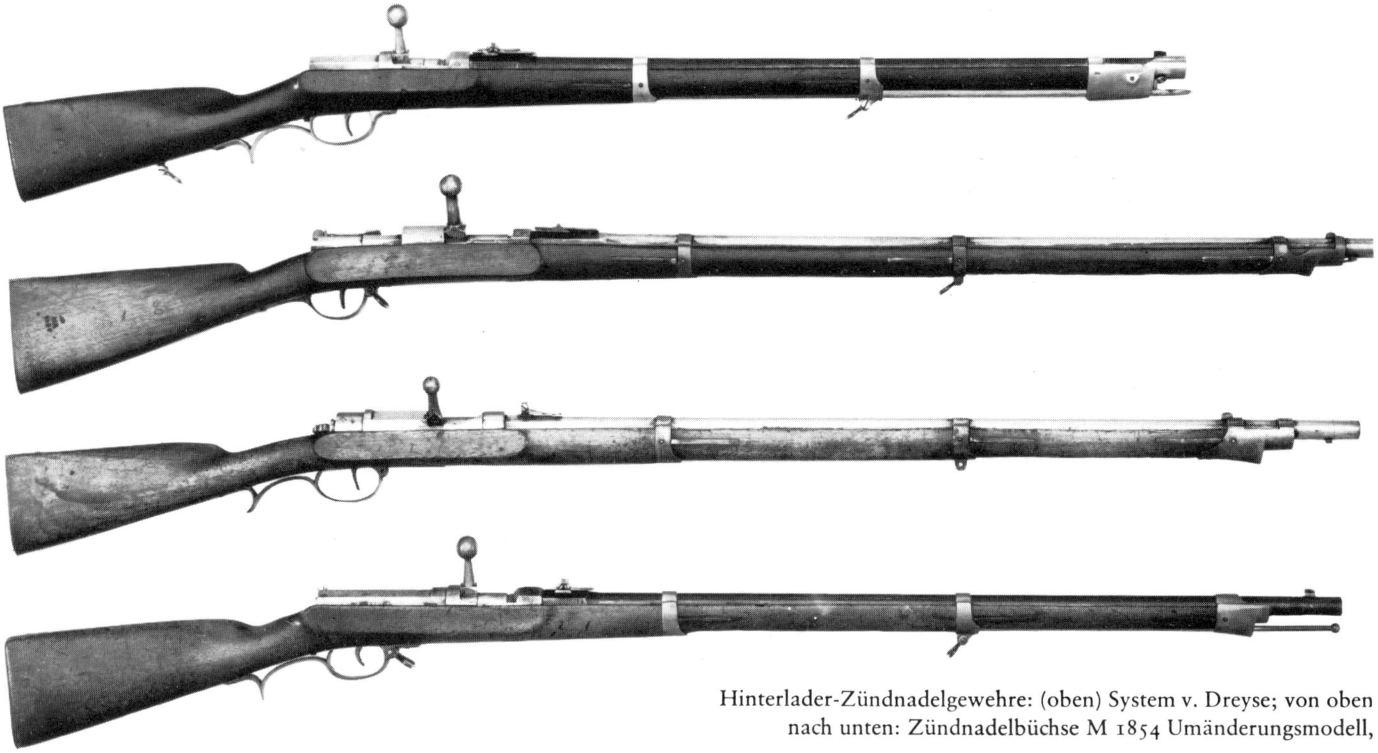

Hinterlader-Zündnadelgewehre: (oben) System v. Dreyse; von oben nach unten: Zündnadelbüchse M 1854 Umänderungsmodell, Zündnadelgewehr M 1841, Zündnadelgewehr M 1862. (unten) die französische Version, entwickelt von Antoine Chassepot, 1866 bei der französischen Armee eingeführt.

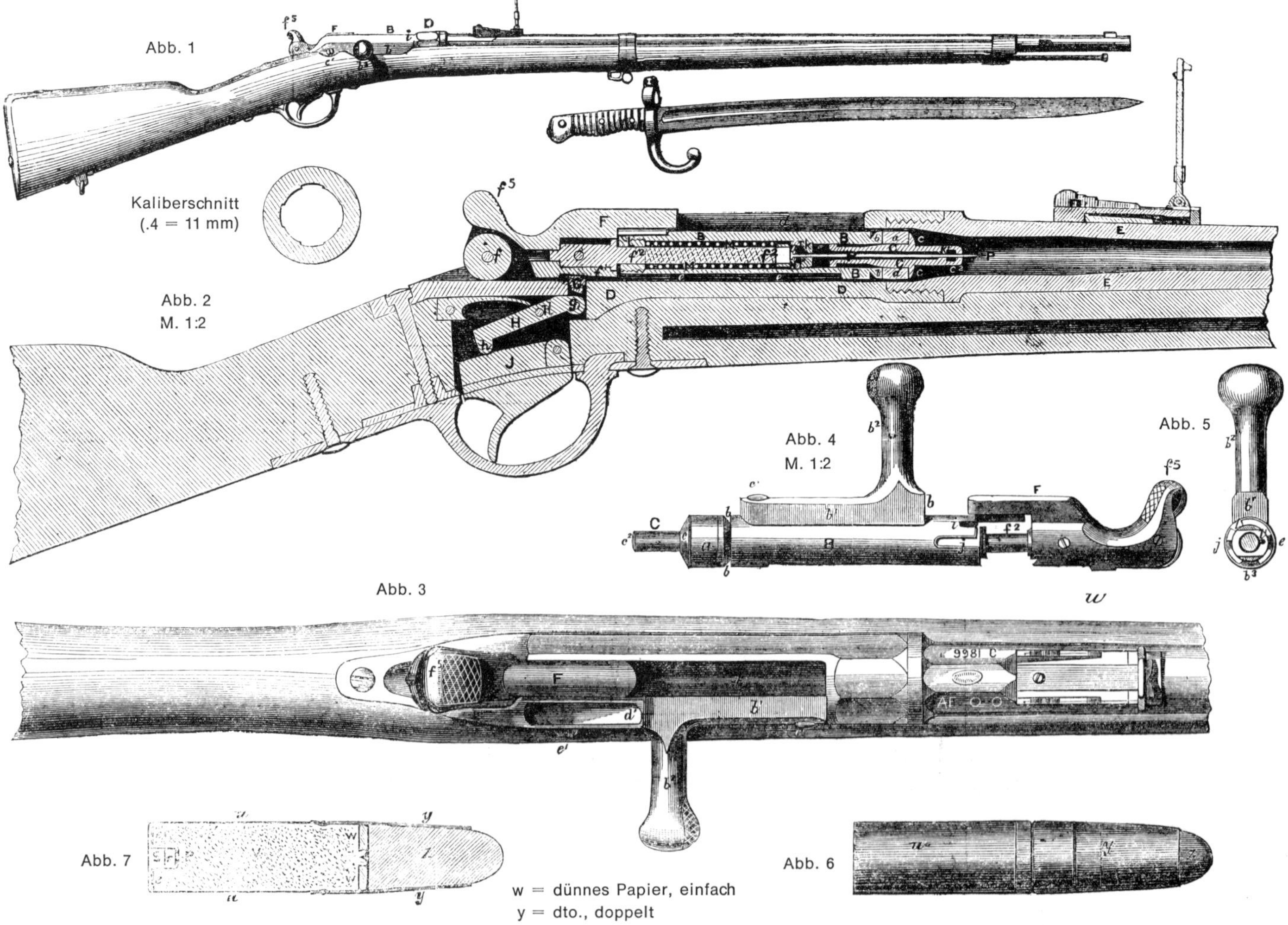

Einschüssiger Hinterlader Martini-Henry, 1871 bei der britischen Armee eingeführt.

Lee-Metford Repetiergewehr mit Zylinderverschluß, 1888 bei der britischen Armee eingeführt.

erhielt es die Bezeichnung »Lee-Metford«. Die verbesserte Mark II-Version von 1893 hatte einen etwa 76 cm langen Lauf vom Kaliber .303 (7,7 mm) und eine Reichweite bis zu 2.900 yards (2650 m). Das nickelummantelte Bleigeschoß wurde durch eine Korditladung abgefeuert, denn um 1890 war man zu den rauchschwachen Nitro-Pulvern übergegangen, die vom militärischen Standpunkt aus große Vorteile boten, da die starke Rauchentwicklung des Schwarzpulvers dem Feind sowohl Standort als auch Anzahl der Schützen verriet. Rauchschwaches Pulver war auch sauberer und hinterließ keine Rückstände in Lauf und Kammer. Zudem entwickelte es einen weitaus höheren Gasdruck und erbrachte sehr hohe Geschoßgeschwindigkeiten und damit größere Reichweite. Das Magazin der Lee-Metford enthielt zehn Patronen in zwei Reihen, und das Laden wurde durch den 1885 von Mannlicher erfundenen Ladestreifen mit jeweils fünf Patronen vereinfacht.

Ein großer Vorteil der um 1890 fast überall gebräuchlichen Hochgeschwindigkeitsgewehre war die gestrecktere Flugbahn. Es war nicht mehr so schwierig, den Abstand genau zu schätzen, wie bei den älteren Modellen, bei denen sich die Flugbahn des Geschosses, besonders nach rund 140 m, ganz erheblich senkte. In der zweiten Hälfte des 19. Jahrhunderts führte England zahlreiche Kolonialkriege und Strafexpeditionen. Obwohl die Ausrüstung der britischen Streitkräfte für Land und Klima oft unzureichend war, führten Feuerkraft, strenge Disziplin und Tapferkeit doch meistens zum Sieg. Dennoch wurde 1880 bei Maiwand in Indien eine britische Truppe eingeschlossen und vernichtet, als sie sich aus einer sicheren Deckung herauswagte. Und 1879, im Zulukrieg, wurde eine britische Streitmacht durch die Mobilität und Manövrierfähigkeit der in großer Übermacht angreifenden Zulus überwältigt. Noch im selben Jahr jedoch wurden die Zulus bei Ulundi durch konzentrierte Feuersalven der Briten vernichtend geschlagen.

Im Burenkrieg, 1899–1902, erfuhr die britische Armee am eigenen Leibe die Wirkung eines genau gezielten Feuers durch einen Feind, der nicht nur über hervorragende Scharfschützen verfügte, sondern auch seine Geländekenntnis voll ausnutzte. Die Buren waren größtenteils mit Mauser Repetiergewehren bewaffnet. Einige kämpften auch mit Jagdwaffen, die sie normalerweise zur Jagd in der offenen Grassteppe benutzten.

Im auslaufenden 19. Jahrhundert waren die verschiedenartigsten Waffentypen entwickelt worden, wobei die Verwendung der Metallpatronen die Aktivität in dieser Richtung noch unterstützte. 1887 führte man bei der britischen Armee den berühmten .45 Webley Revolver ein, der die leeren Patronenhülsen automatisch auswarf, wenn die Waffe zum Nachladen geöffnet wurde. Während des Ersten und Zweiten Weltkriegs wurde dieser Revolver in großen Stückzahlen hergestellt.

Verschiedene halbautomatische oder Selbstladepistolen wurden hergestellt, die im allgemeinen Sprachgebrauch unter der Bezeichnung »automatische Pistolen« laufen. Eine der ersten wirklich erfolgreichen Pistolen dieser Art war die von Hugo Borchard aus dem Jahre 1893, mit einem Magazin im Griff. 1898 entwickelte George Luger seine auf diesem Prinzip basierende Luger-Pistole, die in Deutschland als »Parabellum« oder nach ihrem Einführungsjahr im Heer als »08« noch heute berühmt ist. Auch die Mauser Pistole C 96 war eine verläßliche und beliebte Pistole. Winston Churchill benutzte 1898 bei der Attacke des 21. Lancer-Regiments in der Schlacht von Omdurman eine Mauser Pistole C 96. Er feuerte alle zehn Schuß seiner Pistole ab, bevor er aus dem Handgemenge mit den Derwischen herauskam und verdankt sein Leben vermutlich der Tatsache, daß er sich aufgrund einer vom Polospiel herrührenden Schulterverletzung für eine Pistole anstelle des Säbels entschieden hatte. Colt stellte eine von John Browning konstruierte Pistole vom Kaliber .45 her, die 1911 bei den amerikanischen Streitkräften eingeführt wurde. Bei der britischen Marine entschied man sich 1912 für die Webley .455, und zahlreiche weitere Variationen dieses Grundmodells folgten.

In beiden Weltkriegen kam das berühmte kurze Enfield-Gewehr zum Einsatz, vielleicht die beste und ausgewogenste Waffe der britischen Streitkräfte. Das schnelle und genaue Feuer der ausgezeichneten Schützen hielt die Front im Anfangsstadium des Ersten Weltkriegs und wurde verschiedentlich von den Deutschen sogar für Maschinengewehrfeuer gehalten. Das konzentrierte und gezielte Gewehrfeuer, wie es für die in Südafrika vorherrschenden Bedingungen ideal gewesen wäre, verlor zum Teil kurze Zeit später zugunsten der immer mehr aufkommenden Maschinengewehre an Bedeutung. Die deutschen Streitkräfte waren in beiden Weltkriegen mit Gewehren des Systems 98 ausgerüstet. Das Verschlußsystem ist eine Konstruktion von Mauser und wurde 1898 im deutschen Heere eingeführt. Berühmt und in allen Teilen der Welt kopiert war der Karabiner 98 k im Kaliber 7,92 mm.

Die Erfindung der Zentralfeuerpatrone aus Metall trug auch dazu bei, die Idee des Maschinengewehrs in die Praxis umzusetzen. 1884 erhielt Hiram Maxim ein Patent auf das erste erfolgversprechende Maschinengewehr. Es war ein wassergekühlter Rückstoßlader mit Gurtzuführung, der 1889 im Kaliber .450 bei den britischen Streitkräften eingeführt wurde. Bei dieser Waffe wurde die Kraft des Rückstoßes ausgenutzt, um die leere Patronenhülse auszuwerfen, den Verschluß wieder zu spannen und eine neue Patrone in den Lauf zu befördern. Bei den folgenden Modellen verringerte man das Kaliber auf .303 (7,7 mm). Das spätere englische Vickers Mark I war ebenfalls eine Variante des Maxim, das von vielen Nationen nachgebaut wurde, so auch von Deutschland, wo es im Ersten Weltkrieg zum Einsatz kam.

Der 1895 von Hotchkiss entwickelte Gasdrucklader hatte einen luftgekühlten Lauf und eine Patronenzuführung in Form von Stahlblechstreifen. Bei einem Gasdrucklader wird durch eine kleine Bohrung im Lauf ein geringer Teil der Pulvergase entnommen, die dann über einen Gaskolben das Auswerfen, Spannen und Nachladen besorgen. Das schwere Modell von 1914 wurde auf französischer Seite im Ersten Weltkrieg eingesetzt. Auch John Browning konstruierte 1895 einen Gasdrucklader. Sein Rückstoßlader von 1901 wurde später zum wassergekühlten amerikanischen M 1917 und luftgekühlten M 1919 und vielen weiteren Varianten. Es gab auch leichte Maschinengewehre. Eins der ersten war der Rückstoßlader von Madsen aus dem Jahre 1903, dem das aus dem Ersten Weltkrieg bekannte Lewis-MG folgte, ein Gasdrucklader mit Trommelmagazin. Die Franzosen setzten den Rückstoßlader M 1915 von Chauchat ein.

Das Maschinengewehr hatte auf die Taktik im Ersten Weltkrieg eine revolutionierende Wirkung. Es war weitgehend für den Stellungskrieg in den Schützengräben verantwortlich, da gezieltes Maschinengewehrfeuer die Angreifer scharenweise niedermähte.

Der Fortschritt machte sich in zwei Bereichen bemerkbar. Während die Kavallerie noch immer davon träumte, mit Säbel und Lanze anzugreifen, entwickelten praktischer denkende Köpfe den gepanzerten Kampfwagen. Dieses stahlbewehrte Monstrum war trotz all seiner anfänglichen Mängel eine praktikable Antwort auf Stacheldraht und Maschinengewehr. Der Einsatz der Kavallerie als Spähtrupp war längst nicht mehr sinnvoll, da die Luftwaffe mit ihren Flugzeugen beweglicher war. Als Luftgefechte immer häufiger wurden, baute man anstelle der behelfsmäßig mitgeführten Waffen Maschinengewehre fest ein und synchronisierte sie mit dem Antriebsmotor derart, daß sie zwischen den Propellerflügeln hindurchschossen. Im Zweiten Weltkrieg führte die deutsche Wehrmacht 1942 das berühmte MG 42 ein, einen Rückstoßlader mit der ungeheuren Kadenz von 1200 Schuß in der Minute. Dieses Maschinengewehr ist in noch verbesserter Ausführung als MG 3 von der deutschen Bundeswehr übernommen worden und gilt als eines der besten Maschinengewehre überhaupt.

Im Zweiten Weltkrieg arbeiteten Panzertruppen und Luftwaffe äußerst wirkungsvoll zusammen, und es zeigte sich, wie wertvoll Stoßtrupps mit leichten Maschinengewehren oder Maschinenpistolen waren. Überraschungseffekt, Geschwindigkeit und Feuerkraft rangierten vor starren Verteidigungslinien, die man entweder in der Flanke umging oder durch neue Offensivtechniken aufriß. Die ungeheure Feuerkraft der acht konvergierenden Maschinengewehre der Spitfire trug im Sommer 1940 wesentlich zum Scheitern der deutschen Luftoffensive bei. Nach Dünkirchen führte man auch die amerikanische Thompson Maschinenpistole in England ein, die dann später jedoch durch die billige, in Massenproduktion gefertigte und nicht sehr verläßliche, Sten ersetzt wurde.

Seit 1945 sind die meisten Staaten dazu übergegangen, Gas- oder Rückstoßlader – meist mit Umschaltung für Einzel- oder Dauerfeuer – einzuführen. Die Engländer, die die hervorragende EM2 .280 entwickelt hatten, fühlten sich verpflichtet, das automatische Gewehr der Fabrique Nationale (FN) zu übernehmen, da es die NATO-Standardpatrone 7,62 mm verschoß. Die deutsche Bundeswehr ist mit dem von der Firma Heckler & Koch, Oberndorf, hergestellten Sturmgewehr G 3, einem Rückstoßlader, ausgerüstet. Diese Waffe im Kaliber 7,62 mm NATO ist ebenfalls für Einzel- und Dauerfeuer eingerichtet.

In den fünfzig Jahren von 1850 bis 1900 erfolgte die unwahrscheinliche Entwicklung vom Vorderlader zum Maschinengewehr. Es war die fruchtbarste Periode in der gesamten Entwicklung der Waffentechnologie. Seitdem ist so gut wie nichts mehr von entscheidender Bedeutung hinzugekommen, und es hat den Anschein, als habe man die Grenze des Möglichen bereits erreicht. Die Zukunft mag zeigen, ob mit einem völlig neuen Konzept neue Wege beschritten werden können.

Oben rechts: Das 62. (»Wiltshire«) Regiment nahe bei Norvals Pont im Burenkrieg, mit dem Maxim Maschinengewehr.

Rechts: Burenkrieg, 1899–1902. Die massierten Angriffe der Infanterie gegen starke Buren-Stellungen wurden unter furchtbaren Verlusten für den Angreifer zurückgeschlagen. So auch in der Schlacht bei Caesar's Camp, wo die engl. Infanterie bei der Belagerung von Ladysmith auf Wagon Hill vorrückte.

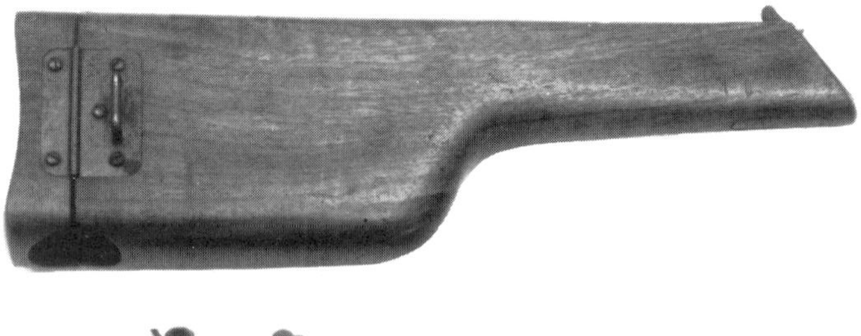

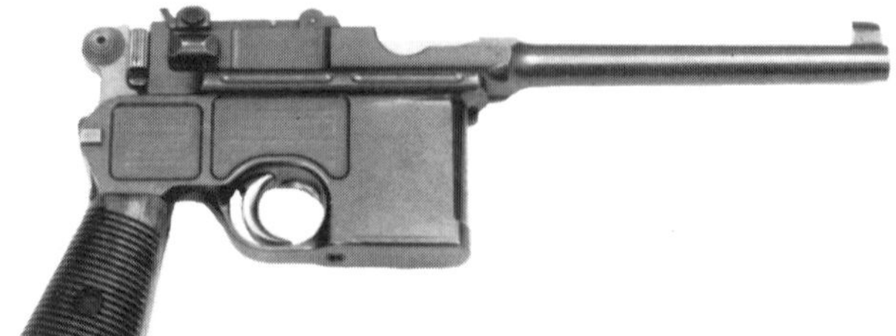

Die Selbstladepistole Mauser C 96 (7,63 mm), hier mit Holzfutteral, das als Anschlagschaft verwendet werden konnte. Das Magazin faßt zehn Schuß.

Ein britisches Vickers Maschinengewehr aus dem Ersten Weltkrieg, 1914–18.

Ein britisches Lewis MG in einem Schützengraben an der Front nahe Ovillors, während der Schlacht an der Somme, Juli 1916.

Ein Soldat der niederländischen Brigade mit einem Bren MG im Zweiten Weltkrieg. Diese Waffe war eine tschechische Entwicklung mit Magazinzuführung, bei dem in kürzester Zeit die Läufe ausgewechselt werden konnten. 1935 wurde es von den britischen Streitkräften übernommen und ist auch heute noch im Gebrauch.

Vier Varianten der billigen und handlichen 9 mm Sten Maschinenpistole, die im Zweiten Weltkrieg in großen Stückzahlen für die britischen und alliierten Streitkräfte gefertigt wurde.

Das britische FN-Sturmgewehr für 7,62 mm NATO-Munition, daneben das zwanzig Schuß fassende Magazin und das Bajonett.

Jagdbüchsen und Flinten

Oben rechts: »Taubenschießen. Die Mitglieder des Red House Club, 1828«, ein Aquatintastich von H. G. Reeve. Mr. Osbaldeston, der berühmte Jäger aus dem engl. Landadel, schießt auf die aufsteigende Taube. Andere Mitglieder schließen Wetten über die Anzahl der Treffer ab.

Rechts: Ein Jäger aus dem frühen 17. Jahrhundert mit Radschloßgewehr und mit seinem Hund auf der Rebhuhnpirsch. Ausschnitt aus »Chateau de Steen« von Paul Rubens.

Unten: Deutsches Steinschloß-Jagdgewehr von Walther aus Wasungen, um 1750, mit feingeschnittenen Verzierungen, mattiertem Goldgrund an Lauf und Schloß. Beschläge und Einlegearbeiten am Schaft sind aus Goldbronze.

Nach der Erfindung des Luntenschlosses dauerte es nicht lange, bis man Gewehre den Langbogen und Armbrüsten für die Jagd vorzog. Angehörige des Adels gaben hochwertige Lunten- und später Radschloßgewehre in Auftrag, die nicht nur zur Jagd auf Rot-, Schwarz- und anderes Wild der europäischen Wälder benutzt werden sollten, sondern auch zum Scheibenschießen. Ein ausgestopfter Vogel auf einem langen Pfahl war schon bei Bogenschieß-Wettbewerben verwendet worden. Dieser Sport war ein praktisches Training für den Jäger, da sich Fasan und Auerhahn, von den Hunden aufgespürt, in die Baumgipfel flüchteten.

Ein leichtes Spezial-Radschloßgewehr, genannt Tschinke, wurde im 17. Jahrhundert zuerst in Polen für die Vogeljagd gebaut. Interessant ist das Schloß mit seiner außen liegenden, mit dem Rad durch eine Kette verbundenen Schlagfeder. Gewehre dieses Typs wurden oft mit einfarbigen oder bunten Elfenbeinintarsien reich verziert oder hatten kunstvoll gravierte, vergoldete Metallauflagen. Wie die frühen Radschloßgewehre, wurden auch sie beim Schießen an die Wange gehalten, wobei das Gewicht des Laufs den Rückstoß weitgehend absorbierte.

Im 16. Jahrhundert war es üblich, Rebhühner für die Tafel mit Hunden und Netzen zu fangen. Die sportliche Vogeljagd wurde mit Falken betrieben, wobei die Größe des Falken sich streng nach dem Rang des Falkners richtete.

Die Bauern erkannten bald, daß die Jagd auf Federwild mit den für sie gerade noch erschwinglichen groben Luntengewehren einfacher war als mit Langbogen oder Armbrust. Man konnte viele kleine Bleikugeln laden, die genügend Streuung hatten, so daß Ziele, wie z. B. Enten auf einem Teich, auch auf etwa 30 m gut getroffen werden konnten. Diese Art der Jagd diente vorzugsweise zur Auffüllung der Lebensmittelvorräte für den Winter. Man dachte nicht daran, auf fliegende Vögel zu schießen, oder ihnen mit dem Luntengewehr eine faire Chance zu geben; es ging lediglich darum, mit einem Schuß so viel Beute wie möglich zu machen.

Im England des 16. Jahrhunderts hatten die Behörden viel Ärger mit professionellen Bogenschützen, die, anstatt zu trainieren, am Sonntag den Bogen beiseitelegten und stattdessen mit dem Luntengewehr durch die Gegend krochen, um etwas für den Kochtopf zu erbeuten. Zum Schutz seines Reiches auf die Bogenschützen angewiesen, sah sich Heinrich VIII. gezwungen, diese Jagdpraktiken gesetzlich zu verbieten, hatte damit jedoch wenig Erfolg.

Die Kunst, auf fliegende Vögel zu schießen, kam in Frankreich Anfang des 17. Jahrhunderts als Modesport auf, begünstigt durch die Einführung des französischen Steinschlosses und des Gewehrkolbens. Von der Betätigung des Abzugs über die Zündung bis zum Abfeuern der Treibladung verging natürlich eine geraume Weile. Daher war es schwierig, andere Vögel zu jagen als solche, die in gerader Linie aufsteigen. Bei einem im Zickzack fliegenden Vogel wäre die Abschätzung des Auftreffpunktes sehr schwierig, da man dabei sowohl die Geschwindigkeit des Vogels als auch die Zündverzögerung berücksichtigen mußte.

Charles II. und seine Höflinge brachten diesen neuen Modesport nach England, als sie 1660 aus ihrem französischen Exil zurückkehrten. Sie brachten natürlich auch ihre französischen Vogelflinten mit, deren Handhabung ihnen vertraut war, und in der darauf folgenden Zeit führte man Jagdwaffen aus Frankreich oder Italien ein. Bald jedoch waren auch englische Büchsenmacher in der Lage, hochwertige Jagdgewehre herzustellen, und so nahm der Import dieser Waffen allmählich ab. Ein weiterer Grund für die Abwendung von den zwar prächtig gestalteten doch unsicheren ausländischen Gewehren war die Verschärfung der Vorschriften, denen zufolge jede importierte Waffe der »Worshipful Company of Gunmakers« (Engl. Büchsenmacherinnung) zur Überprüfung vorgelegt werden mußte.

Außer dem relativ leichten Jagdgewehr mit französischem Schloß und einem etwa 1,20 m langen Lauf machte man auch langläufige Gewehre (ca. 1,50–1,80 m) mit dem englischen Steinschloß, die zur Jagd auf Federwild benutzt wurden. In der Zeit um 1700 waren fast alle Gewehre mit dem französischen Schloß ausgerüstet.

Richard Blomes Ausgabe von »The Gentleman's Recreation« (1686) enthält ein Kapitel über die Jagd, das durch ein paar sehr ansprechende Stiche aufgelockert wird. Sie zeigen die Jagd zu Pferde auf aufsteigende Rebhühner sowie die Diener, deren Aufgabe es war, die Gewehre nachzuladen, während die Hunde die Rebhühner aufstöbern und apportieren. Andere Darstellungen zeigen berittene Jäger auf der Entenjagd und, wie man mit Hunden auf Fasanenpirsch ging: die Hunde scheuchten die Fasane auf die Bäume, damit der Jäger sich auf Schußweite nähern konnte. Man sieht auch Jäger mit sehr langen Flinten, die aufsteigende Enten jagen.

Das typische Jagdgewehr der Zeit um 1700 hatte einen Lauf von durchschnittlich nur 1,15 m Länge und einen Ganzschaft, d. h., der hölzerne Schaft zog sich über die gesamte Lauflänge. Man bevorzugte schön gemasertes Ahornholz, verarbeitete aber auch Obst- oder Nußbaumhölzer. Zuweilen findet man Schnitzereien am Schaft, und die Seiten- und Schloßplatten waren gewöhnlich mit Rankenmotiven oder Drachen graviert, während die Monogrammplatten groß und kunstvoll gearbeitet wurden. Fast das ganze 18. Jahrhundert hindurch traten an der Grundkonzeption dieser Jagdgewehre keine nennenswerten Änderungen auf, obwohl die Tendenz zu leichteren und kürzeren Waffen neigte. Die seit dem 17. Jahrhundert gewölbte Unterseite des Kolbens wurde begradigt und der Kolben im ganzen schmaler gemacht. Für die Schäftung führte man generell Nußbaumholz ein, mit Beschlägen, die bei den besseren Waffen aus Silber, sonst aus Messing waren. Diese Beschläge, zu denen auch Abzugsbügel, Seiten- und Kolbenabschlußplatten zählen, waren im allgemeinen gegossen und sowohl mit klassischen als auch mit Blumen- und Jagdmotiven verziert. Charakteristisch für diese Epoche waren auch die feinen Einlegearbeiten aus Silberdraht an der Schäftung.

In der ersten Hälfte des 18. Jahrhunderts waren die spanischen Läufe wegen ihrer Festigkeit und Schußqualität in ganz Europa sehr gefragt. Aus diesem Grunde wurden sie entweder genau kopiert, oder man fälschte einfach mit großer Kunstfertigkeit die Firmenzeichen berühmter spanischer Büchsenmacher. Der hintere Teil dieser Läufe war für gewöhnlich achteckig, wobei die Meistermarke in Gold auf die Laufwurzel geprägt wurde; der übrige, längere Teil des Laufs bis hinunter zur Mündung war rund.

Englische Gewehre aus dem 18. Jahrhundert hatten häufig spanische oder im spanischen Stil nachgeahmte Läufe. Die echten spanischen Läufe verdanken ihre Festigkeit der hohen Qualität des verwendeten Eisens und der besonderen Schmiedeart, bei der das Materialgefüge um den Lauf herum läuft und nicht in Laufrichtung.

Zur weiteren Qualitätsverbesserung wurde das Eisen sorg-

Eine prachtvolle französische Steinschloß-Vogelflinte, unsigniert, um 1675. Schloß und Lauf sind fein ziseliert, der Schaft ist geschnitzt und mit silbernen Einlegearbeiten verziert.

Rechts: Die Jagd zu Pferde auf aufsteigende Rebhühner, mit Dienern, die die Gewehre nachladen und das erlegte Wild tragen. Stich aus Richard Blomes Ausgabe von »The Gentleman's Recreation«, 1686.

To the Honourable Thomas Fairfax Esqr. eldest Son of ye
Rt. Hon.bl Henry Lord Fairfax of Denton in York-shire.
This Plate is humbly Dedicated by Richard Blome.

Schnepfenjagd mit einer Perkussions-Doppelflinte. Die Spaniels stöbern die Schnepfe auf, während der Reitknecht des Jägers das Pferd hält. Man beachte die für die damalige Zeit charakteristische Art, ein Gewehr zu halten: die linke Hand liegt ganz hinten am Abzugsbügel. Gemälde von William Jones, um 1830.

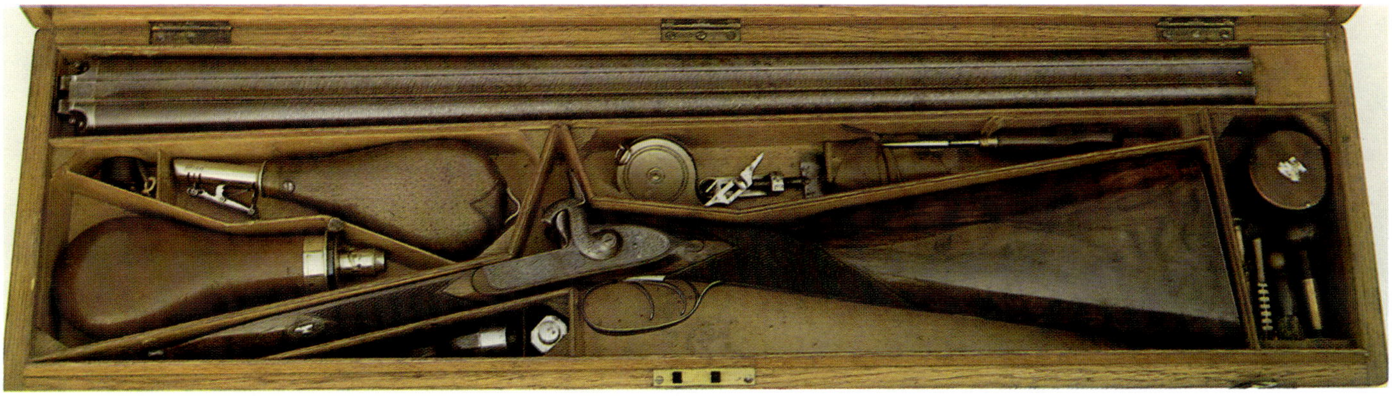

Eine Doppelflinte mit Perkussionsschlossen, Kaliber 14, von Charles Lancaster, London, einem der qualifiziertesten Büchsenmacher seiner Zeit. Hergestellt im Jahre 1857. Die Flinte liegt in einem mit Leder ausgekleideten Koffer, zusammen mit dem zum Laden und Reinigen notwendigen Zubehör.

Eine hochwertige Perkussionsbüchse mit zweifach gezogenem Lauf, Kaliber 16. Im Jahre 1853 von Joseph Lane für den Maharadscha von Dschodhpur angefertigt.

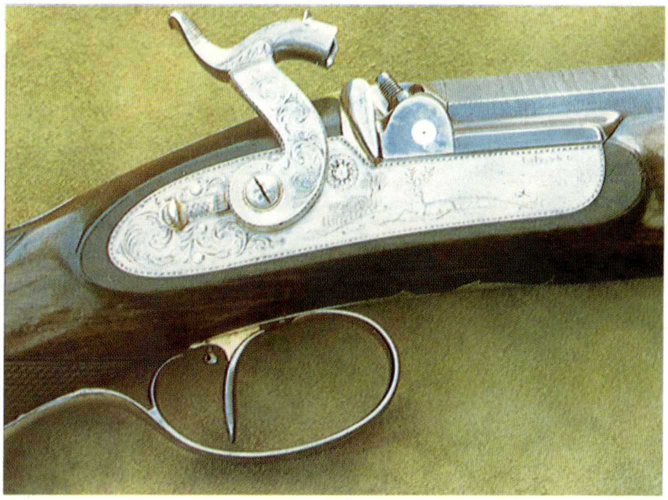

Ein Jäger mit Hunden auf der Entenjagd.
Er trägt eine Steinschloßflinte.
Stich aus »Abbildungen der jagbaren Thiere«
von Ridinger, Augsburg, 1740.

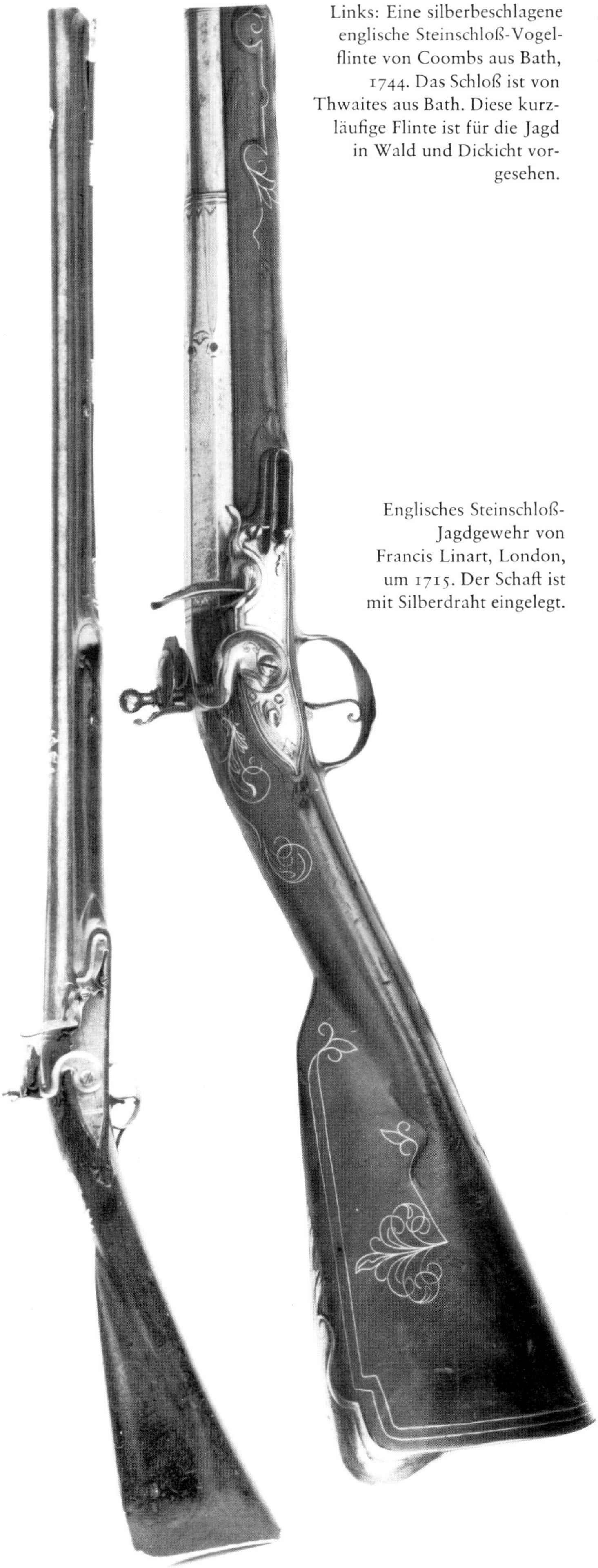

Links: Eine silberbeschlagene englische Steinschloß-Vogelflinte von Coombs aus Bath, 1744. Das Schloß ist von Thwaites aus Bath. Diese kurzläufige Flinte ist für die Jagd in Wald und Dickicht vorgesehen.

Englisches Steinschloß-Jagdgewehr von Francis Linart, London, um 1715. Der Schaft ist mit Silberdraht eingelegt.

fältig gehämmert und verdichtet. Es war vorher in Form von Hufnägeln und Hufeisen verwendet worden. Man meinte damals, daß das Stampfen der Hufe auf der Straße dem Eisen eine besondere Härte verliehe, aber keine auf diese Weise erreichte Härte blieb erhalten, wenn die Nägel und Eisen dann bis zur Weißglut erhitzt und zusammengeschweißt wurden.

Mitte des 18. Jahrhunderts begannen die englischen Büchsenmacher, ihre Läufe aus langen Eisenstreifen zu schmieden, die aus importierten Hufnagelstümpfen hergestellt waren. Diese etwa 19 mm breiten Streifen wurden spiralförmig auf eine Eisenspindel gewickelt. Zuerst wurde das Eisen auf weißglühende Temperatur erhitzt. Dann stieß man das Spindelende heftig auf den Boden, so daß die Spirale zusammengepreßt wurde, und schmiedete das Eisen dann mit Hammerschlägen auf einem U-förmigen Amboß. War der Lauf geschmiedet, wurde er kaltgehämmert, um das Material gründlich zu verdichten und zu härten. Anschließend wurde das Rohr innen feingebohrt und außen geglättet. Da das Metallgefüge des hochwertigen Eisens nicht in Laufrichtung lief, wurde eine bessere Seitenfestigkeit erlangt, und so konnte man die Läufe leichter machen. Gegen Ende des Jahrhunderts hatten fast alle englischen Gewehre solche Banddamast-Läufe. Man kann sie an den hell- und dunkelbraunen Streifen erkennen, die sich spiralförmig um den Lauf ziehen, und die von dem gesteuerten Oxydationsprozeß, dem Brünieren, herrühren, das dem Metall nicht nur den letzten Schliff gibt, sondern auch als Schutz dient.

Während des ganzen 18. Jahrhunderts blieb der Jagdstil im großen und ganzen gleich. Vögel wie Rebhühner und Moorhühner wurden von Vorstehhunden und Settern aufgestöbert, und geschossen wurde fast ausschließlich auf den aufsteigenden Vogel. Fasane und Schnepfen wurden von Spaniels aufgestöbert und ebenfalls im Aufstieg geschossen. Enten scheuchte man bei Saisonbeginn vom Teich auf. Später, im tiefen Winter, ging man mit speziellen großkalibrigen und langläufigen Entenflinten auf die Entenpirsch, um die Enten auf dem Teich oder – besser noch – im Augenblick des Abhebens zu schießen.

Ganz im Gegensatz zu verschiedenen organisierten Jagdveranstaltungen auf dem europäischen Kontinent begnügte sich der englische Jäger mit einer bescheidenen Jagdbeute. Es ging ihm darum, die frische Luft zu genießen, allein mit seinem Hund oder mit ein paar guten Freunden, und um das Vergnügen, ein paar Vögel mit heimzubringen oder sie einem Nachbarn zum Geschenk zu machen.

Das auslaufende 18. Jahrhundert brachte einige Verbesserungen an Jagdwaffen und ein ganz spezielles englisches Gewehr mit sich. Zur Verbesserung des Schlosses hatte man zwischen Pfannendeckel und Feder ein kleines Rad angebracht. Es bewirkte, daß der Deckel schneller aufsprang, um das Zündkraut den Funken auszusetzen. Die Reibung zwischen Schlagfeder und Nuß wurde durch Einführung eines Kettengliedes verhindert, und die Zündpfanne wurde weitgehend wetterfest.

Durch die Einführung dieser Henry-Nock-Patentschwanzschraube und ähnlicher Schwanzschrauben erreichte man eine bessere Zündung der Treibladung und gleichzeitig eine Verkür-

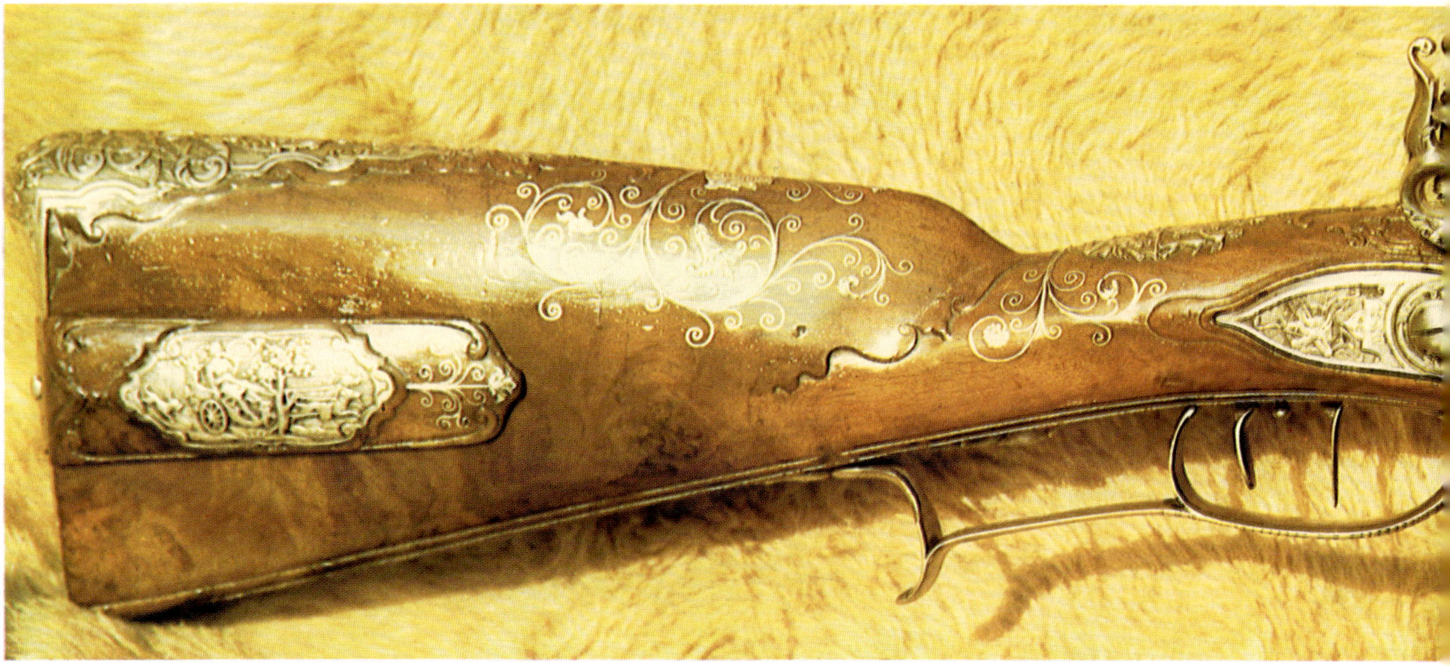

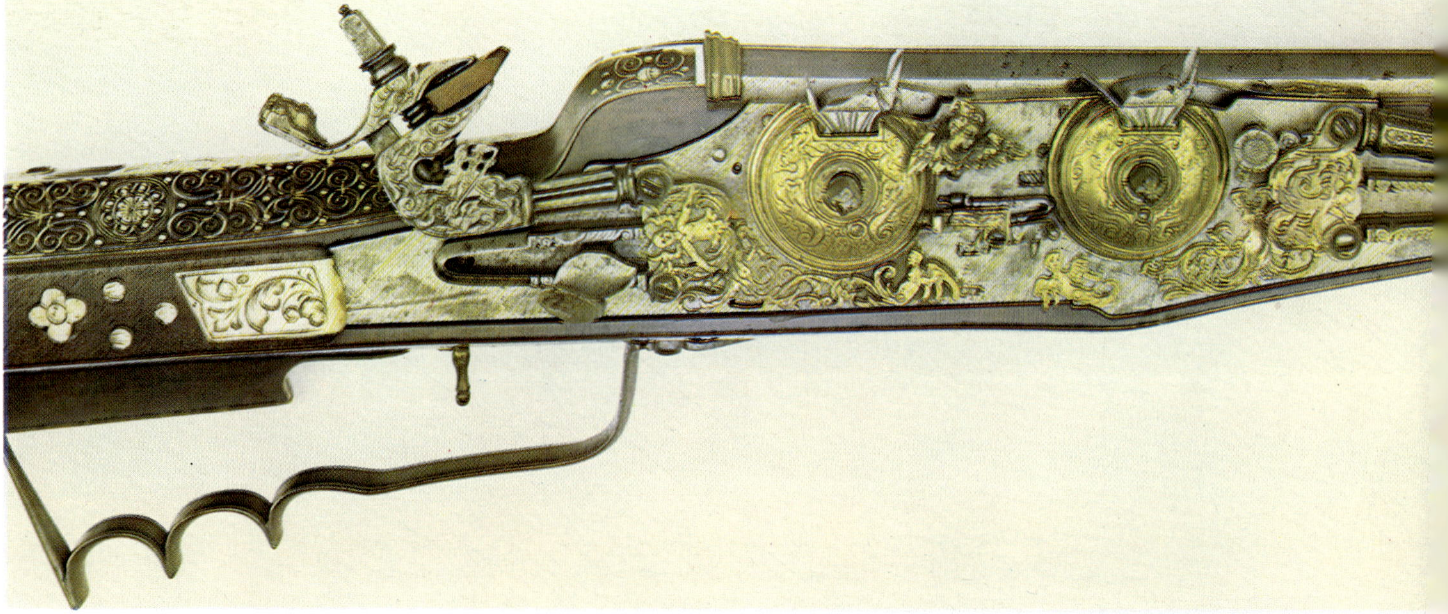

Ein elegantes Steinschloß-Jagdgewehr mit Silberbeschlägen von Paul Poser, Prag, um 1750.

Eine englische doppelläufige Großwildbüchse vom Kaliber 10, von Charles Lancaster, 1863. Sonderanfertigung für den Maharadscha von Dschodhpur, mit schwer vergoldeten Schlossen und Beschlägen und gezogenen Damastläufen von hervorragender Qualität.

Scheibenbüchse mit Luntenschloß aus Süddeutschland, um 1580, mit Horneinlagen am Schaft (oben), und ein hochwertiges deutsches Radschloßgewehr mit zwei Schlossen. Es verschoß hintereinanderliegende Ladungen aus ein und demselben Lauf, um 1595 (unten).

Ein französisches doppelläufiges Steinschloß-Jagdgewehr von Cramont aus Bordeaux, 1797. Es hat Silberbeschläge, Verzierungen aus Silberdraht am Schaft und versilberte Schlosse.

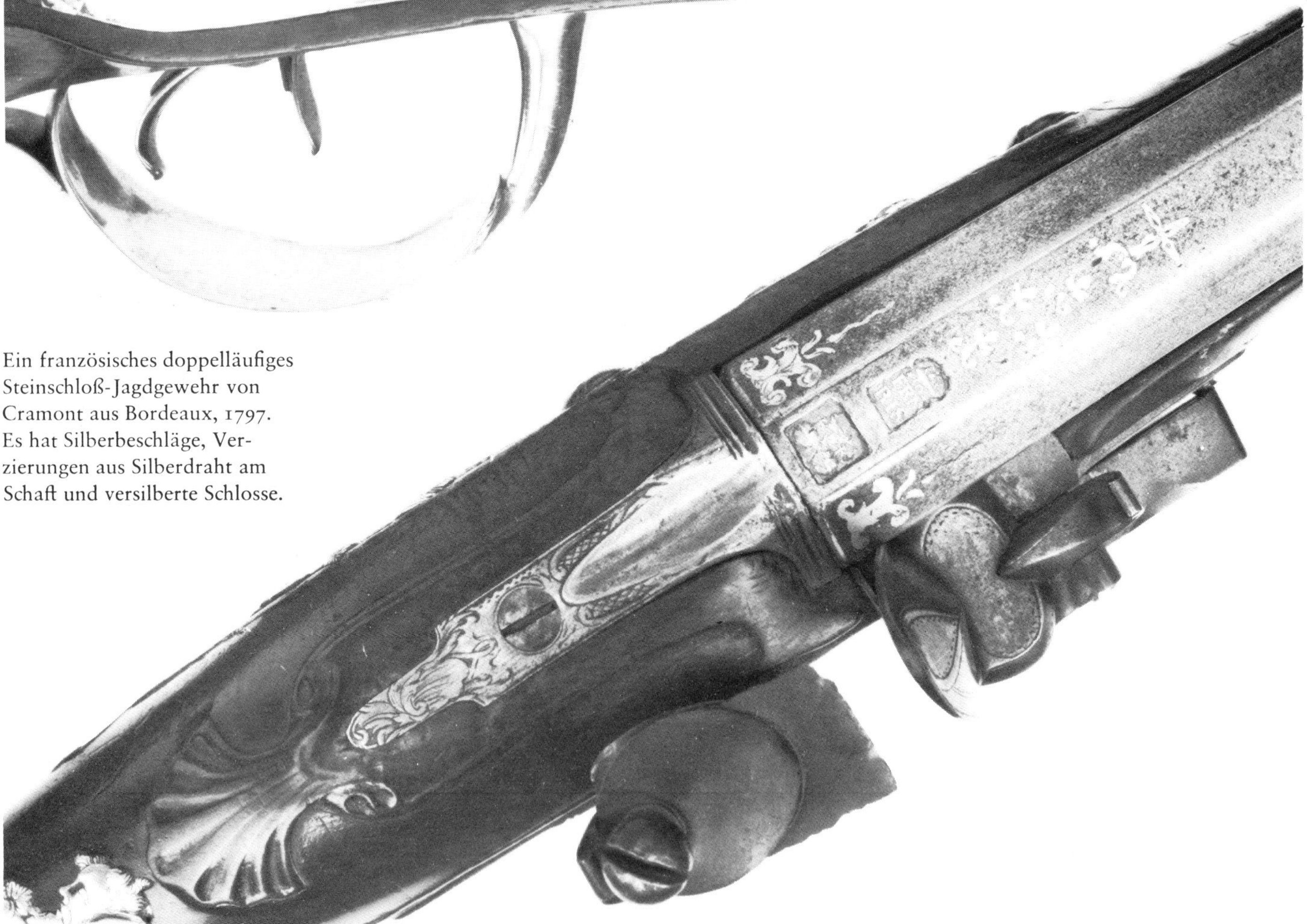

Englische Vogelflinte mit Silberbeschlägen von John Harman, London, mit einem spanischen Lauf von Francisco Bis, Madrid. Mitte 18. Jahrhundert.

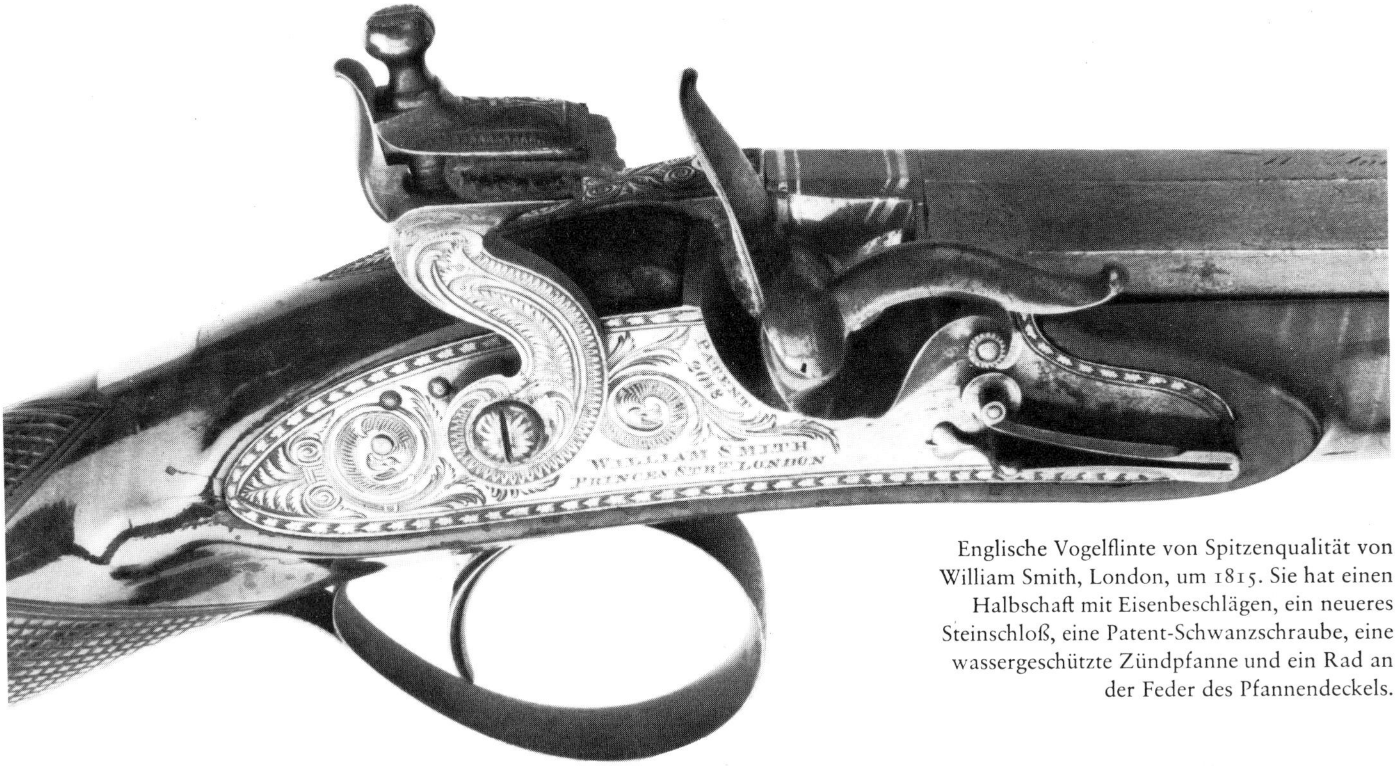

Englische Vogelflinte von Spitzenqualität von William Smith, London, um 1815. Sie hat einen Halbschaft mit Eisenbeschlägen, ein neueres Steinschloß, eine Patent-Schwanzschraube, eine wassergeschützte Zündpfanne und ein Rad an der Feder des Pfannendeckels.

zung des Laufs. Eine große Hilfe war auch die Verbesserung des Pulvers. Auch die Rundung der Schrotkörner wurde einheitlicher: man goß geschmolzenes Blei durch ein an der Spitze eines hohen Schrotturms angebrachtes feines Sieb in ein darunterliegendes Wasserbecken. Anschließend sortierte man die Schrote nach der Korngröße: Nr. 9 und 8 für Schnepfen, 7, 6 und 5 für eine ganze Reihe von Wildarten und 4, 3, 2 und 1 für Enten und Gänse.

Abgesehen von seinem verbesserten Schloß und dem kürzeren Lauf waren die Besonderheiten des Jagdgewehrs auch sein durch zwei Stifte mit dem Lauf verbundener Halbschaft und die gravierten Eisenbeschläge. Obwohl es im Vergleich zu den früheren silberbeschlagenen Waffen relativ einfach wirkte, erkannte man bei näherer Betrachtung recht bald seine hervorragende Qualität. Dieser Gewehrtyp war der Vorläufer des englischen Modells, dessen Entwicklung im 19. Jahrhundert zum Abschluß kommen sollte. Man verzichtete auf Schnitzereien und Einlegearbeiten am Schaft und ließ so die natürliche Schönheit des Holzes voll zur Geltung kommen. Obgleich grundsätzlich von rein funktioneller Bedeutung, bot die Fischhaut am Kolben einen dekorativen Kontrast zu den polierten Flächen. Und natürlich hatte auch der gebräunte Damast-Lauf seinen ganz besonderen Reiz.

In der zweiten Hälfte des 18. Jahrhunderts entstanden – begünstigt durch die leichten, kurzen Läufe – verschiedene doppelläufige Gewehre. Obwohl sie gegen Ende des Jahrhunderts immer häufiger auftauchten, waren die einläufigen Standardmodelle doch weiter verbreitet. Man hatte schon früher einmal Flinten mit übereinanderliegenden, drehbaren Läufen und nur einem Schloß gebaut, entschied sich dann jedoch endgültig für die beiderseits einer Laufschiene liegenden Läufe mit einem Schloß auf jeder Seite.

Anfangs hielt man doppelläufige Gewehre für unsportlich und befürchtete außerdem, es würde damit häufiger zu Unfällen kommen. Befürchtungen dieser Art waren nicht ganz unberechtigt: War ein Lauf abgefeuert, mußte nachgeladen werden, während der andere Lauf noch geladen war. Hatte der Schütze es nun versäumt, den Hahn in die Ruherast zu stellen, bestand die Möglichkeit, daß er durch die Erschütterungen beim Ladevorgang vorschnellte. Es konnte auch passieren, daß man in der Hitze des Gefechts einen noch geladenen Lauf nachlud.

Bei der Bestimmung des Alters von Waffen aus dem 18. Jahrhundert kann man sich an dem vorderen Teil des Abzugsbügels orientieren: in der ersten Hälfte des Jahrhunderts hatte er oft die Form eines aufgefächerten Kleeblatts, um 1750 die einer Eichel und ab 1780 die einer Ananas. Dieses letzte Motiv wurde bis in die Jahre um 1860 beibehalten.

Anfang des Jahrhunderts waren Barbar und Freeman berühmte Büchsenmacher, während sich in der zweiten Hälfte Griffin, Bailes, Twigg und Durs Egg einen Namen machten. Zwei der gefeiertsten englischen Büchsenmacher, die Brüder John und Joseph Manton, waren in den letzten Jahren vor der Jahrhundertwende zwar schon bekannt, erreichten den Höhepunkt ihres Ruhms jedoch im folgenden ersten Viertel des 19. Jahrhunderts, als das doppelläufige Jagdgewehr vervollkommnet wurde.

Nachdem John Manton es bei John Twigg bis zum Werksmeister gebracht hatte, machte er sich 1781 selbständig. Joseph absolvierte seine Lehrjahre bei seinem Bruder und machte sich 1789 ebenfalls selbständig. Beide brachten eine Vielzahl schöner Waffen hervor, aber Joseph widmete sich ganz speziell dem doppelläufigen Jagdgewehr. Die Zündung wurde beschleunigt, die Zündpfanne verbessert und das Zündloch etwas versetzt, so daß die Ladung besser gezündet wurde. Durch die dichter beieinanderliegenden Schlosse wurde die Waffe in ihrer äußeren Erscheinung ansprechender. Als Zielhilfe entwickelte man eine erhöhte Laufschiene, so daß das Deckungszentrum über dem Zielpunkt lag. Jetzt konnte der Jäger den aufsteigenden Vogel beobachten, anstatt, wie früher, mit der Flinte darüberzuhalten.

Englisches doppelläufiges Jagdgewehr von Joseph Manton, um 1807. Es hat einen Halbschaft mit Eisenbeschlägen und die patentierte Laufschiene von Manton.

Rechts: Improvisiertes Taubenschießen, um 1820. Aquatintastich von Henry Alken. Der Bedienungsmann – sitzend – öffnete mit einer Schnur die Kiste, um die Taube herauszulassen.

Rechts unten: Der Gun Club Notting Hill, ein Foto vom internationalen Treffen im Jahre 1894. In der Mitte, mit Zylinder, James Purdey »der Jüngere«, der, wie viele der führenden Büchsenmacher, diese Veranstaltungen im Interesse seiner Kunden regelmäßig besuchte.

Der allgemeine Trend ging dahin, ein zweckmäßiges Gewehr mit schlichten Eisenbeschlägen herauszubringen. Dennoch verliehen die sauberen, klaren Linien, die Perfektion und die Oberflächenbearbeitung aller Teile diesen Gewehren eine ganz besondere Note. Sie verkörpern beste Tradition britischer Büchsenmacherei.

Das klassische Jagdbuch »Instructions to Young Sportsmen in all that relates to Guns and Shooting« (»Handbuch des Waffen- und Schießwesens für junge Sportschützen«) fand beachtliches Interesse. Es wurde 1814 von dem lebensfrohen, geradlinigen Oberst Peter Hawker verfaßt, der sein Leben lang mit Schußwaffen experimentierte und des Lobes voll war über die Waffen seines guten Freundes Joe Manton. Sein Lieblings-Jagdgewehr nannte er zärtlich »Old Joe«. Es war eine Flinte vom Kaliber 19, die zuerst ein Steinschloß hatte und später auf Perkussion aptiert wurde. Seine 5-kalibrige Entenflinte von 8,6 kg nannte er »Big Joe«.

Mit seinem Buch trug Hawker viel dazu bei, das Interesse für die Vogeljagd in den einsamen Landstrichen der Marschen, Küstenflüsse und -kanäle zu wecken. Früher überließ man diese Jagd den Küstenbewohnern und professionellen Wildvogeljägern.

Obwohl das Steinschloß verbessert worden war, blieben der Zeitverlust bis zur Zündung der Treibladung und die Anfälligkeit gegen Regen und Feuchtigkeit. Im Jahre 1807 erhielt Alexander Forsyth, ein Geistlicher aus Belhelvie in Schottland, ein Patent auf ein neues Zündsystem, bei dem Knallquecksilber in einer kleinen Kammer zur Explosion gebracht wurde. Diese Erfindung, zweifellos von größter Bedeutung, erwies sich jedoch als noch zu kompliziert und aufwendig. Andere Büchsenmacher griffen die Idee auf und brachten das Zündmittel in Form von Pillen, Scheiben, Röhrchen und Kappen heraus. Schließlich einigte man sich auf das Perkussionszündhütchen, das über einen in die Kammer geschraubten Zapfen (Piston) gestülpt wurde.

Dies war ein gewaltiger Fortschritt, denn die neue Zündung erfolgte fast ohne jeglichen Zeitverlust, und war – wenn auch nicht absolut wasserdicht – als System dem Steinschloß auch in dieser Hinsicht weit überlegen. In den Jahren um 1820 war man noch unschlüssig, welchem System der Vorrang zu geben sei, aber um 1830 gab es kaum noch Steinschloßwaffen. Viele wurden auf Perkussionszündung umgerüstet (aptiert), d. h., man schraubte einen mit Piston versehenen Stutzen in das Zündloch und ersetzte den Hahn mit Feuerstein durch einen Hahn mit Schlagfläche. esser war es natürlich, neue Schwanzschrauben sschlosse einzubauen, da man, besonders bei doppelläufigen Gewehren, das Piston näher an das Kammerzentrum bringen und somit die Zündung verbessern konnte. Um 1830 wurde das doppelläufige Gewehr zum Standard-Jagdgewehr. Es hatte etwa 76 cm lange Damast-Läufe und einen Halbschaft mit Eisenbeschlägen, war stilvoll, ausgewogen, leicht zu bedienen und verläßlich. Es gab dem wachsenden Jagdinteresse neuen Auftrieb. Zur gleichen Zeit kamen die ersten Wildgehege auf, und man begann mit der Aufzucht von Wildvögeln.

Es wurden noch immer Treibjagden im alten Stil veranstaltet, aber mit der neuen Perkussions-Doppelflinte hatte der Jäger auch eine reelle Chance, einen einfallenden oder aufsteigenden Vogel zu treffen.

Im 19. Jahrhundert ging man immer mehr dazu über, hochwertige Waffen in Mahagonikästen zu verkaufen, zusammen mit sämtlichem Lade- und Reinigungszubehör. Dies geschah teilweise auch deshalb, weil begeisterte Jäger oft größere Reisen unternahmen, um ihren Sport auszuüben. Im frühen 19. Jahr-

hundert reisten im August viele Jäger auf den Landstraßen nach Yorkshire zur Moorhuhnjagd, und nachdem das Eisenbahnnetz ausgebaut war, nahmen solche Reisen rapide zu.

Jäger mit eigenem Revier pflegten einander einzuladen und wetteiferten um die größte Beute. Königin Victoria und Prinz Albert trugen dazu bei, aus Schottland ein begehrtes Jagdgebiet zu machen, und viele kauften sich dort, ihrem Beispiel folgend, ein Jagdrevier.

Die Jahre von 1820 bis 1860 brachten keine großen Änderungen am Perkussionsgewehr. In der Tat hielten es viele Jäger und Büchsenmacher für die perfekte, nicht mehr zu verbessernde Waffe. Es gab eine Reihe hervorragender Büchsenmacher, von denen zwei besondere Erwähnung verdienen: James Purdey und Charles Lancaster. Sie führten das Werk Mantons fort und schufen wundervolle Gewehre, ohne aufdringliche Verzierung und nur mit sehr dezenten Rankengravuren auf Schloß und Beschlägen.

Die Weltausstellung von 1851 beendete die Ära des Vorderladers. Dort nämlich stellte der französische Büchsenmacher Lefaucheux seinen Hinterlader mit Stiftfeuerzündung aus. Trotz seines noch ziemlich plumpen Äußeren erfüllte er alle Voraussetzungen für einen praktikablen Hinterlader. Er hatte den sogenannten Kipplaufverschluß, in den die aus Pappe und Messing bestehende Patrone eingeschoben wurde. Beim Schließen erfolgte das Feststellen der Läufe durch einen Riegel, der in die Kerbe eines unter den Läufen liegenden Ansatzes (des Laufhakens) griff und durch einen Hebel vor dem Abzugsbügel betätigt wurde. Der Hahn schlug auf den aus der Patrone ragenden Stift, der dann in das Zündhütchen innerhalb der Patrone fuhr. An den Patronenlagern war oben eine kleine Aussparung für den Zündstift der Patrone.

Joseph Lang gebührt der Verdienst, der erste englische Büchsenmacher zu sein, der diese Idee aufnahm. Innerhalb eines Jahres brachte er eine erheblich verbesserte Variante heraus. Seitdem befaßten sich zahlreiche Büchsenmacher mit dem Problem, den Verschluß sicherer und in der Handhabung einfacher zu machen. Eins der besten und beliebtesten Systeme war der Unterhebelverschluß, bei dem die Sicherung der Läufe durch eine kurze Drehung erfolgte. Dieses System hat sich jahrelang bei großkalibrigen Waffen bewährt. Erwähnenswert wären noch das Dougall Lockfast-System, bei dem die Läufe vor dem Abkippen ein Stück nach vorn geschoben wurden, sowie zwei frühe Formen des Verschlusses, bei denen die Bolzen beim Schließen automatisch eingreifen. Das Westley-Richards-Gewehr hatte einen Schnappverschluß, der in die Laufschienenverlängerung eingriff. Beim System Purdey ragt ein Daumenhebel aus einer Öffnung vor dem Abzugsbügel.

Von der Mehrheit der Jäger absolut nicht begrüßt, entfachte der neue Stiftfeuer-Hinterlader erhitzte Diskussionen, die auch von der Presse aufgenommen wurden. Schließlich veranstaltete der Herausgeber des Magazins »The Field«, ein Mr. Field, in den Jahren 1858 und 1859 Ausscheidungswettkämpfe zwischen Vorder- und Hinterladern. Die Vorderlader gewannen, beim zweitenmal nur um Haaresbreite, und die Hinterlader verbrauchten 0,43 g mehr Pulver.

Dennoch waren viele Jäger davon überzeugt, daß ein leichtes und sicheres Nachladen einer eventuell etwas höheren Schußqualität bei weitem vorzuziehen sei. Beim Hinterlader konnte ein und derselbe Lauf nicht doppelt geladen werden, und es bestand keine Gefahr mehr, daß die Pulverflasche explodierte, weil beispielsweise ein wenig Pulver auf ein glimmendes Stück Pfropfen gefallen war. Man konnte ohne Schwierigkeiten durch die Läufe sehen, um zu prüfen, ob Schmutz oder Schnee hineingeraten und ob sie mit der nötigen Sorgfalt gereinigt waren. Die Hände schmerzten nicht mehr vom Einrammen des Geschosses in einen verschmutzten Lauf, und das Hantieren kältestarrer Finger mit Zündhütchen fiel ebenfalls fort, wie auch die Notwendigkeit, den Kolben zum Nachladen auf die schmutzige Erde zu setzen. Es war nicht mehr erforderlich, die Taschen nach Pulver, Schrot, Pfropfen und Zündhütchen zu durchwühlen, und ein Hinterlader konnte im Gehen nachgeladen werden.

Perkussions-Vorderlader wurden bis in die Jahre um 1860 weiter gebaut. Als jedoch 1861 George Daw die Zentralfeuerpatrone einführte (Patent von M. Pottet, Paris), erlebte die Fabrikation der Hinterlader einen neuen Aufschwung.

Erwähnenswert wäre noch, daß Charles Lancaster 1855 ein Patent auf ein bemerkenswertes Zentralfeuergewehr mit spezieller Patrone erhielt. Neu waren für die damalige Zeit der Hülsenauswerfer, der beim Herunterkippen der Läufe in Aktion trat, und der Verschluß, der durch einen unter den Abzugsbügel zurückschwingenden Hebel betätigt wurde. Die Patrone enthielt im Boden ein Explosionsgemisch zwischen zwei Messingplättchen, wobei das innere vierfach perforiert war. Zur Zündung der Patrone trieb der Hahn einen stumpfen Stift durch den Stoßboden. Obwohl diese Waffe ihrer Zeit weit voraus war, verhinderten sowohl die hohen Herstellungskosten als auch der patentrechtliche Schutz eine echte Konkurrenz gegenüber den Stiftfeuerwaffen. Zudem verpaßte George Daw die Gelegenheit, sich in England die Exklusivrechte für die Pottet-Patrone zu sichern, die gegenüber der Stiftfeuerpatrone einen erheblichen Fortschritt bedeutet hätte.

In den Jahren von 1860 bis 1870 wurde der Zentralfeuer-Hinterlader enorm verbessert und verdrängte sowohl Vorderlader als auch Stiftfeuerwaffen. Aus dem Jahre 1867 datiert das Patent für den Purdey-Verschluß, der zuerst mit Daumenhebel, später mit dem bekannten Oberhebel betätigt wurde, ein Verschlußsystem, das sich bis heute bei Jagdwaffen gehalten hat. Eine verbesserte Version des Rückspringhahnschlosses wurde 1869 patentiert, bei dem der Hahn zum Öffnen des Verschlusses nicht mehr in die Ruherast zurückgezogen werden mußte. Die gefederten Schlagbolzen kehrten hinter den Stoßboden zurück, so daß der Verschluß geöffnet werden konnte.

Zu der damaligen Zeit verwendete man Damastläufe mit höherem Stahlanteil. Die besten Damastläufe jener Zeitepoche waren Meisterwerke der Laufschmiedekunst und, da sowohl Stahl als auch Eisen verarbeitet wurden, widerstandsfähiger als die alten Hufnagel-Damastläufe. Eine der gebräuchlichsten Methoden war, Eisen- und Stahlstreifen wechselweise zu etwa 6 mm starken Vierkantstangen zusammenzuschweißen, die dann erhitzt und fest verdrillt wurden. Anschließend verschweißte man jeweils drei dieser Stangen zu umgerechnet 18 mm breiten Bändern, die ihrerseits spiralförmig um eine Spindel gewunden und auf die gleiche Art zu Rohren geschmiedet wurden, wie man es mit den alten Hufnagelläufen getan hatte. Nach der Fertigstellung wurden die Läufe gebräunt, wobei die einander abwechselnden Eisen- und Stahllagen ein wunderschönes Muster von hell- und dunkelbraunen Wellenlinien entstehen ließen.

Jahrhundertelang hatten Büchsenmacher daran gearbeitet, Laufbohrungen zu entwickeln, mit denen bei hoher Rasanz eine starke Konzentrierung der Schrote erreicht wurde. Eine der gebräuchlichsten Methoden war, den Lauf am hinteren Ende ein wenig zu weiten, ihn dann fast über die ganze Lauflänge hinweg

Foto einer Gruppe von Jägern
mit Perkussionsgewehren,
um 1850–60.

Oben: Stiftfeuer-Doppellader von John Dickson & Son, um 1860, einer von ihnen geöffnet, mit einer teilweise aus dem Lauf ragenden Patrone. Der Unterhebel paßt sich der Form des Abzugsbügels an.

Unten: Die bemerkenswerte Zentralfeuerflinte mit Patrone von Charles Lancaster, 1852. Verschlußsystem und Hülsenauswerfer waren der damaligen Zeit weit voraus.

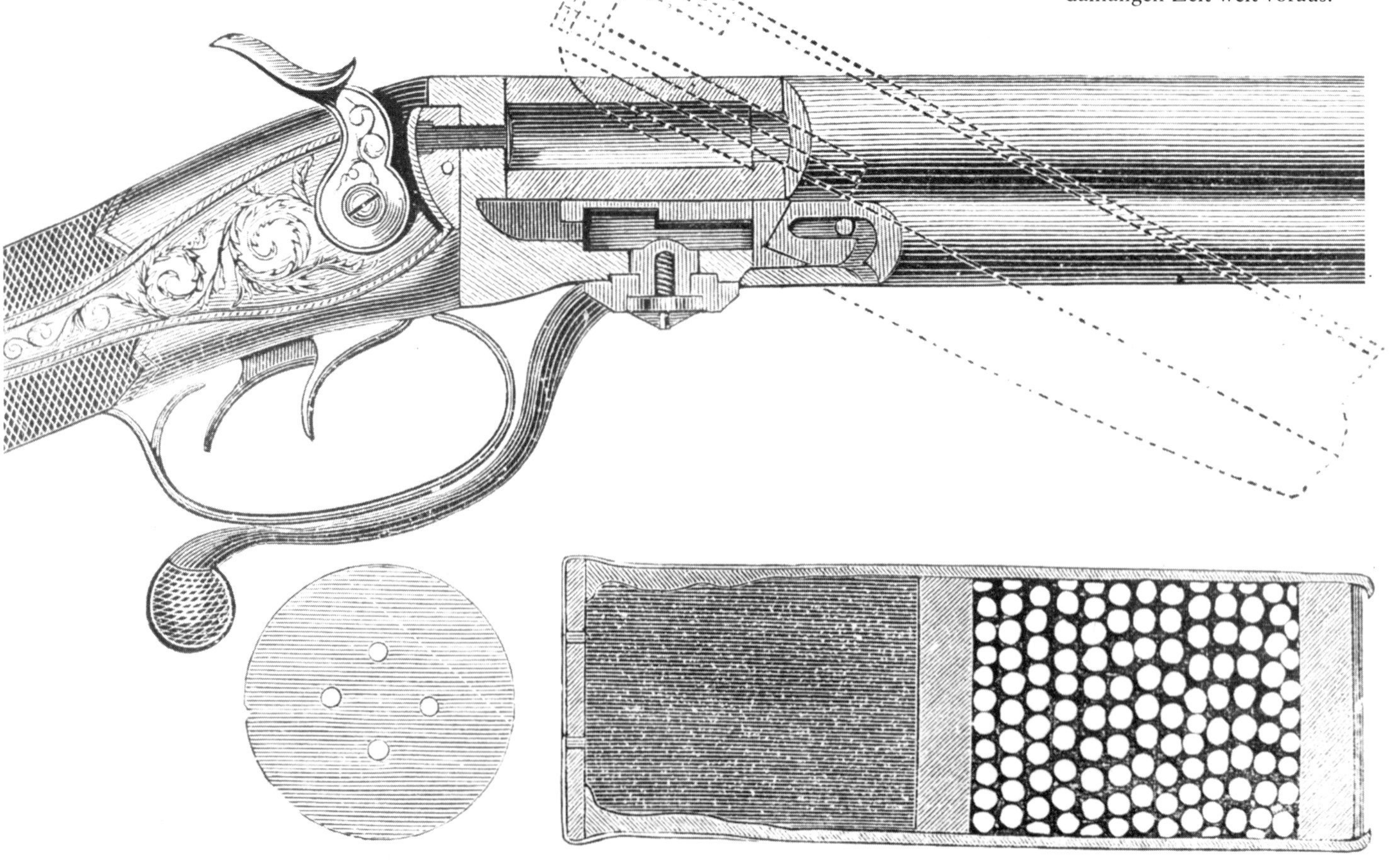

eng zu halten, um ihn auf den letzten Zentimetern wieder etwas weiter werden zu lassen. Im Jahre 1866 meldete William Pape aus Newcastle vorläufig eine Idee zum Patent an, nach der durch eine Verengung an der Laufmündung ein enges Trefferbild erzielt werden sollte. 1875 erhielt er einen Preis für die Erfindung dieser Würgebohrung, auch »Choke« genannt. Diese Idee wurde von zahlreichen Büchsenmachern in England und Amerika aufgenommen. Am meisten aber trug W. W. Greener, ein Büchsenmacher aus Birmingham, zu ihrer Vervollkommnung und Verbreitung bei. Als er 1874 bekanntgab, daß seine Flinten mit Würgebohrung große Deckung auf bislang unerreichte Entfernungen erzielten, wurde die einschlägige Presse mit Zuschriften überschwemmt, die den Wahrheitsgehalt dieser Anzeige bezweifelten. Wieder schritt »The Field« ein, und im Jahre 1875 arrangierte man einen großangelegten Wettkampf zwischen Flinten mit und ohne Würgebohrung. W. W. Greener siegte mit großem Abstand. Seine Flinte brachte auf fast 37 m durchschnittlich 214 Schrotkugeln der Größe 6 auf eine Scheibe, deren Durchmesser umgerechnet 76 cm betrug.

Den Büchsenmachern stand nun ein Mittel zur Verfügung, die Läufe für eine bessere Deckung umzurüsten, aber die Sache hatte auch einen Haken: viele Jäger, die Flinten mit Würgebohrung auf der Jagd benutzt hatten, mußten zu ihrem Mißvergnügen feststellen, daß sie wegen der starken Konzentrierung der Schrote vorbeischossen, wo sie mit ihrer alten Flinte getroffen hätten. Oder aber der Vogel war von so vielen Schroten durchbohrt, daß er nicht mehr genießbar war.

Nach ein paar Jahren schloß man einen Kompromiß, der dann bei Jagdflinten generell zum Tragen kam: der rechte Lauf erhielt eine ganz leichte Würgebohrung, und den linken brachte man auf Halb-Choke. Spezialgewehre für weitere Entfernungen, wie beispielsweise Vogelflinten, brauchten natürlich eine engere Bohrung. Als Folgeerscheinung der Würgebohrung waren kleinere Schrotladungen nunmehr mindestens ebenso wirksam wie größere bei der Zylinderbohrung. Und leichtere Ladungen ermöglichten leichtere Flinten. Dennoch betrug bis weit ins 20. Jahrhundert hinein die Standardlänge der Flintenläufe 76 cm.

Kaum hatte man die Hahnflinte annähernd zur Perfektion gebracht, als die nimmermüden Büchsenmacher sich auch schon damit befaßten, einen verdeckten Hahn zu entwickeln. Die entsprechenden Flinten bezeichnete man im allgemeinen als »hahnlos«. Die erste brauchbare Flinte dieser Art war ein Patent von Murcott aus dem Jahre 1871. Ihre Läufe waren abkippbar, und zum Spannen der »Hähne« betätigte man den separaten Spannhebel. Der von Anson und Deeley entwickelte Selbstspanner war von besonderer Bedeutung, da er den Grundstock für alle Kastenschloßgewehre legte, bei denen die Signalstifte beider Schlosse durch den Systemkasten ragen. Bei dem von Westley-Richards 1880 herausgebrachten Anson-Deeley-Verschluß wurden die Hähne durch das Abkippen der Läufe gespannt, eine Methode, die das Spannhebelsystem sehr schnell verdrängt hat.

Einer der schönsten und elegantesten Selbstspanner mit Seitenschloß war der von James Purdey, im Jahre 1880 von Frederick Beesley zum Patent angemeldet. Bei diesem Gewehr erleichterte die Schlagfeder gleichzeitig das Öffnen der Waffe. Da die Federn nur bei geschlossenen Läufen unter voller Spannung standen, waren sie entspannt, wenn das Gewehr in seinem Koffer lag.

Man sollte meinen, daß nach Vollendung eines funktionstüchtigen Selbstspanners die Büchsenmacher und Jäger für eine Weile Ruhe gegeben hätten. Bald jedoch machte man sich daran, Ejektoren zu konstruieren, die die leeren Patronenhülsen beim Öffnen des Verschlusses auswarfen. J. Needham brachte 1874 einen der ersten Auswerfer heraus, und Deeley verbesserte sein Anson-Deeley-Gewehr 1886 ebenfalls mit einer solchen Vorrichtung. Um 1890 war die Entwicklung der Auswerfer so weit fortgeschritten, daß sie generell eingebaut wurden.

Eine wesentliche Bedeutung für die Geschichte des jagdlichen Schießens kommt auch der Erfindung der rauchlosen Nitropulver zu. Ein preußischer Hauptmann namens Schultze erfand eine nach ihm benannte Nitrozelluloseverbindung. Nach einigen Anlaufschwierigkeiten, zurückzuführen auf den hohen Gasdruck einiger dieser Nitropulver, wurde ihre Verwendung 1890 generell eingeführt. Da die Rauchentwicklung wegfiel, konnten beide Läufe ohne Sichtbehinderung kurz nacheinander abgefeuert werden.

Um 1890 brachten viele Büchsenmacher Systeme mit nur einem Abzug heraus. Einer der ersten war John Robertson, Eigentümer von Boss & Company. Stahlläufe, wie beispielsweise die hervorragenden aber kostspieligen Whitworth-Läufe, begannen um 1880–1890, die Damastläufe zu verdrängen.

In den Grundzügen haben sich Jagdgewehre und Patronen im 20. Jahrhundert kaum verändert. Ein Selbstspanner mit Seitenschloß oder Anson-Deeley-System und mit Ejektor aus dem Jahre 1890 unterscheidet sich nur unwesentlich von einem heutigen Gewehr. Allerdings sind die Gewehre leichter und die Läufe kürzer geworden. Als Beispiel dafür die berühmte Churchill XXV mit ihren 63 cm langen Läufen und die Lancaster »Twelve-Twenty« vom Kaliber 12, aber so leicht wie ein normales Gewehr vom Kaliber 20. Man kehrte auch zu den übereinanderliegenden Läufen, der sogenannten »Bockanordnung«, zurück, wie sie heute noch häufig bei Jagdgewehren vorkommen. Sie sind allerdings in der Herstellung kostspieliger als nebeneinanderliegende Läufe gleicher Qualität.

Mit dem Aufkommen der Hinterlader änderten sich auch die Jagdgewohnheiten. Man begann mit der Aufzucht von Wildvögeln. Die Jäger legten steigenden Wert auf eine möglichst lange Strecke und wetteiferten um die größte Jagdbeute. Reviere, in denen der Eigentümer früher allenfalls mit ein paar Freunden gejagt hatte, wurden zum Schauplatz von Jagdpartien, zu denen alle Jäger von Rang und Namen eingeladen waren. Zwei der berühmtesten Jäger der damaligen Zeit, Lord Ripon und Lord Walsingham, jagten oft sechs Tage in der Woche und zählten ihre Beute nach tausenden. Jedes Mittel war recht, um die Schießfertigkeit unter Beweis zu stellen. Man trieb z. B. Fasane möglichst hoch und schnell über die Köpfe der Jäger hinweg. Die Zielsicherheit rangierte nun weit vor dem Vergnügen der Pirsch, bei der das Naturerlebnis, gute Kameradschaft und das Training der Hunde mindestens so viel bedeuteten wie Schießfertigkeit. Selbst Lord Ripon sehnte sich nach den einfachen Freuden seiner früheren Jagdgewohnheiten zurück.

Zwei Weltkriege haben die großen Jagdreviere zersplittert und die Bestände dezimiert. Jagd wird heute weitgehend vom Staat überwacht und unterliegt genau festgelegten Schonzeiten und Abschußquoten.

Das Taubenschießen bietet auch für Minderbemittelte eine Jagdmöglichkeit. Die Vogeljagd in den Salzmarschen, nach alter Tradition frei und als Bewährungsprobe im Durchhaltevermögen betrachtet, wird seit kurzem im großen Stil von Jagdclubs gemanagt.

Zunehmender Popularität erfreut sich das Wurftaubenschießen. Diese an fliegende Untertassen erinnernden Ton-Scheiben werden in verschiedenen Winkeln hochgeschleudert und zerplatzen, wenn sie vorschriftsmäßig getroffen werden.

Diese Sportart stammt bereits aus dem frühen 19. Jahrhundert, als einige Jäger zum Beweis ihrer Schießkunst auf Tauben schossen, die man aus den sogenannten «Traps« (Fallen) aufsteigen ließ. Die Taube mußte innerhalb einer festgelegten Grenze abgeschossen werden. Oft fand dieses Taubenschießen in der Nähe eines ländlichen Gasthauses statt. Der Name des »Old Hats« in Ealing stammt vermutlich aus dieser Zeit, da man in Ermangelung von »Traps« auch Hüte über Erdlöcher stülpte und sie dann mit einer langen Schnur fortzog, um die Taube aufsteigen zu lassen.

Als diese Sportart immer mehr Anhänger fand, wurden wertvolle Preise ausgesetzt und zahllose Wetten abgeschlossen. Spezielle, großkalibrige Einzellader für schwere Schrotladungen wurden gebaut, und die verschiedensten unzulässigen und unfairen Praktiken begannen, sich einzuschleichen. Nach einiger Zeit versuchte man, den Sport mit Hilfe von festen Regeln unter Kontrolle zu bringen. Das Kaliber der Flinten durfte 11 nicht überschreiten, und die Schrotladung durfte nicht über 35 g liegen. Ein wenig suspekte Clubs, die der »Red House« und der »Hornsey Wood House«, wurden gegen Ende des Jahrhunderts von seriösen und gut geführten Clubs, wie dem »Hurlingham Gun Club« und »The Gun Club Notting Hill« abgelöst. Sie wurden von den führenden Büchsen-, Schrot- und Pulverherstellern besucht, von denen jeder ängstlich darauf bedacht war, die Gunst der besten Schützen zu gewinnen, um mit ihren Produkten Anteil an deren Erfolgen zu haben. Das Standardmodell unter den Taubenflinten war jetzt eine 12-kalibrige Doppelflinte, etwas schwerer als ein Jagdgewehr, die Schrotladungen von 35 g verschoß. Zum Trapschießen verwandte man um 1870 Perkussions-Vorderlader, im allgemeinen ohne Ladestock. Als jedoch die Zentralfeuer- und später die hahnlosen Gewehre aufkamen, zog man sie den anderen vor. Die meisten dieser Flinten waren auch schwerer als Jagdflinten, hatten eine leichte Würgebohrung und eine Laufschiene, damit man die Vögel im Auge behalten konnte.

Es gab eine Menge Taubenschützenvereine in Europa und Amerika. Einer der berühmtesten war der von Monaco, wo der große internationale Wettkampf zum Grand Prix de Monte Carlo stattfand. Um 1880 kamen zwei professionelle Taubenschützen aus Amerika nach England, von denen jeder für sich beanspruchte, der beste Schütze der Welt zu sein. Captain Bogardus erschien zuerst, gefolgt von Dr. Carver. Bogardus wurde jedoch von Mr. Dudley Ward geschlagen, und nach einem Match, bei dem jeder 500 Pfund Sterling gesetzt hatte, trennten sich Dr. Carver und sein Gegner Stuart-Wortley unentschieden.

Nach 1900 wurde in England der Schießsport auf lebende Tauben seltener und später ganz verboten. Seit 1880 begeisterte man sich immer mehr für das Wurftaubenschießen. In England gehörte es zum Trainingspensum der neuen Jagdschulen, die von führenden Büchsenmachern eröffnet worden waren, und es gab auch bereits ein paar Wurftauben-Vereine. In Amerika wurde das Wurftaubenschießen zur eigenständigen Disziplin, und es kam durchaus vor, daß bis zu 150 Tauben ohne Fehlschuß nacheinander abgeschossen wurden.

Die populärsten Sportarten in diesem Zusammenhang sind heute das Trapschießen, bei dem die Wurftauben in verschiedenen Winkeln hochgeschleudert werden, und das Skeetschießen, bei dem die Schützen fortwährend den Stand wechseln, um immer wieder aus einem anderen Winkel schießen zu müssen. Beim jagdlichen Wurftaubenschießen sollen die Scheiben den Vogelflug simulieren.

Rebhuhn-Treibjagd mit je einem Paar Hahn- oder hahnloser Flinten, um 1885. Der Gewehrspanner lädt knieend hinter dem Schützen.

Ein Zentralfeuergewehr von James Purdey & Sons, 1879. Es hat Rückspringhähne und Oberhebel-Verschluß (Toplever). Seine hervorragenden Damastläufe besitzen Halbchoke-Bohrung.

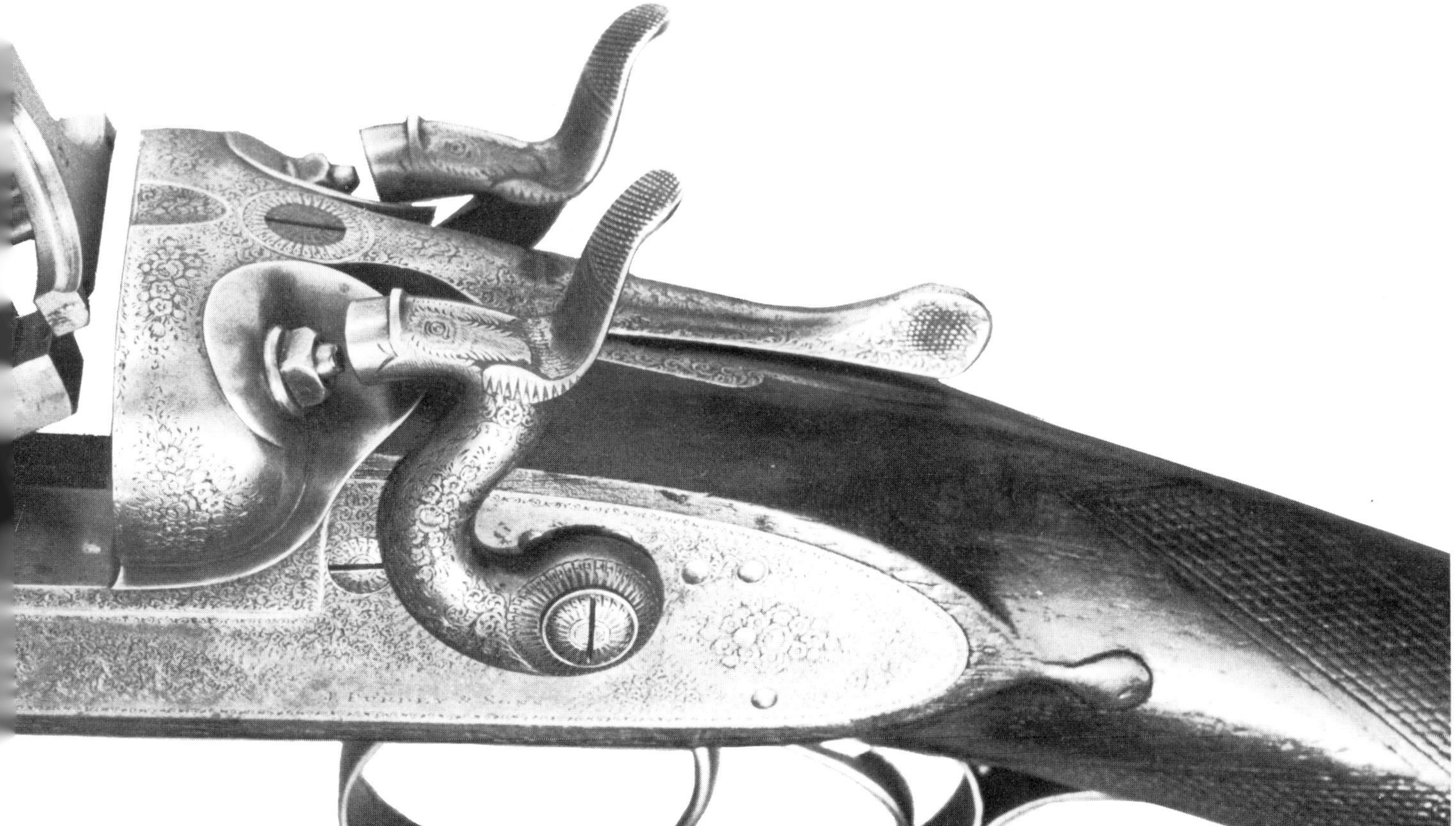

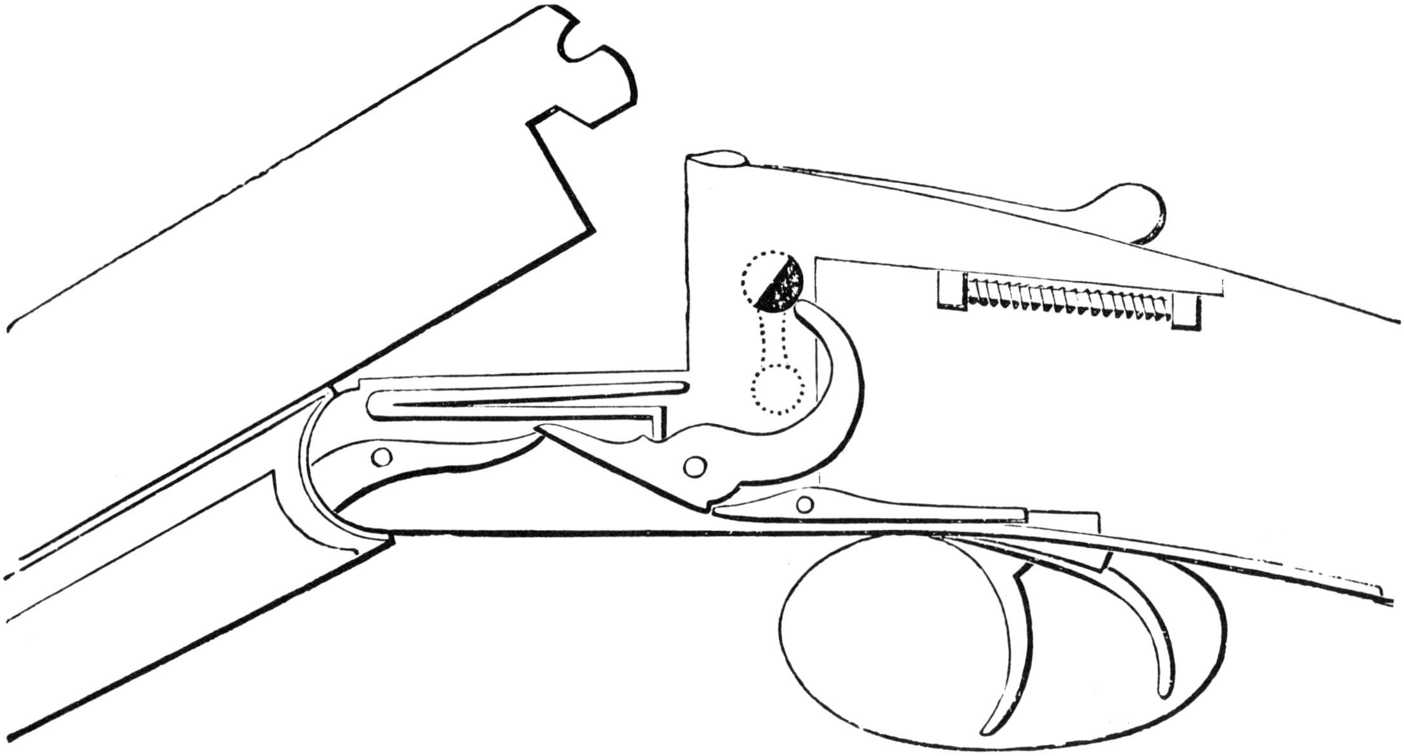

Ursprüngliche Form des berühmten Anson-Deeley-Systems, bei dem beim Abkippen der Läufe das Schloß gespannt wird. Ein besonders wiederstandsfähiger und doch bemerkenswert einfacher Verschluß. Er wurde erstmals im Jahre 1876 von Westley-Richards in Birmingham hergestellt. Fast alle modernen Kipplaufgewehre mit Kastenschlossen basieren auf diesem Prinzip.

Ein Selbstspanner mit Seitenschloß und Ejektor von W. & C. Scott and Son, der Abteilung für Jagdgewehre von Webley and Scott Ltd., um 1922.

Bob Braithwaite, Goldmedaillengewinner beim olympischen Wurftauben-Schießen in Mexico City, 1968. Er benützt eine Bockdoppelflinte mit erhöhter, ventilierter Laufschiene, eine für diese Sportart bevorzugte Flinte.

Einen spürbaren Aufschwung erfuhr das Wurftaubenschießen in England, als J. R. Braithwaite bei den Olympischen Spielen im Jahre 1968 die Goldmedaille im Trapschießen gewann.

Für diese Sportart verwendet man heute vorzugsweise Bockdoppelflinten mit Laufschiene: leichte und mit weiter Bohrung zum Skeetschießen, und schwerere, mit stärkerer Würgebohrung zum Trapschießen. Spezielle Wettkampfpatronen wurden entwickelt, mit Plastikhülsen und -pfropfen und sehr harten Schroten, um ein möglichst gleichmäßiges, enges Trefferbild zu erzielen und somit zu vermeiden, daß die Wurftaube durch eine Lücke in der Schrotgarbe »schlüpft«.

Betrachtet man die Entwicklung der Jagdwaffen im 18. Jahrhundert, so stößt man auf ein aus Deutschland stammendes typisches Jagdgewehr mit schwerem, achteckigem, vielfach gezogenem Lauf und einem Schaft mit Backe und verschließbarem Pflasterkasten. Das Radschloß war in Deutschland so beliebt, daß man es für Scheibenwaffen bis ins 18. Jahrhundert beibehielt, bis es dann vom Steinschloß verdrängt wurde. Diese Gewehre verschossen eine fest in ein Pflaster, ein Stück gefettetes Leder oder Stoff gewickelte Kugel, die man mit ziemlichem Kraftaufwand in den Lauf stoßen mußte. Für die Jagd im Wald und im Gebirge waren sie hervorragend geeignet, da man mit ihnen schwere Kugeln mit großer Treffsicherheit ins Ziel bringen konnte.

Die wenigen Gewehre, die im Laufe des 18. Jahrhunderts in England in den Wildgehegen gebraucht wurden, bauten auf diesem deutschen Modell auf. Sie hatten den typischen schweren Oktogonallauf und einen Kolben mit Backe und verschließbarem Pflasterkasten. Gegen Ende des Jahrhunderts unterschieden sie sich von dem deutschen Modell durch ihren Halbschaft, der schlicht, doch sehr ansprechend gearbeitet war. Neuen Aufschwung erhielt die Entwicklung des englischen Jagdgewehrs im 19. Jahrhundert, als Schottland, das Eldorado der Rotwildjagd, an das Eisenbahnnetz angeschlossen wurde. Auch den in Übersee dienenden Offizieren, den Forschungsreisenden und Jägern boten sich ungeahnte Möglichkeiten, neue Wildarten, besonders das Großwild Afrikas und Indiens kennenzulernen.

Abgesehen von dem neuen runden Pflasterkasten unterschied sich das typische Perkussions-Pirschgewehr kaum von den Steinschloßwaffen des frühen 19. Jahrhunderts. Es hatte durchweg Kaliber 16 (ca. 17 mm) und verschoß eine Pflasterkugel von 28 g. Mit ihren vielfach gezogenen Läufen brachten diese Gewehre eine beachtliche Treffgenauigkeit und eine für die Rotwildpirsch ausreichende Schußweite und Durchschlagskraft. Setzte ein Jäger sie jedoch gegen größere und gefährlichere Tiere ein, erkannte er sehr bald ihre Unzulänglichkeit, speziell in der Durchschlagskraft. Durch eine Erhöhung der Pulverladung über das übliche Maß hinaus (üblich war 2,6 g mit einer Kugel von 28 g) war das Problem auch nicht zu lösen, denn es konnte dann geschehen, daß das Geschoß ohne Drall über die Züge glitt und so an Treffgenauigkeit verlor. Und tatsächlich gingen viele Großwildjäger dazu über, für den Schuß auf kurze Distanz für große Ladungen bestimmte Flinten zu benutzen, oder sie ließen ihre Büchsen sogar glatt ausbohren.

William Cotton Oswell, der David Livingstone auf einigen seiner Expeditionen begleitete, jagte meistens mit einer doppelläufigen 10-kalibrigen Flinte mit 10,6 g schweren Pulverladungen. Da er das Wild vorzugsweise zu Pferde verfolgte, bis es gestellt war, brachte seine Flinte mit ihren glatten Läufen ausreichende Treffgenauigkeit. Die schwere Kugel entwickelte eine große Anfangsgeschwindigkeit, und zudem hatte er zwei Schüsse parat. Dank des glatten Laufes ließ das Gewehr sich leicht nachladen, selbst wenn der Jäger noch im Sattel saß. Es bewies seine Wirksamkeit sogar auf der Elefantenjagd, wo eine bis zwei Kugeln für gewöhnlich ausreichten.

Wenn Schußleistung und hohe Mündungsgeschwindigkeit verlangt wurden, erwiesen sich Läufe mit zwei Zügen als höchst brauchbar. Sie verschossen bündig in die Züge passende Gürtelkugeln oder konische Geschosse mit ebenfalls bündig passenden Vorsprüngen an beiden Seiten.

Der berühmte Jäger Samuel White-Baker ließ sich 1840 als einer der ersten ein solches Gewehr nach genauen Angaben speziell anfertigen. Es wog fast 10 kg und verschoß 85 g schwere Gürtelkugeln oder konische Geschosse von 113 g mit einer Pulverladung von 28 g. Dieses mächtige Gewehr erwies sich als außerordentlich wirksam und rettete Baker mehr als einmal aus lebensgefährlichen Situationen, wenn Elefanten oder Büffel zum Angriff übergingen.

Da sich Großwildjäger des öfteren in verzweifelten Lagen befanden, aus denen sie nur zwei unmittelbar nacheinander abgegebene Schüsse retten konnten, entwickelte man Doppelbüchsen nach annähernd dem gleichen Prinzip wie dem der Doppelflinten. Das Ausrichten der beiden Läufe auf die Visierung erforderte große Fertigkeiten.

Eine Jagdexpedition, beispielsweise in Südafrika, brachte Schwierigkeiten und Gefahren mit sich, von denen sich Jäger der heutigen Zeit keine Vorstellung machen. Auf Ochsenkarren mußten Vorräte und Munition für Monate, manchmal Jahre, mitgeführt werden, und man zog durch Gegenden, die kaum ein Europäer je zuvor gesehen hatte. Beim Überqueren der Flüsse bestand das Risiko, steckenzubleiben oder fortgeschwemmt zu werden. Auch die Gefahr einer Verwundung war nicht unerheblich, und sowohl Jäger als auch Pferde und Ochsen konnten erkranken oder das Fieber bekommen. Und nicht zuletzt die Stammesfehden gefährdeten so manche dieser Expeditionen.

Zur Zeit der Vorderlader war die Jagd oft ein großes Wagnis. Man stelle sich nur vor, wie ein Jäger angesichts eines wütend angreifenden Büffels oder Löwen sich verzweifelt bemüht haben mag, eine im Lauf feststeckende Kugel hinunterzustoßen. Oder aber das schreckliche Gefühl, wenn man in einer solchen Situation nach Betätigung des Abzugs das einfache Klick des Hahnes hörte und feststellen mußte, daß das Zündhütchen nicht gezündet hatte oder heruntergefallen war. Dann der Moment, wenn die Rauchwolke des ersten Schusses die angreifende Bestie einhüllte, und die Augenblicke der Ungewißheit, bis sie entweder schon über dem Jäger war, oder er sie durch den sich verflüchtigenden Rauch kampfunfähig am Boden liegen sah.

Nach der Rückkehr ins Camp mußten die Läufe ausgewaschen, getrocknet und leicht eingeölt werden; auch Piston und Hahn waren zu reinigen. Jedweder Rückstand im Pulversack des Laufes oder am Piston konnte am nächsten Morgen in einer gefährlichen Lage zu einer Fehlzündung führen.

Obwohl die Vorteile der Hinterlader – nicht nur wegen der Möglichkeit, im Notfall schnell nachladen zu können – klar zutage traten, waren sie in den Jahren 1850–60 noch relativ selten, in der Hauptsache deshalb, weil der in schweren Büchsen entstehende Gasdruck für die damaligen Verschlußsysteme zu hoch war.

Bis in die Jahre um 1860 wurden noch Vorderlader gebaut. Der berühmte Elfenbeinjäger Frederick Courtney Selous brachte 1871 Hinterlader-Büchsen mit nach Südafrika, aber zur Elefantenjagd benutzte er 4-kalibrige Vorderlader, billige Entenflinten

Eine Bockdoppelflinte zum Wurftaubenschießen mit ventilierter Laufschiene und Pistolengriff. Von Webley and Scott.

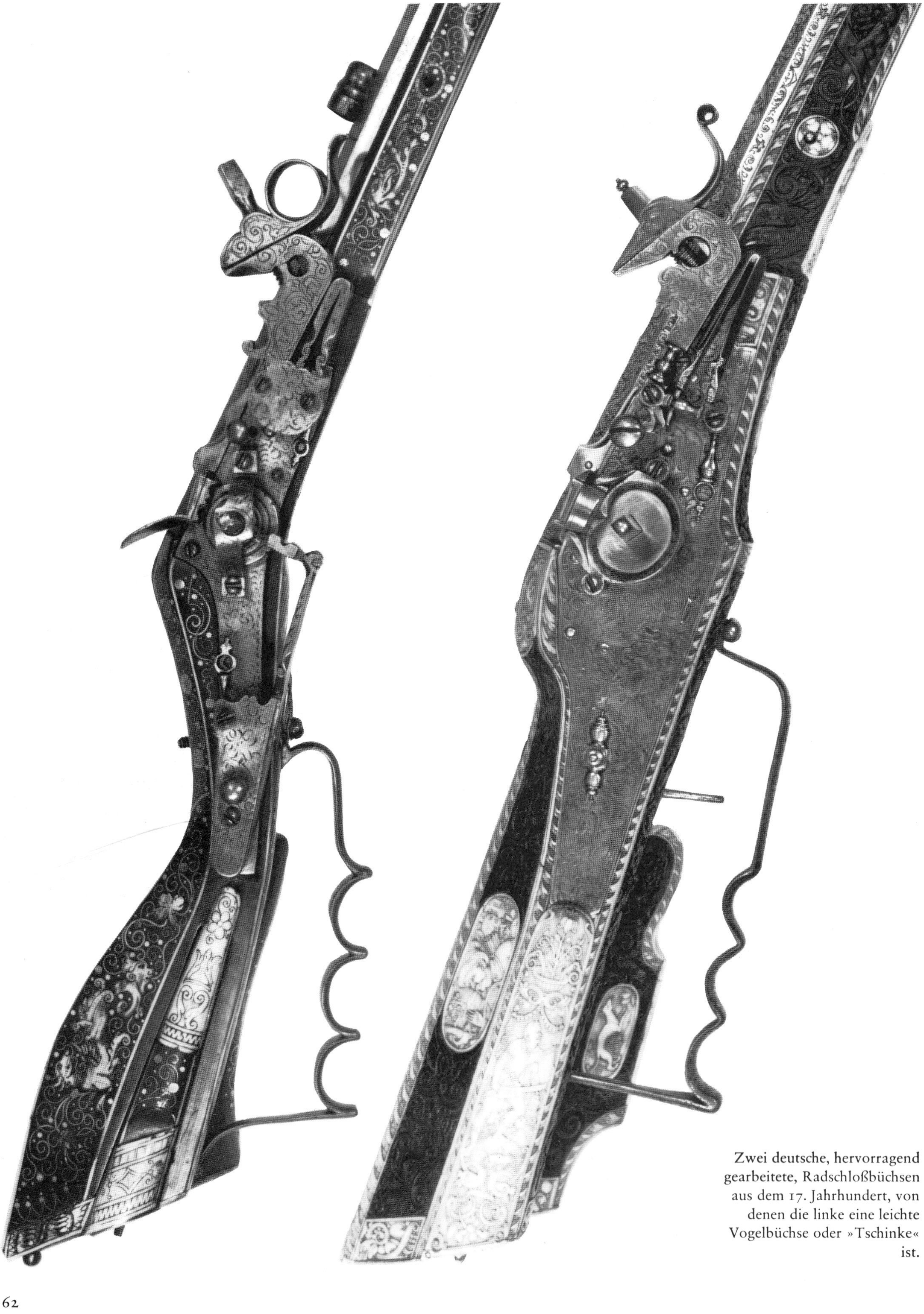

Zwei deutsche, hervorragend gearbeitete, Radschloßbüchsen aus dem 17. Jahrhundert, von denen die linke eine leichte Vogelbüchse oder »Tschinke« ist.

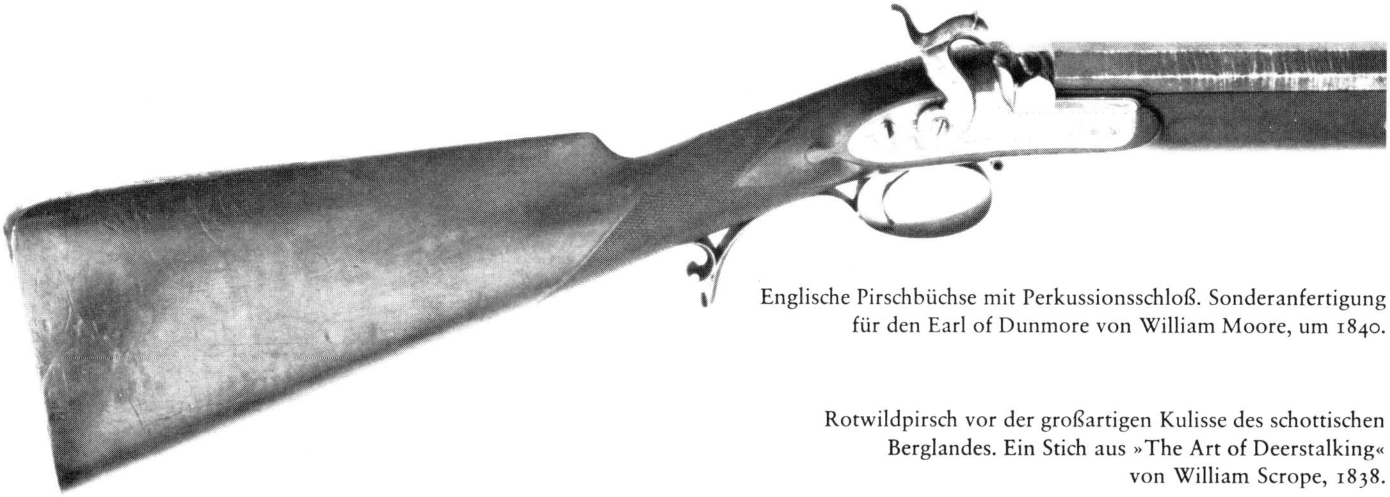

Englische Pirschbüchse mit Perkussionsschloß. Sonderanfertigung für den Earl of Dunmore von William Moore, um 1840.

Rotwildpirsch vor der großartigen Kulisse des schottischen Berglandes. Ein Stich aus »The Art of Deerstalking« von William Scrope, 1838.

aus Birmingham, die er in Afrika für 6 Pfund Sterling gekauft hatte. Mit einer Handvoll grobkörnigen Pulvers und einer 113 g schweren Kugel waren sie auf kurze Distanz überaus wirksam. Selous verfolgte die Elefanten zu Fuß und schoß und lud, während er lief. Wurde er angegriffen, so floh er, bis er nachgeladen hatte, um sich dann wieder zum Kampf zu stellen.

Um 1880 begann man, für diese Jagdart den Vorderladern höchst wirkungsvolle Zentralfeuer-Hinterlader mit Messingpatronen vorzuziehen. Im Vergleich zu den Vorderladern boten sie so viele Vorteile, daß das Leben des Jägers spürbar leichter und sicherer wurde. Man konnte schnell nachladen, es brauchte kein Zündhütchen aufgesetzt zu werden, keine Kugel blieb im Lauf stecken, Kammer und Piston konnten nicht mehr verschmutzen und die Reinigung war viel leichter. Da der Hinterlader so schnell nachzuladen war, brauchte man auch keine Gewehrträger mehr für Ersatzwaffen, wie es bis dahin üblich gewesen war. Leutnant Rice z. B., ein Tigerjäger, der oft in Indien gejagt hatte, achtete immer darauf, daß jeder Jagdteilnehmer drei Gewehre mit sich führte.

Nicht nur wegen des schnellen Nachladens waren die Hinterlader sicherer. Auch die Gefahr einer im Lauf steckenbleibenden Kugel war gebannt. Gordon Cumming hatte es zweimal auf einer Elefantenjagd erlebt, daß der Lauf aufgesprengt wurde. Mit großer Wahrscheinlichkeit hatte er in der Hitze des Gefechts übersehen, daß das Geschoß nicht bis ganz hinunter auf die Pulverladung gestoßen war. Auch Selous war einmal arg auf den Rücken geschleudert und durchgeschüttelt worden, als sein afrikanischer Boy versehentlich eins seiner 4-kalibrigen Gewehre doppelt geladen hatte.

In den Jahren von 1880–1890 erfolgte der Wechsel zu den rauchlosen Nitropulvern und den kleinkalibrigen Langgeschossen, und man entwickelte eine höhere Mündungsgeschwindigkeit. Es war bald erkannt worden, daß sich Hochgeschwindigkeits-Langgeschosse im Körper des Tieres erweitern müssen, um

Eine Großwildbüchse von Charles Lancaster, 1863, in ihrem mit Flanell ausgeschlagenen Eichenkoffer, samt Zubehör wie Kugelzange, Pulverflasche, Pflasterschere, Pflasterkasten, Piston-Schlüssel, Pulvermaß, Zündhütchen, Geschossen, Reinigungsstock, Werg, Wischer und Drahtbürsten.

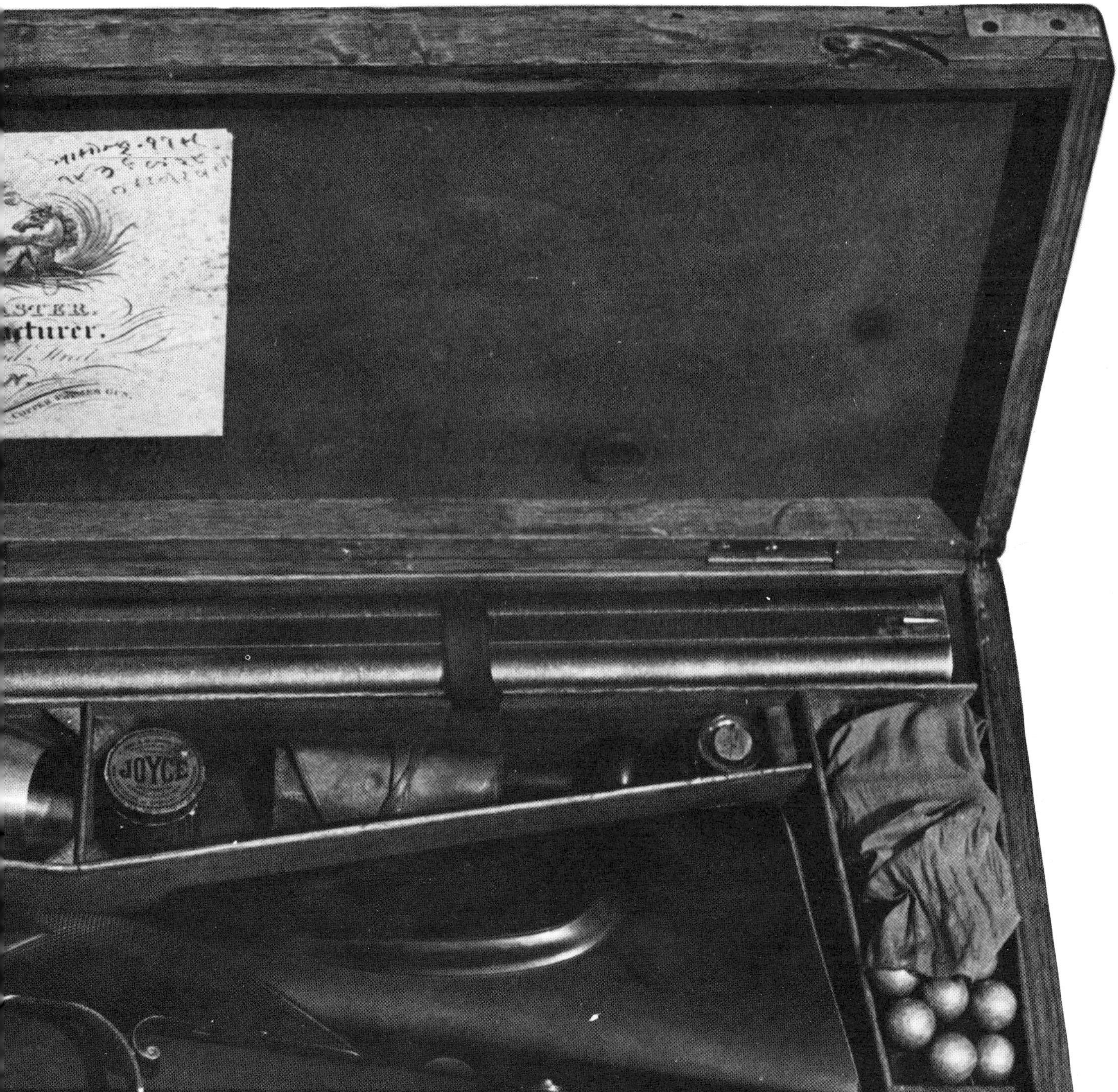
JOYCE

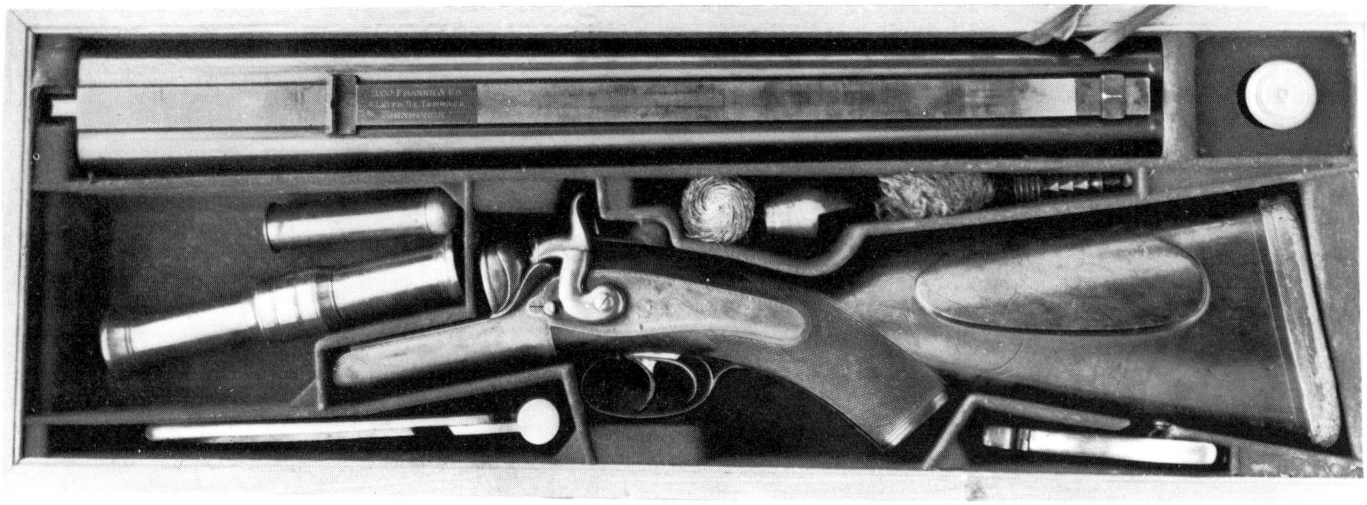

Doppelläufige, 4 kalibrige Hahnbüchse von Daniel Frazer, Edinburgh, um 1880.

Der Forschungsreisende Sir Henry Morton Stanley in der Kleidung, die er bei seinem Zusammentreffen mit David Livingstone im Jahre 1871 in der Nähe des Tanganjikasees trug. Er hat eine doppelläufige Perkussions-Vorderbüchse. Neben ihm sein afrikanischer Adoptivsohn.

eine optimale Wirkung zu bringen. Nitropulver, besonders Kordit, neigten jedoch sehr zur Rostbildung im Lauf, vor allem bei Damastläufen. Man ging daher zu den widerstandsfähigeren Stahlläufen über. Bei extremen klimatischen Verhältnissen zog mancher Jäger das fast hundertprozentig verläßliche Schwarzpulver vor.

Um 1900 hatte der Jäger die Wahl unter einer Vielzahl von Hochleistungswaffen verschiedenster Kaliber und Patronen für fast alle Wildarten. Die Nitropulver wurden besser, und sowohl ein- als auch doppelläufige Gewehre waren Selbstspanner mit Seiten- oder Kastenschloß und Auswerfer. Es gab auch Repetiergewehre mit Zylinderverschluß, oft nach dem Mauser- oder Mannlicher-System. Einläufige Pirsch- oder Scheibenbüchsen, wie die von Gibbs-Farquharson mit Metford-Zügen, hatten auch Fallblockverschlüsse. Die Gibbs-Metford vom Kaliber .461 war F. C. Selous' Lieblingswaffe während seiner letzten zwölf Jahre in Afrika.

Colonel Fosbery vom Veterinär-Corps erfand ein äußerst nützliches Gewehr für Kugel- und Schrotschuß. Es hatte die Grundkonzeption einer Flinte, nur waren die letzten Zentimeter beider Läufe gezogen, so daß man eine Kugel oder ein gerieftes Geschoß auf annähernd 100 m gezielt verschießen konnte. Diese Waffe wurde von Holland & Holland in Kalibern von 8 bis 20 hergestellt, wobei die großkalibrigen gleichermaßen als Großwildbüchse und Flinte geeignet waren und somit die ideale Jagdwaffe in Gegenden darstellte, in denen man sowohl Groß- als auch Niederwild antraf.

Die 4- und 8-kalibrigen Büchsen wurden jedoch nach und nach von der .577 oder .500 Expreß oder der Rigby .450 Spezial mit einer Mündungsgeschwindigkeit von annähernd 625 m/sec. verdrängt. Zur Rotwildpirsch bevorzugte man eine Büchse vom Kaliber .303 mit einer Patrone ähnlich der beim Militär verwendeten, jedoch mit Teilmantelgeschoß. Diese Büchsen hatten nun oft Zielfernrohre.

Zur Krähen- und Kaninchenjagd waren leichte einschüssige Büchsen sehr beliebt. Man schoß mit Kugel- oder Schrotpatronen etwa vom Kaliber .300, ging jedoch bald zu dem Kaliber .22 über, das auch zum sportlichen Kleinkaliberschießen verwendet wird.

Die heute gebräuchlichen Pirschbüchsen haben Zylinderverschluß, Magazin und Zielfernrohr und ein Kaliber häufig unter 7,6 mm. Der Vorteil ihrer Hochgeschwindigkeitspatronen liegt in der enormen Schockwirkung und der gestreckten Flugbahn, die auf verschiedene Entfernungen den gleichen Haltepunkt zulassen.

Noch heute werden hervorragende hahnlose Doppelbüchsen mit Auswerfer in Kalibern von 14,6 mm abwärts für die Großwildjagd gebaut, die sich im Laufe der Zeit grundlegend verändert hat. In der Zeit zwischen den beiden Weltkriegen brachten Eisenbahn und bestausgerüstete, motorisierte Safaris die Jäger zum afrikanischen Großwild, und die professionellen »weißen Jäger« führten nur diejenigen, die für ihre Jagdtrophäe auch zahlen konnten. Seit 1945 bringen leichte Flugzeuge die Hobby-Jäger bequem bis in unmittelbare Nähe des Wildes. Heute wird die Großwildjagd durch Ausgabe von Lizenzen für jede einzelne Wildart aufs strengste unter Kontrolle gehalten.

Obwohl die Jagd auf kleines Wild etwas freizügiger ist, wird auch sie in den meisten Ländern kontrolliert. Im allgemeinen gibt es Tages-, Wochen- oder Saison-Jagdscheine, und die Jagd steht unter Aufsicht. Das sportliche Jagen bildet heute einen bedeutenden Zweig des Fremdenverkehrs jener Länder, die über große, unberührte und wildreiche Landstriche verfügen. Der in den enervierenden Großstadtalltag eingespannte Mensch sucht für kurze Zeit Erholung bei der Verfolgung des Wildes in freier Natur und befriedigt so den ihm eigenen Jagdinstinkt.

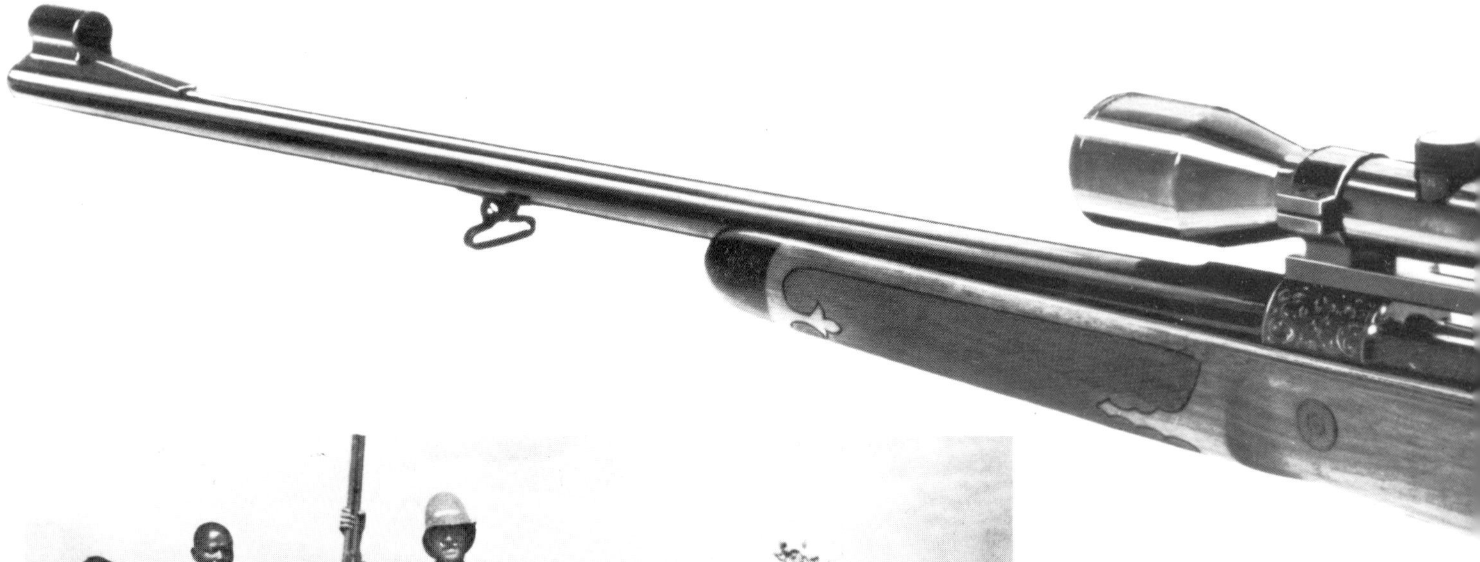

Neben einem erlegten Rhinozeros der Jäger mit einer 8-kalibrigen Selbstspanner-Doppelbüchse. Um 1910.

Offiziere des 93., des Sutherland-Hochländerregiments in Jagdkleidung mit ihren Perkussionsgewehren und Jagdtrophäen. Indien, um 1864. Die in Indien dienenden Offiziere begrüßten die einmalige Gelegenheit zur Groß- und Niederwildjagd sehr.

Eine moderne Pirschbüchse von Churchill Ltd., London. Diese Luxusausführung mit Mauserverschluß hat ein 4 Patronen-Magazin und ein Pfeiffer-Zielfernrohr mit Redfield-Gesteck. Sie wird in zahlreichen Kalibern von .22/250 Remington bis .308 Winchester hergestellt (5,6–7,62 mm).

Feuerwaffen des Wilden Westens

Die ersten amerikanischen Siedler benutzten zum Schutz gegen marodierende Indianerbanden Musketen, die sie entweder mitgebracht hatten, oder die später aus Europa eingeführt wurden. Sie jagten mit diesen Waffen auch Rot- und anderes Wild, wobei sie für die Vogeljagd vermutlich Schrot statt einer Kugel nahmen. Auf der anderen Seite dienten Vogelflinten in verschiedenen Größen zweifellos nicht nur der Vogeljagd, sondern wurden, geladen mit Kugeln, auch zur Jagd auf anderes Wild und im Bedarfsfall selbst zum Schutz gegen Indianer eingesetzt. Möglicherweise gelangten auch damals schon ein paar Büchsen nach Amerika.

Anfang des 18. Jahrhunderts siedelten deutsche und schweizer Einwanderer in verschiedenen Kolonien, besonders in Pennsylvania. Sie brachten ihre typisch deutschen Jagdgewehre mit, und die Büchsenmacher unter ihnen begannen, dieses Modell nachzubauen, aus dem sich mit der Zeit dann das amerikanische Gewehr entwickelte. Der typische, achteckige Lauf wurde beibehalten, jedoch bis auf etwa 1,15 m erheblich verlängert, während man das Kaliber verringerte. Der Ganzschaft bestand gewöhnlich aus gemasertem Ahornholz, wodurch ein hell und dunkler Streifeneffekt auftrat. Charakteristisch für diese Gewehre

Ein weißer Trapper mit Steinschloßgewehr. Von Frederick Remington.

war der betonte Schwung des schlanken Kolbens, der auf der einen Seite einen Pflasterkasten und auf der anderen eine Schaftbacke hatte. Die Steinschlosse für diese Gewehre führte man im allgemeinen aus England oder Deutschland ein.

Zur Zeit des Unabhängigkeitskrieges (1775–81) gab es bereits die typische amerikanische Langbüchse, die in den Händen der jagd- und schießgeübten Siedler von unschätzbarem Wert war. Geländekundig und an das Schießen aus dem Hinterhalt gewöhnt, hatten die Siedler einen erheblichen Vorteil gegenüber den dicht formierten, mit Musketen bewaffneten Rotröcken der britischen Streitkräfte.

Man nimmt an, daß der Begriff »Kentucky rifle« während dieses Krieges geprägt wurde. Seines guten Klanges wegen erlangte er bald allgemeine Gültigkeit, obwohl das Gewehr nicht in Kentucky hergestellt wurde. Die »Kentucky rifle« war für die Siedler in jeder Hinsicht die ideale Waffe. Das kleinere Kaliber ermöglichte bei gleichbleibendem Gewicht mehr Kugeln mitzunehmen, die mit fettgetränkten Stoff- oder Lederpflastern leicht geladen werden konnten, ganz im Gegensatz zu den deutschen Pflasterbüchsen, bei denen die Kugel mit Gewalt eingerammt werden mußte. Das langsam verbrennende Pulver der frühen

Links: Eine frühe »Pennsylvania« oder »Kentucky rifle« mit Steinschloß und dem für deutsche Jagdbüchsen typischen hölzernen Pflasterkasten mit Schiebedeckel. Um 1760.

Eine typische Steinschloß-»Kentucky rifle«. Der Pflasterkasten hat einen Klappverschluß aus Messing. Die Kolbenplatte ist der Schulter angepaßt. Um 1800.

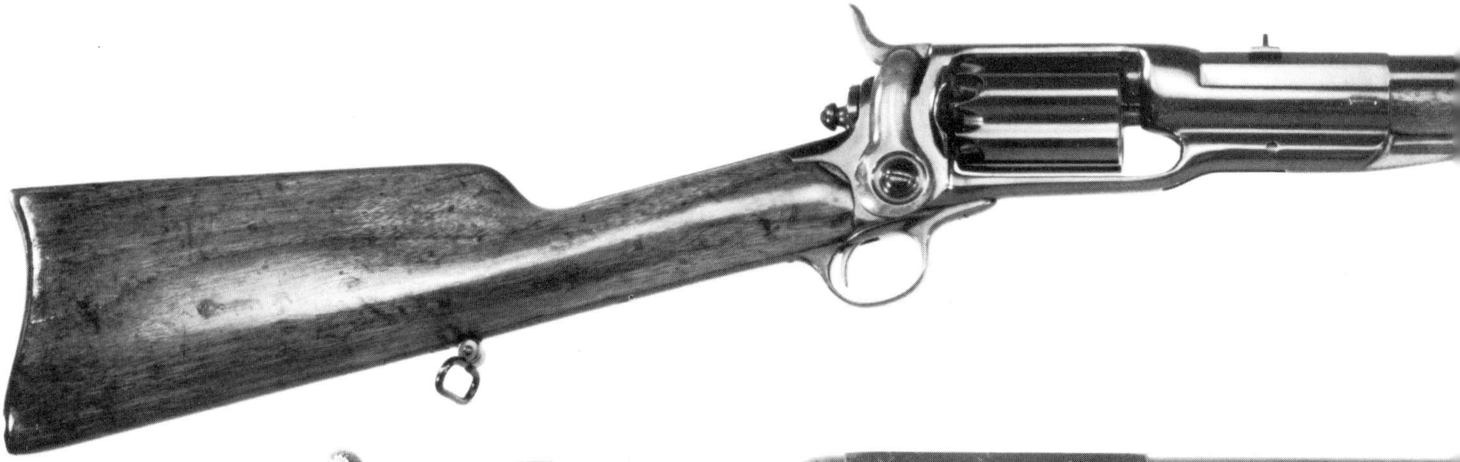

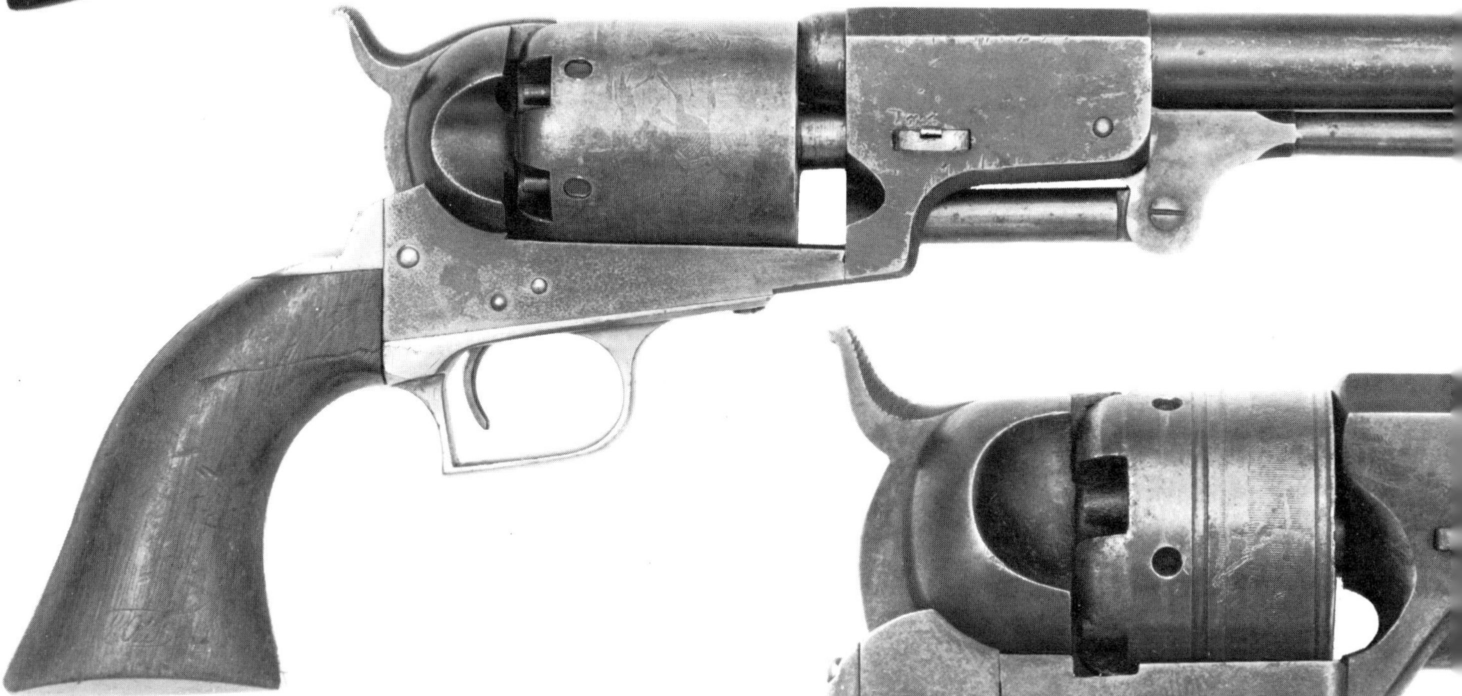

Ein Colt vom Modell »Dragoon« oder »Old Army«, Kaliber .44 (11,17 mm), 1847–62.

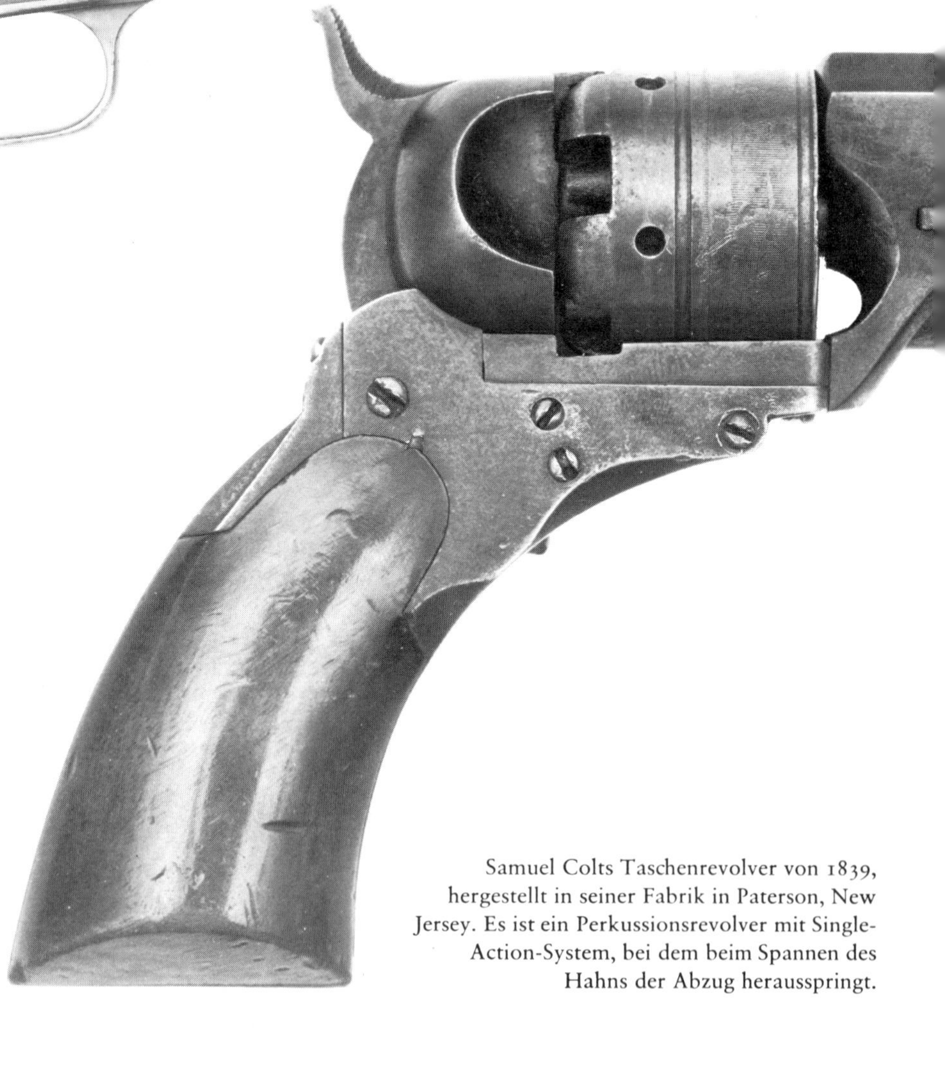

Samuel Colts Taschenrevolver von 1839, hergestellt in seiner Fabrik in Paterson, New Jersey. Es ist ein Perkussionsrevolver mit Single-Action-System, bei dem beim Spannen des Hahns der Abzug herausspringt.

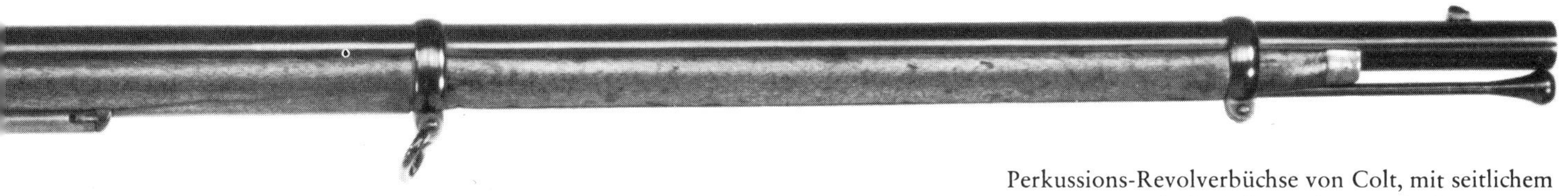

Perkussions-Revolverbüchse von Colt, mit seitlichem Außenhahn und Ganzschaft. Um 1850.

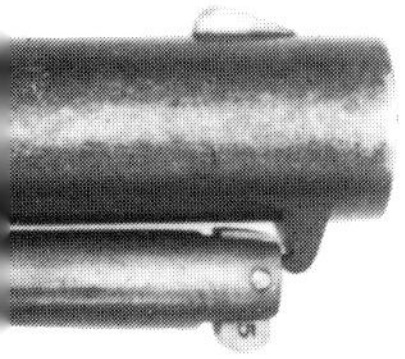

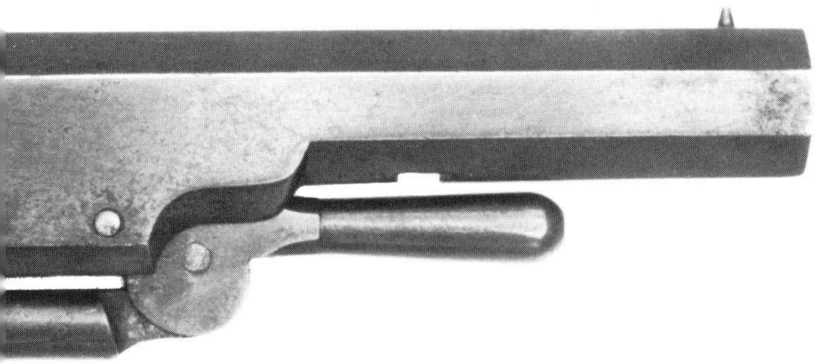

Indianer überfallen eine Gruppe von Trappern, die ihre Steinschloßgewehre abwechselnd abfeuern und nachladen. Um 1800. Der Trapper vorn im Bild hält seinen Ladestock in der Hand, um schneller nachladen zu können. Gemälde von Frederick Remington.

Kolonialzeit war den Erfordernissen gut angepaßt: es war besonders geeignet, der Pflasterkugel in dem langen Lauf eine ständig wachsende Geschwindigkeit zu geben. Man erzielte eine hohe Mündungsgeschwindigkeit, kombiniert mit großer Treffsicherheit. Der lange, schwere Lauf erleichterte das Zielen sehr.

Im auslaufenden 18. Jahrhundert und beginnenden 19. Jahrhundert wurde die »Kentucky rifle« verbessert und mit kunstvoll gearbeiteten Silber- und Messingornamenten versehen. Sie hatte besonders schöne Pflasterkästen im Kolben, und die Schäfte verzierte man mit einer Fülle von Motiven, wie beispielsweise Sternen und Adlern. Steinschlosse ersetzte man im 19. Jahrhundert natürlich durch Perkussionsschlosse. Man benutzte diese teilweise kunstvoll verzierten Perkussionsgewehre vorzugsweise zur Jagd oder zum Scheibenschießen und stellte sie in den verschiedensten Kalibern her.

Die Erfindung des Perkussions-Zündhütchens wirkte wegbereitend für die Entwicklung der Mehrlader. Die ersten Waffen dieser Art mit nennenswerter Erfolgsquote waren die mehrschüssigen Pistolen, bekannt unter der Bezeichnung »Pepperbox«. Diese Pistolen hatten durchschnittlich vier bis sechs Läufe, die sich bei Betätigung des Abzugs um eine Achse drehten, wobei gleichzeitig der Hahn gespannt wurde. Es handelt sich hierbei um das sogenannte Double-Action-System. 1837 ließ Ethan Allen sich in Amerika eine Pepperbox-Pistole patentieren, die zur Selbstverteidigung auf kurzer Distanz sehr brauchbar war, darauf aber beschränkt blieb, da ein genaues Zielen mit ihr nicht möglich war.

Es blieb Samuel Colt vorbehalten, eine ganze Reihe von für die dortigen Verhältnisse geeigneten Revolvern zu erfinden und herzustellen, die ausreichende Treffsicherheit boten und zudem funktionstüchtig und billig waren. Trotz seiner späteren Erfolge hatte Colt erhebliche Anlaufschwierigkeiten. Sein erstes Projekt, die Herstellung seines Single-Action-Revolvers (amerikanisches

Der berühmte Colt Single-Action-Army von 1873, auch bekannt unter der Bezeichnung »Frontier-Modell« oder »Peacemaker«.

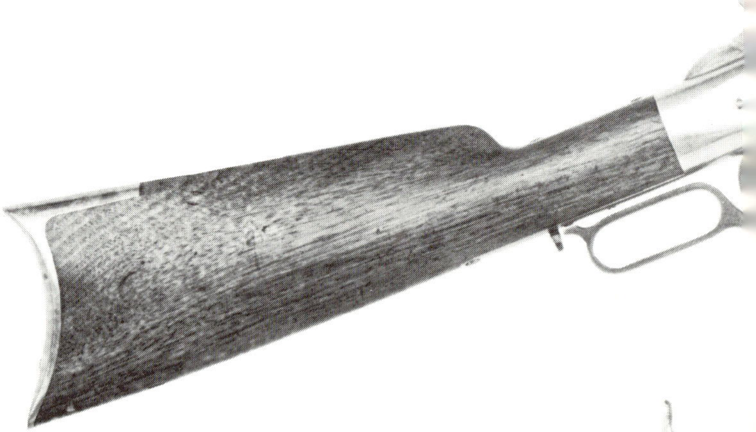

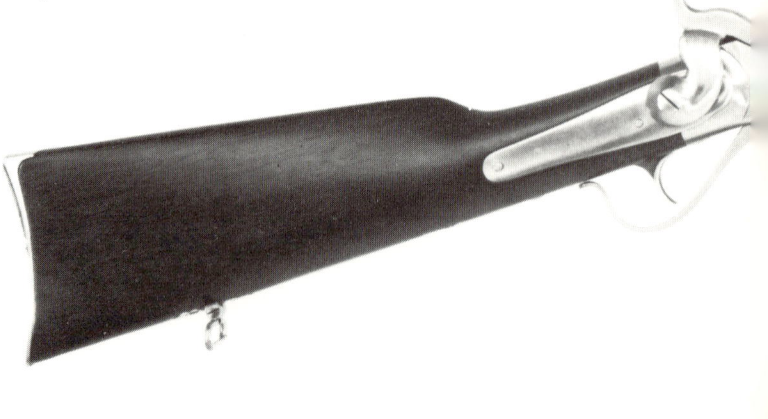

Patent von 1836), wurde eingestellt, als seine Fabrik in Paterson, New Jersey, wegen schlechter Auftragslage 1843 ihre Tore schließen mußte.

Inzwischen waren jedoch genügend Colt-Revolver im Umlauf, um ihren Wert erkennen zu lassen. Mit Paterson-Colts bewaffnete Texas-Ranger hatten einen Comanchenangriff zurückgeschlagen, obwohl die Indianer in großer Übermacht waren, und der Revolver hatte sich für Kämpfe dieser Art als besonders geeignet erwiesen. Aus diesem Grunde beauftragte man Captain Walker von den Texas-Dragonern, Colt zur Wiederaufnahme seines Geschäfts zu überreden, was ihm auch gelang. Darüberhinaus half er Colt beim Entwurf eines schwereren, wirksameren Revolvers, dem Walker-Colt von 1847, Kaliber .44 (11 mm), hergestellt von Eli Whitney in Whitneyville, Connecticut.

Der Krieg gegen Mexiko, 1845–48, und der Regierungsauftrag für den Walker-Colt ermöglichten es Colt, sich 1848 in Hartford, Connecticut, wieder selbständig zu machen. Die US-Armee hatte die ersten mit Revolvern bewaffneten Truppen. Vom »Old Army-Modell« (1848) wurden etwa 21 000 und vom »New Army-Modell«, 1860–72, rund 200 000 Stück hergestellt. Es gab noch einige Varianten, die diversen Taschenmodelle, meistenteils vom Kaliber .31 (7 mm), und die .36-kalibrigen, sehr beliebten Marinerevolver. Colt übertrug sein Revolver-System auch auf Büchsen und Karabiner, die jedoch niemals auch nur annähernd so erfolgreich wurden wie seine Revolver. Er stellte als erster Feuerwaffen in Massenproduktion her, und vom militärischen Standpunkt aus war es ein großer Fortschritt, daß die Einzelteile untereinander auswechselbar waren.

Nach dem Sezessionskrieg (1861–65) folgten Abwandlungen, um Patronen benützen zu können. Dann kam der berühmte »Single Action Army« von 1873 heraus, auch bekannt als »Frontier-Modell« oder »Peacemaker«, der in ungeheuren Stückzahlen und mit verschiedenen Lauflängen und Kalibern bis heute gebaut wird und mit der Geschichte der Eroberung des Westens untrennbar verknüpft ist.

Der erste Double-Action-Patronen-Revolver (Lightning-Modell) von Colt kam erst 1877 auf den Markt und ein Jahr später folgte das »Double Action Army«- oder »Frontier-Modell« von 1878.

Es standen natürlich noch andere Revolver mit den Colts im Wettbewerb, wurden jedoch in weit niedrigeren Stückzahlen produziert. Erwähnenswert wären die Revolver von Remington und Smith & Wesson, äußerst stabil gebaute Waffen.

Interessant insofern, als es die Ära der Repetiergewehre einleitete, war das Repetiergewehr von Walter Hunt (1849), das ein Röhrenmagazin unter dem Lauf besaß und für patentierte Geschosse eingerichtet war, die in einer Höhlung Pulverladung und Zündsatz enthielten. 1860 erfand Benjamin Henry eine kupferne Randfeuerpatrone vom Kaliber .44 und entwickelte, auf ihr aufbauend, die berühmte Henry Rifle, die 1866 mit Nelson Kings seitlich angebrachter Ladeklappe versehen zum Winchester-Repetiergewehr wurde.

Die größte Konkurrenz der Winchester war das Spencer-Repetiergewehr mit Kolbenmagazin. Da dieses jedoch nur 7 Patronen faßte (die Winchester hatte 15), und der Hahn von Hand gespannt werden mußte, machte die überaus beliebte Winchester mit ihrem Messing-Systemkasten und dem Unterhebelverschluß das Rennen. 1873 brachte man ein zweites Modell für Zentralfeuerpatronen verschiedenen Kalibers heraus. Dieses Modell hatte einen Systemkasten aus Stahl.

Diese Büchse eignete sich besonders gut zum Gebrauch im Sattel. Mit einer Winchester und zwei Colts besaß ein Westmann die ideale Bewaffnung, um es mit den Indianern im offenen Kampf aufzunehmen. Man sagt, die Winchester sei »das Gewehr, das den Westen besiegte«, und es steht außer Frage, daß der Vorteil stets auf Seiten dessen war, der diese Büchse besaß.

Während des Sezessionskrieges hatten sich der Perkussions-

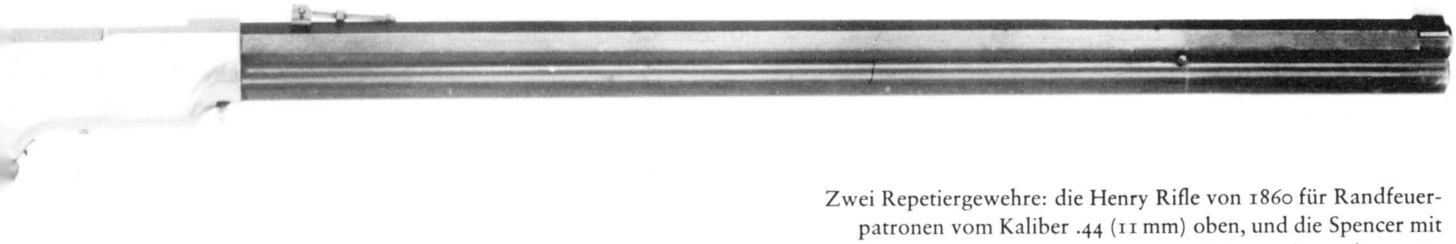

Zwei Repetiergewehre: die Henry Rifle von 1860 für Randfeuerpatronen vom Kaliber .44 (11 mm) oben, und die Spencer mit Kolbenmagazin, ebenfalls aus dem Jahre 1860.

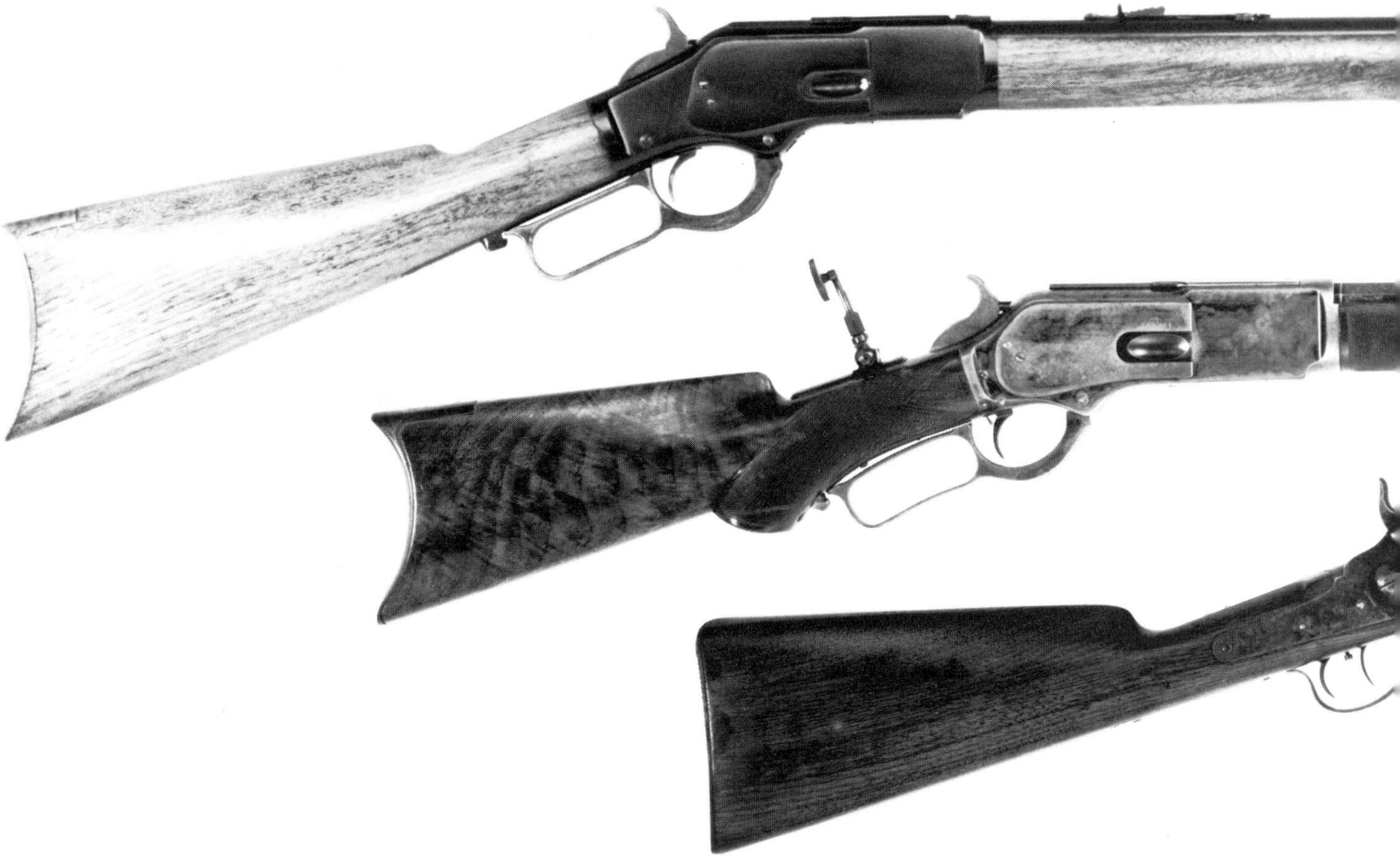

Hinterlader von Sharps, vor allem der Karabiner mit Vertikalblockverschluß, als äußerst funktionstüchtig erwiesen. Nach dem Kriege wurden viele von ihnen auf die Verwendung von Metallpatronen umgerüstet, und weitere für diese Patronen vorgesehene Modelle folgten. Von den umgerüsteten Büchsen war die vom Kaliber .50 (12,7 mm) bei den Büffeljägern besonders beliebt. 1874 kam dann die sogenannte »Sharps Buffalo Rifle« heraus, die einen schweren Oktogonallauf hatte und in den Kalibern .50, .45 und kleiner hergestellt wurde.

Die Büffeljäger jagten in kleinen Gruppen, wobei ein Jäger – entsprechend seinem Können – zwei bis fünf Abhäuter hatte. Die Jäger schossen aus relativ großer Entfernung, damit die Büffelherde nicht erschreckt wurde und keine Stampede ausbrach. Auf diese Weise konnte ein Jäger von seinem Platz aus eine große Zahl Büffel nacheinander abschießen. Ein Büffeljäger hat einmal mit zwei Büchsen 120 Büffel in vierzig Minuten erlegt; der Rekord lag bei 204 Tieren. Nach der Jagd traten die Abhäuter in Aktion. Sie hatten eine äußerst unerfreuliche Arbeit, denn in der Hitze verbreiteten die Kadaver und Häute bald einen ekelerregenden Gestank. Angeblich sollen die Hosen dieser Männer dermaßen von Blut und Fett gestarrt haben, daß sie wie zwei Abflußrohre von allein stehenblieben.

Den Sharps-Büchsen wurde große Zielgenauigkeit auf außerordentlich weite Distanz nachgesagt. Aus einem alten Bericht geht hervor, daß im Jahre 1874 ein kleiner Versorgungsposten mitten im texanischen Büffeljagdgebiet von einer großen Übermacht Comanchen und Cheyennen unter Führung ihres halbblütigen Häuptlings Quanah Parker überfallen wurde. Unter den 27 Männern im Fort waren ein paar Büffeljäger, darunter der berühmte Billy Dixon. Vier Tage lang hielten sie die Indianer mit gezielten Weitschüssen in Schach. Als jedoch am vierten Tag Billy Dixon einen von ihnen mit einem Schuß auf – wie man später maß – fast 1 267 m Entfernung vom Pferd holte, zogen sie ab. Dixon benutzte damals eine der schweren Sharps-Büchsen vom Kaliber .50. Ein Jahr später erschoß er aus einer belagerten Stadt in Texas heraus einen Indianer auf eine Entfernung von umgerechnet 1 609 m.

Während seiner Tätigkeit als Kundschafter wurde Dixon mit vier Kavalleristen in der offenen Prärie von Indianern überfallen. Einer von ihnen wurde schwer verwundet, aber es gelang Dixon und den anderen, eine Büffelsuhle zu erreichen. Mit ihren todbringenden Feuersalven hielten sie sich die Rothäute vom Leibe und gruben gleichzeitig die Suhle ein wenig tiefer. Die Hitze war mörderisch. Dennoch hielten sie ihr gezieltes Feuer aufrecht, bis die übriggebliebenen Indianer abzogen, um sich eine leichtere Beute zu suchen. Alle fünf Männer erhielten die Tapferkeits-Auszeichnungen der US-Armee.

1878 brachte die »Sharps Rifle Company« in ihrer neuen Fabrik in Bridgeport ihre hervorragende, hahnlose Jagd- und Scheibenbüchse, konstruiert von Hugo Borchardt, heraus. Sie wurde in verschiedenen Varianten hergestellt, darunter ein Armeemodell vom Kaliber .45.

In den Jahren von 1870 bis 1880 begann der große Zug nach Westen. Es war die Zeit der Eisenbahnpioniere, der Wagentrecks und der riesigen Viehtriebe zu den Städten längs der Bahnlinie, wo alles zusammentraf: Cowboys, Eisenbahner, Siedler, Prospektoren, Abenteurer, Banditen, Spieler und zuweilen auch Hüter des Gesetzes. Das »Gesetz« verkörperte in diesen Städten ein Sheriff, der mit seinen Waffen umzugehen wußte und nicht zögerte, sie einzusetzen. Wenn die Cowboys nach

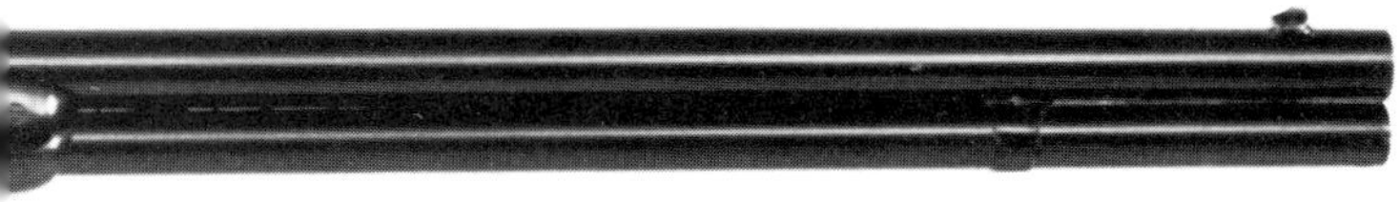

Ein Winchester-Repetiergewehr für Zentralfeuerpatronen, Modell 1873. Es wurde in zahlreichen Kalibern gebaut. Dies Modell hat einen Systemkasten aus Stahl anstelle des Messingkastens der früheren Winchester von 1866.

Eine besonders schöne Winchester 1876, eine der berühmten »One of a Thousand«, die in jeder Beziehung von höchster Perfektion gewesen sein sollen.

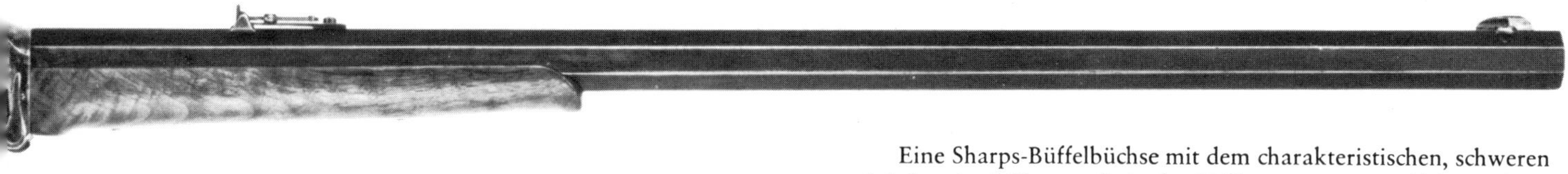

Eine Sharps-Büffelbüchse mit dem charakteristischen, schweren Achtkantlauf. Hergestellt in den Kalibern .50, .45 und kleiner, kam sie erstmals 1874 heraus.

einem wochenlangen Viehtrieb ihren Lohn erhielten und in eine Stadt »einfielen«, um sich in den Saloons für ihre Strapazen schadlos zu halten, kam es oft zu Zusammenstößen. Unstimmigkeiten zwischen den Betrunkenen arteten oft in Schießereien aus, oder die Cowboys schossen aus Jux auf alles, was sich bewegte. Einige Sheriffs jener Zeit, wie z. B. im berüchtigten Dodge City, sorgten für Ruhe und Ordnung, indem sie die Rädelsführer erschossen. Die sechsschüssigen Revolver verkörperten hier Richter, Gesetz und Exekutive.

Es waren rauhe Sitten, aber wenn der Sheriff nicht zuerst zog, lief er Gefahr, selbst erschossen zu werden. Sobald ein Sheriff eine gewisse Berühmtheit erlangt hatte, fanden sich bald ein paar schießwütige Revolverhelden, die ihn herausforderten. Bei Auseinandersetzungen mit Gesetzlosen und Revolverhelden benutzten die Sheriffs oft mit Rehposten geladene Doppelflinten. Jeder, der sich auf sein schnelles Ziehvermögen verließ, fand stets jemanden, der noch schneller war. Ed Masterson, Sheriff von Dodge City, wollte einmal die Ordnung in einem Saloon wieder herstellen, in dem ein Texaner verrückt spielte. Er forderte den Texaner auf, ihm seine Waffen auszuhändigen, und wurde im gleichen Augenblick von zwei Kugeln niedergestreckt. Sein gleich darauf erschienener Stellvertreter Bat Masterson erschoß den Texaner und einen seiner Kumpane und verwundete noch mehrere andere. Es war alles in allem ein rauher Job, zu dem gute Nerven und eine ruhige Hand gehörten.

In den 70er Jahren war der »Colt Peacemaker« oder »Frontier-Modell« der beliebteste Revolver. Es gab auch andere Revolver mit Single- oder Doubel-Action-System. Viele der professionellen Revolverhelden auf beiden Seiten besaßen ein ganzes Waffenarsenal. Wild Bill Hickok soll angeblich während seiner Laufbahn nacheinander ein regelrechtes Sortiment getragen haben, darunter einen Colt Dragoon 1848, ein Paar Colts Navy 1851, zwei einschüssige Pistolen von Henry Derringer, einen .45-kalibrigen Deane, Adams & Deane und schließlich einen Smith & Wesson vom Kaliber .44.

Sowohl Wyatt Earp als auch Doc Holliday benutzten Colts vom Modell »Peacemaker«. Es ist überliefert, daß Wyatt einer der kaltblütigsten Sheriffs war und mit jedem Schuß traf. Obwohl Sheriff von Dodge City, war er einer der wenigen, die eines natürlichen Todes starben. Die Brüder Morgan, Virgil, und Wyatt Earp waren in Tombstone in eine Schießerei verwickelt, bei der alle vier Mitglieder der McLowry-Bande den Tod fanden und Morgan Earp verwundet wurde. Es gab verschiedene Mutmaßungen über Ursache und Schuldfrage bei dieser Schießerei.

Die einschüssigen Perkussions-Pistolen von Henry Derringer, einem Büchsenmacher aus Philadelphia, sind hauptsächlich deshalb von Interesse, weil das Modell einer kleinen, relativ großkalibrigen Taschenpistole später den allgemein geläufigen Namen »Derringer« trug. Ursprünglich waren die Pistolen grob gearbeitete, kurzläufige Vorderlader mit rückliegendem Schloß und geriffeltem Vogelkopfgriff. Sie wurden oft imitiert und bei zahlreichen berüchtigten Verbrechen benutzt, so auch bei der Ermordung Präsident Lincolns durch John Wilkes Booth. Später brachte Colt derartige Pistolen für Patronen heraus, und Remington produzierte einen Derringer mit zwei übereinanderliegenden Läufen vom Kaliber .41. Diese Pistolen waren als Selbstverteidigungswaffen sehr beliebt, da sie zwar unauffällig, dennoch aber von durchschlagender Wirkung waren.

Die meisten Doppelflinten kamen aus Birmingham oder Lüttich, wo sie in großen Stückzahlen billig hergestellt wurden.

Cheyennes unter Führung von »Tall Bull« greifen Bahnarbeiter auf einer Draisine nahe bei Fossil Creek an. Kansas, 28. Mai 1869.

Cowboys wehren einen Indianerangriff mit Colts und Winchester ab. »Eine Episode bei der Erschließung von Weideland«, eine Illustration von Frederick Remington für »Ranch Life and the Hunting Trail« von Theodore Roosevelt.

1882 kam dann die Spencer-Flinte mit Röhrenmagazin und dem Vorderschaft-Repetiersystem heraus, gefolgt von der Winchester-Repetierflinte Modell 1887 mit dem bekannten Unterhebelverschluß. Es war ein Entwurf von John M. Browning, dem berühmten Konstrukteur automatischer Waffen, der auch eine Flinte mit Vorderschaft-Repetiersystem für Remington und später die berühmte Browning-Selbstladeflinte und die Browning-Bockdoppelflinte entwarf.

Man kann sagen, daß die Western-Legende mit den Abenteuergeschichten von Ned Bluntline begann. Zu seiner Serie »Buffalo Bill, King of the Border Men« ließ er sich inspirieren, nachdem er 1869 William Cody getroffen hatte. Später überredete er seinen Helden, bei der Darstellung seiner Abenteuer mitzuwirken. Cody jedoch entschloß sich bald, auf eigene Rechnung ins Showgeschäft einzusteigen, und zwar mit seiner populären »Buffalo Bill's Wild West Show«, die einen so unwahrscheinlichen Erfolg hatte, daß sie in ganz Amerika und teilweise auch in Europa gastierte, wo sie dem Publikum einen aufregenden und romantischen Eindruck vom Westen vermittelte. Der »Wilde Westen« hat seitdem nichts von seinem Reiz verloren. Man begegnet ihm in Büchern, Filmen und Fernsehserien, und man kann heute den trockenen Knall eines sechsschüssigen Revolvers oder das Jaulen eines Winchester-Querschlägers in den abgelegensten Teilen der Erde hören.

Es gibt die auf ihre Waffen angewiesenen Siedler nicht mehr, aber auch heute noch werden überall in Amerika mit großem Enthusiasmus Feuerwaffen benutzt und gesammelt. Nirgendwo sonst auf der Erde gibt es ein solches Angebot von Feuerwaffen und Munition, und nirgends findet man mehr Waffen im Privatbesitz.

Der ausgezeichnete Zentralfeuerrevolver von Smith & Wesson aus dem Jahre 1881, der zum leichteren Nachladen aufgeklappt wurde.

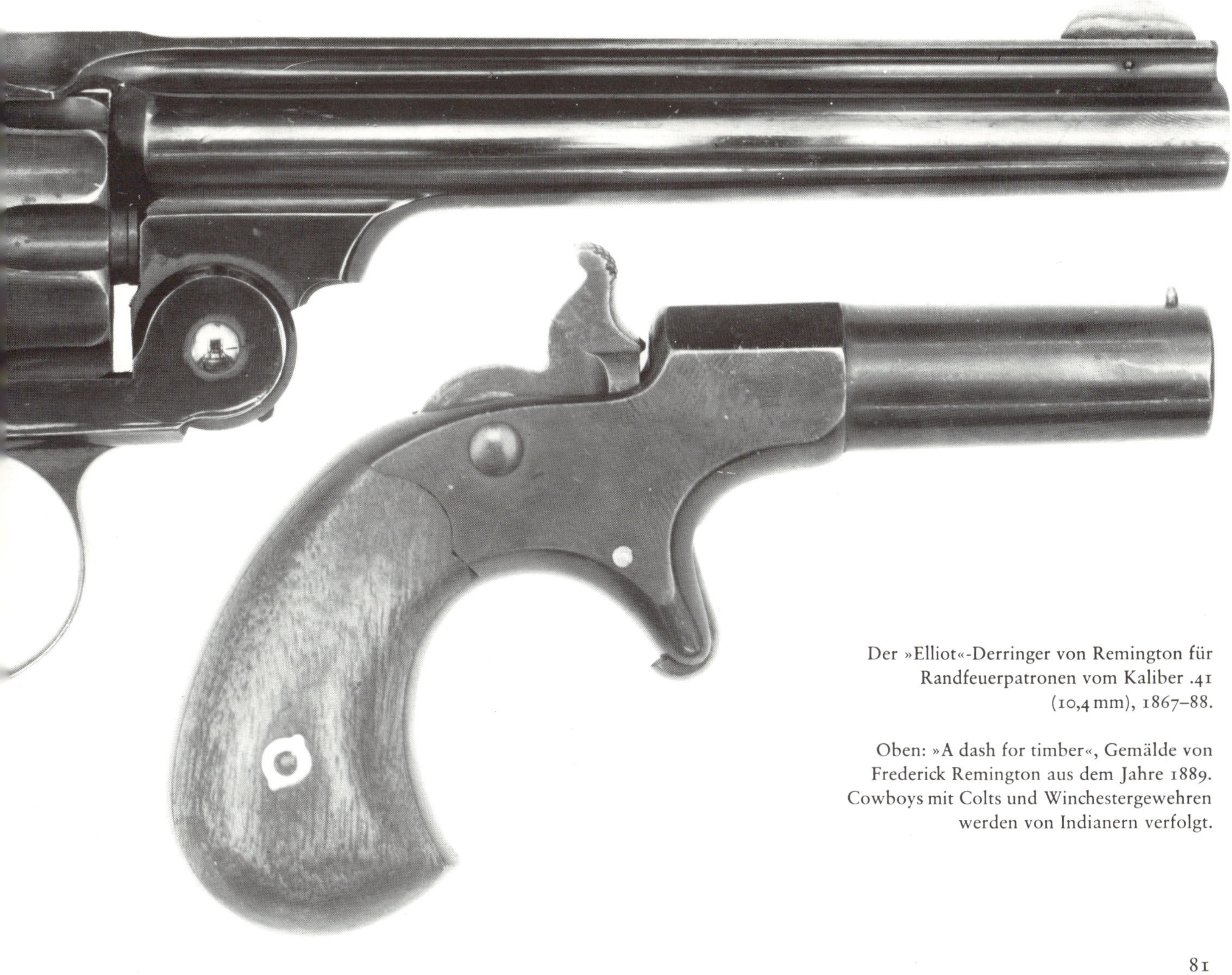

Der »Elliot«-Derringer von Remington für Randfeuerpatronen vom Kaliber .41 (10,4 mm), 1867–88.

Oben: »A dash for timber«, Gemälde von Frederick Remington aus dem Jahre 1889. Cowboys mit Colts und Winchestergewehren werden von Indianern verfolgt.

Duell-pistolen

Im 17. und beginnenden 18. Jahrhundert wurden Duelle meistenteils mit Degen ausgefochten, wobei man anfangs das Rapier und später das Florett benutzte. Da zu jener Zeit das Florett zur normalen Ausgehkleidung jedes vornehmen Herrn gehörte, war es schnell zur Hand. Dennoch gab es vereinzelt auch Pistolenduelle, und man benutzte dazu jedes greifbare Pistolenpaar, in den meisten Fällen Holster- oder Reiterpistolen.

Vermutlich gewannen Pistolenduelle Mitte des 18. Jahrhunderts deshalb an Popularität, weil ein versierter Degenfechter gegenüber seinem eventuell ungeübten Gegner sehr im Vorteil war. Zudem bestand beim Pistolenduell die Möglichkeit, daß beide Parteien – eventuell absichtlich – danebenschossen und den Streit auf diese Weise ehrenvoll beilegen konnten. Wie dem auch sei, in England und Amerika verschwanden die Degen fast vollständig, während sie sich in Europa noch gewisser Beliebtheit erfreuten.

Mitte des 18. Jahrhunderts benutzte man in England häufig Holster- oder Reisepistolen. Man vereinbarte Signal und Distanz für den Schußwechsel und einigte sich auf folgende Grundregel: die Pistolen wurden unter Aufsicht der Sekundanten geladen. Dann nahmen die Duellanten ihre Waffen, stellten sich mit dem Rücken zueinander auf, machten die vereinbarte Anzahl von Schritten, wandten sich um und feuerten. Es gab dabei verschiedene Varianten. So konnte zum Beispiel die eine Partei den ersten Schuß haben, oder aber beide zielten zunächst einmal, und die Schüsse fielen erst auf ein Signal. Es gab auch Duelle auf eine sehr geringe Distanz. Dennoch war es die allgemein übliche Form des Duells, für die eine spezielle Pistole kreiert wurde, eine Pistole, die bei erhobenem Arm direkt auf das Ziel wies und stabil

Ein typisches Paar Steinschloß-Duellpistolen von Robert Wogdon, um 1780, hier in ihrem Kasten mit Pulverflasche, Kugelzange und Putzstock.

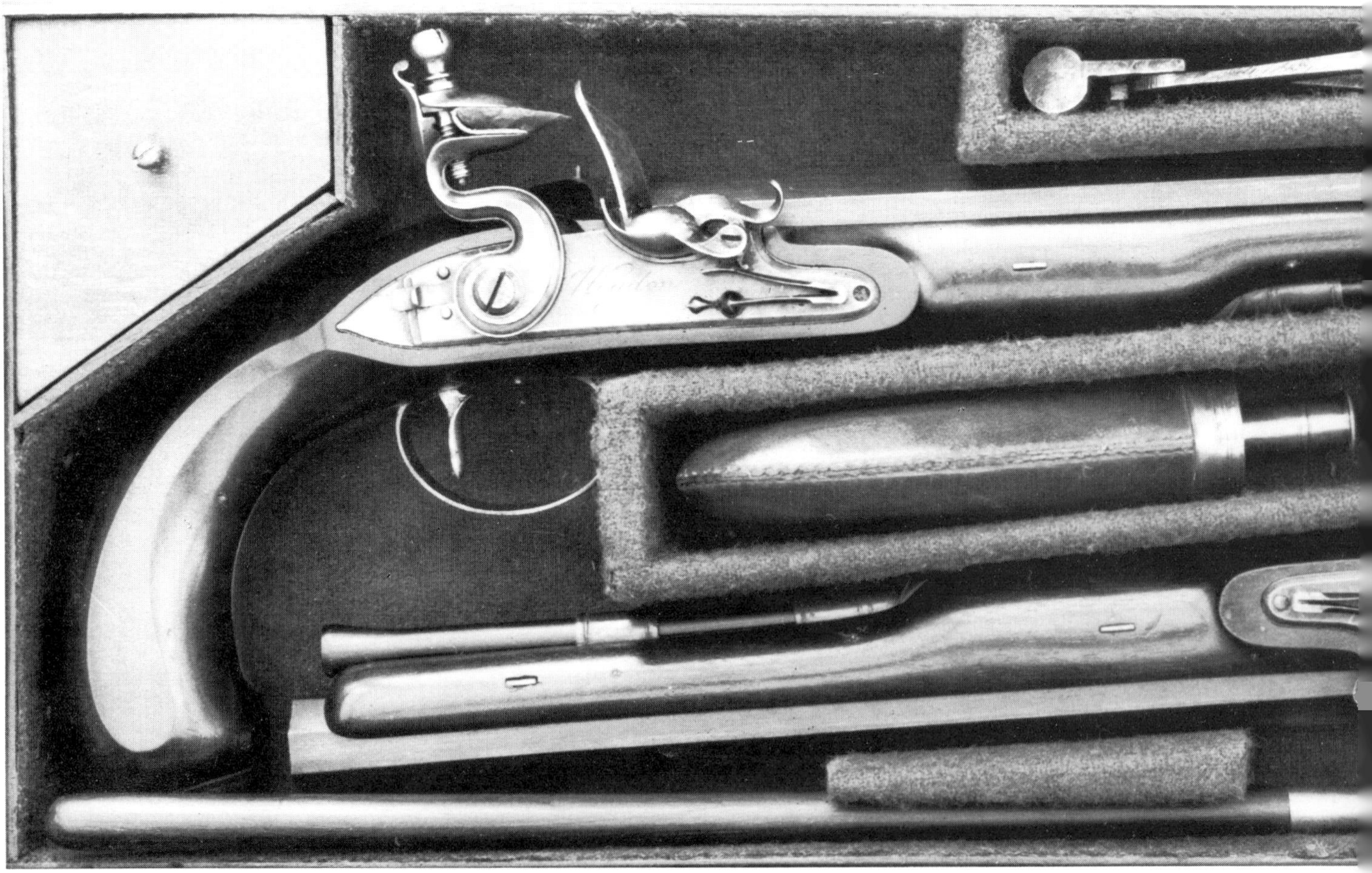

und verläßlich war.

Robert Wogdon war einer der bekanntesten Büchsenmacher des späten 18. Jahrhunderts, der sich auf Duellpistolen spezialisiert hatte. Er entwarf eine in klaren Linien meisterhaft gearbeitete Pistole mit einem etwa 25 cm langen Achtkantlauf vom Kaliber 28. Der Ganzschaft endete in einem glatten, gemaserten, flachen Griff, der besonders gut in der Hand lag. Die Pistole hatte ein verbessertes Schloß, wie das der damaligen Jagdgewehre. Die leicht gravierten Eisenbeschläge und die Visierung waren gebläut und der Lauf gebräunt, so daß sich das Licht nicht auf der Oberfläche spiegeln konnte.

Im späten 18. Jahrhundert war es üblich, Duellpistolen in mit Samt ausgeschlagenen, polierten Holzkästen zu verkaufen, mit Fächern für die Pistolen, für Pulverflasche, Kugelzange, Lade- und Putzstöcke, Reservefeuersteine, Pflaster und eventuell Schraubenschlüssel und Ölfläschchen.

Anfang des 19. Jahrhunderts eigneten sich Steinschloßpistolen besonders gut zu Duellzwecken. Bekannte Büchsenmacher wie Mortimer, Egg, Rigby, Gulley, Nock, Twigg und die Mantons fertigten viele ausgezeichnete Pistolen. Typisch für diese Zeit waren Pistolen mit schweren Achtkantläufen und Patentschwanzschrauben. Ihr Halbschaft hatte einen gemaserten, mit Fischhaut versehenen Griff und das moderne Schloß eine »wasserfeste« Pfanne und einen kurzen Hahnweg. Die Pistolen hatten oft verstellbare Stecher, und an der Nuß befand sich ein kleines Stahlstück, ein sogenanntes Sperrstück, das die Abzugsstange weich in die Spannrast gleiten ließ. Der Stecher reagierte schon auf die leiseste Berührung.

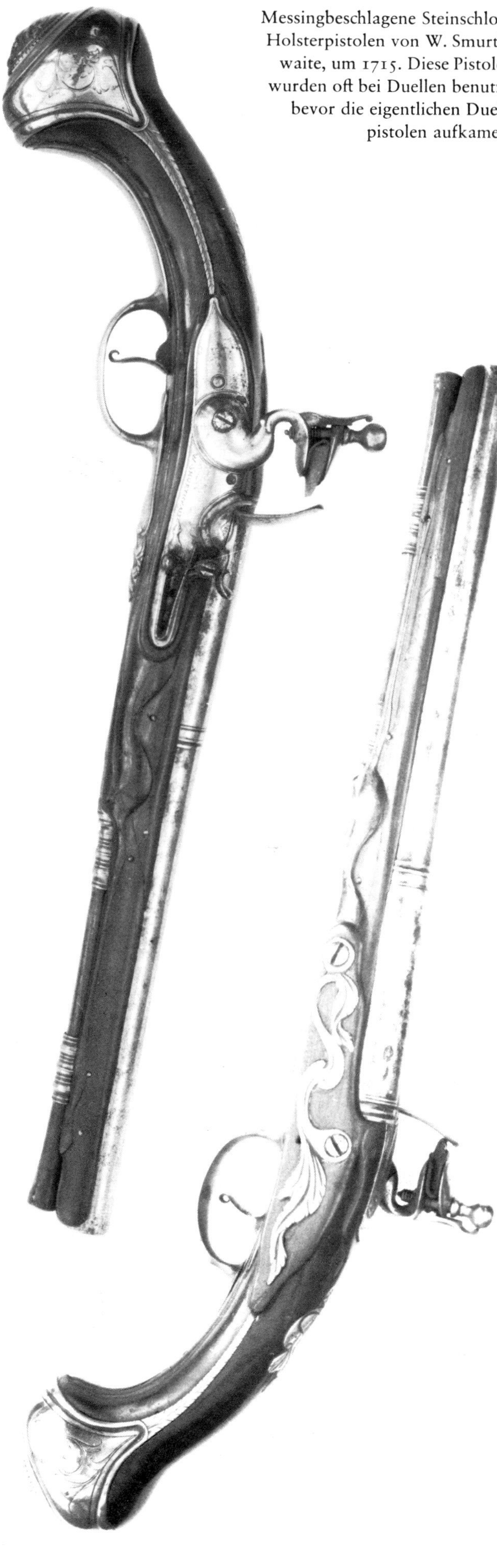

Messingbeschlagene Steinschloß-Holsterpistolen von W. Smurthwaite, um 1715. Diese Pistolen wurden oft bei Duellen benutzt, bevor die eigentlichen Duellpistolen aufkamen.

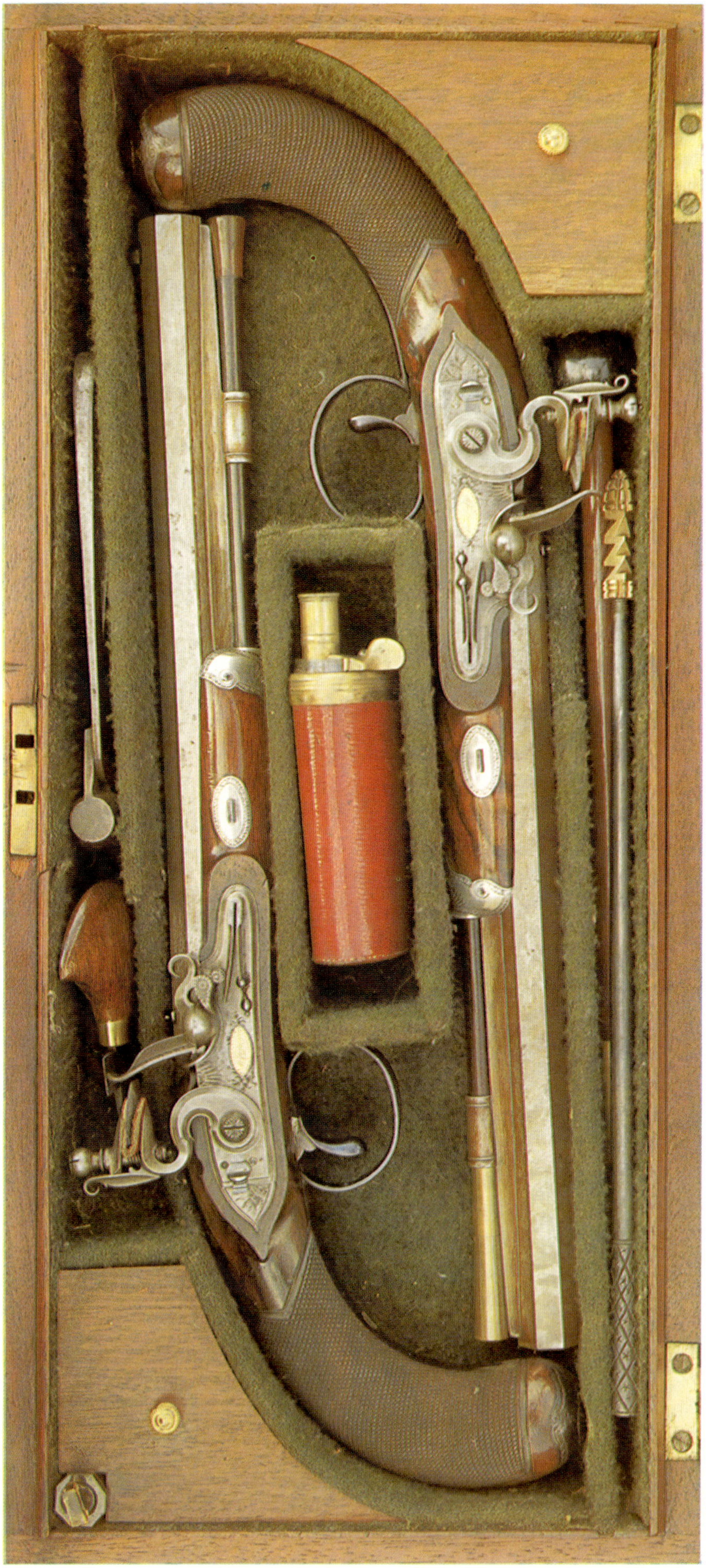

Ein schönes Paar Steinschloß-Duellpistolen mit Halbschaft von McCormick, Dublin, um 1795. Man beachte die schweren Achtkantläufe und die mit Fischhaut versehenen Kolben. Die Pistolen liegen hier in ihrem Kasten, zusammen mit Kugelzange, Pulverflasche, Schraubenschlüssel und Putzstock.

Rechts: Ein Musterbeispiel französischer Duellpistolen mit der Signatur »Boutet, Directeur Artiste, Manufacture à Versailles«, um 1800. Hier abgebildet in ihrem mit Leder ausgeschlagenen Kasten, mit Zubehör, darunter Ladestöcke und Holzhämmerchen zum Einrammen der bündig in den Lauf passenden Geschosse.

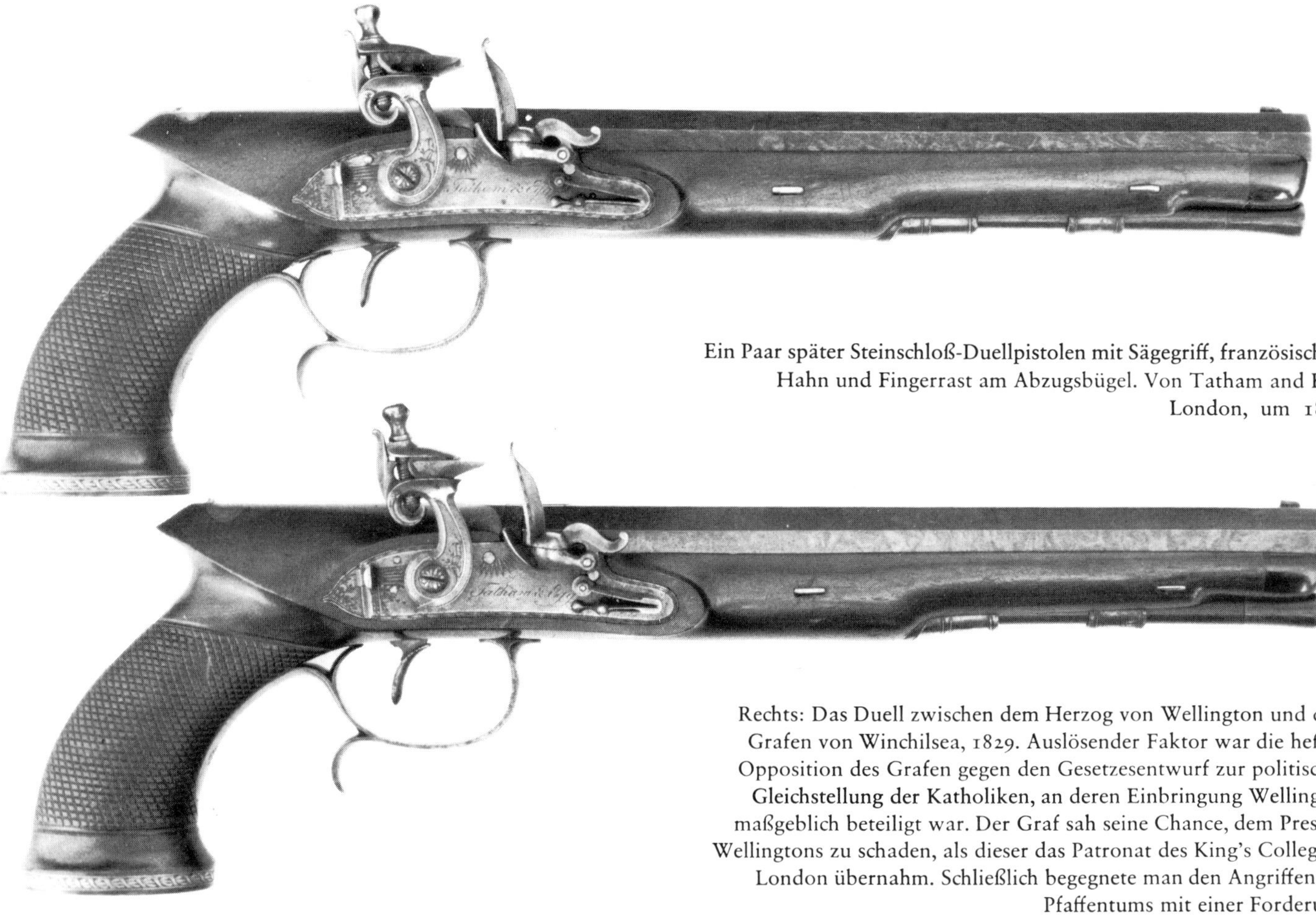

Ein Paar später Steinschloß-Duellpistolen mit Sägegriff, französischem Hahn und Fingerrast am Abzugsbügel. Von Tatham and Egg, London, um 1818.

Rechts: Das Duell zwischen dem Herzog von Wellington und dem Grafen von Winchilsea, 1829. Auslösender Faktor war die heftige Opposition des Grafen gegen den Gesetzesentwurf zur politischen Gleichstellung der Katholiken, an deren Einbringung Wellington maßgeblich beteiligt war. Der Graf sah seine Chance, dem Prestige Wellingtons zu schaden, als dieser das Patronat des King's College in London übernahm. Schließlich begegnete man den Angriffen des Pfaffentums mit einer Forderung.

Einige Pistolen jener Zeit hatten oben am Griff einen Vorsprung, der genau zwischen Daumen und Zeigefinger paßte. Dieser sogenannte Sägegriff half dem Schützen die Pistole ruhig zu halten damit er sie beim Abziehen nicht verriß. Aus diesem Grunde waren auch ein schwerer Lauf, ein gut in der Hand liegender Griff und ein leichter Abzug wesentliche Voraussetzungen für Zielgenauigkeit. Bei einem zu fein eingestellten Abzug allerdings konnte es passieren, daß der Schuß zu früh losging, vor allem dann, wenn der Duellant nervös war oder kalte Finger hatte.

In England hatten Duellpistolen üblicherweise glatte Läufe, während man auf dem Kontinent oft gezogene Läufe benutzte. Vereinzelt gab es aber auch in England gezogene Läufe, bei denen man zur Tarnung dann die letzten Zentimeter glatt ließ. Andere Pistolen hatten sogenannte Haarzüge, die so fein waren, daß man sie kaum bemerkte.

Das Laden der Duellpistolen ging mit großer Sorgfalt vor sich. Beim Gießen der Kugeln achtete man streng darauf, daß sich im Innern kein Hohlraum bildete, und nach dem Erkalten wurden sie sauber poliert. Die genau abgemessene Pulvermenge wurde in das hohle Ende des Ladestocks geschüttet und der Lauf mit der Mündung nach unten darübergestülpt. Dann drehte man die Pistole um, und das Pulver gelangte direkt in den Pulversack des Laufes. Diese Handhabung gewährleistete, daß kein Pulver an der Laufwandung hängenblieb. Dann legte man die Kugel auf ein genau über der Mündungsöffnung befindliches weiches Leder- oder Leinenpflaster und stieß sie vorsichtig auf das Pulver hinunter. Um sicherzustellen, daß die Pulvermenge dem Geschoß entsprach, feuerte man zunächst auf eine Stahlplatte. Hatte die Kugel nach dem Auftreffen die Form eines runden 2,5 cm durchmessenden Plättchens, so stimmte die Ladung. Zersplitterte das Blei dagegen, war die Ladung zu stark, und wurde die Kugel nicht plattgedrückt, so reichte das Pulver nicht aus. Obwohl fast alle englischen Pistolen glatte Läufe hatten, konnte man mit einem sorgfältig gezielten Schuß den Gegner auf rund 23 m durchaus in die Brust treffen.

Früher hatte man Waffenkästen weitgehend aus Eichenholz gemacht. Als aber der Besitz eines Pistolenpaars in kostbarer Verpackung in Mode kam, baute man wunderbare Mahagonikästen mit Messinggriffen. Das Etikett war kunstvoll auf der Innenseite des Deckels eingraviert, und die Ausstattung wurde immer umfangreicher und aufwendiger. Offenbar übten solche Pistolenkästen schon auf die damaligen Zeitgenossen den gleichen Reiz aus wie auf heutige Sammler. Es gab auch Pistolen mit kostbaren Silberbeschlägen, die jedoch mehr dem Prestige dienten als dem Einsatz im Morgengrauen. Man machte diese aufwendigen Kästen aber nicht nur für Duellpistolen, sondern auch für Offiziers-, Reise- und sogar Taschenpistolen. Darum werden letztere zuweilen auch mit Duellpistolen verwechselt. Reise- und Taschenpistolen sind leicht an ihrem kürzeren Lauf zu erkennen, aber Offizierspistolen sind den Duellpistolen tatsächlich sehr ähnlich, wenn man von ihrem größeren Kaliber absieht. Das schließt jedoch nicht aus, daß auch diese Modelle notfalls bei Duellen benutzt wurden. Der Grund für die Ähnlichkeit zwischen Offiziers- und Duellpistolen liegt darin, daß man sich damals bei Entwürfen für Militär- und Reisepistolen stark von Duellpistolen beeinflussen ließ.

Die Duelle selbst waren durchaus nicht immer die romantischen Ehrenhändel, für die man sie heute halten mag, und hatten oft ganz triviale Anlässe. War die Herausforderung erst ein-

mal ausgesprochen, so war es recht schwierig, ein Duell zu umgehen, ohne das Gesicht zu verlieren. Irland war bekannt für seine Vorliebe für Duelle, und die Duellanten genossen wenig Sympathie, wie der folgende Pressebericht aus den Sportannalen von 1822 beweist: – »Irland. In drei Duelle wurden drei Personen verwickelt, von denen zwei »ordnungsgemäß« den »Kampf« nicht überlebten. Dies hat sich tatsächlich zugetragen, klingt jedoch verdächtig nach Flunkerei. In der Tat, zwei Männer wurden kaltblütig erschossen. Dennoch sind wir nicht bereit, sie zu bedauern. Vielleicht wird das ihren Sekundanten und allen, die dazu beigetragen haben, zu denken geben, ob die Frage nicht liebenswürdiger zu regeln gewesen wäre.«

Weiterhin berichtete man von einem Kugelwechsel zwischen O'Meary und M'Laughlin in Phoenix Park, Dublin. Beide verfehlten ihr Ziel, und noch in derselben Nacht fand ein zweites Duell statt, an dem einer der Sekundanten beteiligt war. Als auch bei diesem Kugelwechsel kein Blut floß, fochten die ursprünglichen Gegner ein drittes Duell aus, bei dem beide verwundet wurden. Der Bericht endet mit der Bemerkung, daß »alle, die an dem weiteren Schicksal der Überlebenden interessiert seien, die nächste Ausgabe des › Dublin Assizes ‹ abwarten sollten«.

Der duellwütige Sir Lucius O'Trigger aus »The Rivals« von Sheridan (1775) zeichnet ein gelungenes Charakterbild einer ganzen Reihe von Iren, die oft nur aus dem Wunsch heraus, sich mit irgendjemandem zu schießen, ein Duell anzettelten. In der folgenden Szene will Sir Lucius sichergehen, daß die Distanz zwischen den Duellanten kurz genug ist, um Fehlschüsse auszuschließen.

V. Akt, 3. Szene   Sir Lucius O'Trigger und Acres erscheinen mit Pistolen.

ACRES: Bei meiner Kühnheit! Sir Lucius, vierzig yards sind eine gute Distanz. Da hat jeder eine reelle Chance! Ich sage nochmals, es ist eine gute Distanz!

SIR LUCIUS: Für Musketen und Feldgeschütze vielleicht! Nein wirklich, Mr. Acres, überlaßt diese Dinge mir. – Gebt acht, ich zeige es Euch. – (Er schreitet die Bühne ab.) So, das ist nun wirklich eine gute Distanz, eine Distanz für Ehrenmänner.

ACRES: Verdammt! Dann können wir es auch gleich in einem Schilderhaus abmachen! Glaubt mir, Sir Lucius, je weiter entfernt er steht, desto ruhiger ziele ich.

SIR LUCIUS: Meiner Treu! Dann zielt Ihr vermutlich am besten, wenn er außer Sichtweite ist!

Als im Jahre 1822 der Herzog von Bedford und der Herzog von Buckingham wegen einer angeblichen Verleumdung in Kensington Gardens zum Duell antraten, lieferten sie sich auf zwölf Schritt einen ungezielten Schußwechsel. Nachdem Bedford in die Luft geschossen hatte, erklärte Buckingham die Angelegenheit für erledigt. Sie trennten sich in Frieden. Etwas ähnliches geschah 1829 bei dem berühmten Duell zwischen dem Herzog von Wellington und Lord Winchilsea. Er legte seine Pistole nicht an, worauf der Herzog absichtlich vorbeischoß. Es war für die Sekundanten nicht ganz ungefährlich, wenn die Duellanten absichtlich Fehlschüsse abgaben, um der Ehre Genüge zu tun, ohne den Gegner zu verwunden. 1822 wurde bei einem Duell in Bagshot Heath ein Sekundant getroffen und starb kurz darauf. Dies war kein Einzelfall; man hörte immer wieder von Sekundanten, die bei Duellen getötet oder verwundet wurden.

In Amerika focht man Duelle nach bewährtem europäischem Prinzip aus, wie beispielsweise das zwischen General Andrew Jackson und Charles Dickinson im Jahre 1806. Beide waren hervorragende Pistolenschützen, und Dickinson sah nach Abgabe des ersten Schusses voller Bestürzung, daß sein Gegner noch aufrecht stand. Jackson zielte sorgfältig und erschoß Dikkinson. Erst dann stellte sich heraus, daß Dickinsons Kugel Jackson in die Brust gedrungen war, zwei Rippen durchschlagen und eine zwar schmerzhafte, doch ungefährliche Wunde verursacht hatte. Jackson hatte keinerlei Anzeichen einer Verwundung gezeigt. Es kam in Amerika aber auch zu vielen unkonventionellen Duellen, bei denen vom Revolver oder Derringer bis zum Messer alle möglichen Waffen zum Einsatz kamen.

In Frankreich war es sehr populär, Ehrenhändel oder galante Affären mit der Pistole beizulegen. Duellpistolen von Boutet in ihren kunstvoll gearbeiteten Kästen sind Meisterwerke französischer Büchsenmacherkunst.

In den Jahren um 1820 wurde das Steinschloß von dem schneller und verläßlicher funktionierenden Perkussionsschloß verdrängt, das durch seine fast augenblickliche Zündung das Zielen enorm erleichterte. Zu dieser Zeit eröffneten mehrere Londoner Büchsenmacher Hallenschießstände, darunter Joseph Lang's in Haymarket. Das Pistolenschießen gewann viele Freunde, nicht nur als Übung für Duelle, sondern auch um seiner selbst willen. Einige Pistolen hatten gezogene Austauschläufe, so daß man sie bei Duellen und zum Scheibenschießen benutzen konnte.

Die ausgezeichnete Treffsicherheit vieler Schützen dürfte auf manchen duellwütigen Hitzkopf abschreckend gewirkt haben. Dies, wie auch die starke Opposition der öffentlichen Meinung und die verschärften Gesetze, trugen dazu bei, daß Duelle in England immer seltener wurden und gegen Mitte des 19. Jahrhundert schließlich ganz aufhörten.

Die Duell- oder Scheibenpistolen von James Purdey mit ihren rechtwinklig vom Lauf nach unten strebenden Griffen und den flachen, ovalen Griffschalen waren charakteristisch für den späteren Stil. Sie hatten Halbschäfte und Ladestock und manchmal eine Fingerauflage am Abzugsbügel. In den Jahren um 1830 beizte Purdey seine Pistolen schwarz, so daß sie wie aus Ebenholz wirkten. Gegen Mitte des 19. Jahrhunderts hatten Scheibenpistolen im allgemeinen gezogene Läufe. In der Akehurst-Sammlung befindet sich ein Paar Perkussions-Scheibenpistolen mit zweifach gezogenen Läufen, 1864 von James Purdey für den Maharadscha von Bulrampore angefertigt. Sie haben Kaliber .36 (9 mm) und kleine Klappvisiere für umgerechnet 18, 36, 55, 73 und 91 m. Diese weitreichenden Scheibenpistolen sind ganz seltene Stücke.

In Frankreich war Mitte des 19. Jahrhunderts eine sehr aufwendig und kunstvoll im gotischen Stil gearbeitete Duell- und Scheibenpistole sehr populär.

Mit der Einführung der Randfeuerpatronen kam die Salonpistole vom Kaliber .22 (5,6 mm) für Zimmerschießstände in Gebrauch. Das sportliche Scheibenschießen erfreut sich auch heute noch großer Beliebtheit und wird mit Revolvern, Selbstlade- und Spezial-Scheibenpistolen verschiedenster Bauart ausgeführt. Unter den hierbei verwendeten Pistolen gibt es auch solche mit ganz seltsamen, die Hand umschließenden, sogenannten »anatomischen« Griffen.

Diese im gotischen Stil gehaltenen Duell- und Scheibenpistolen mit ihren wundervollen Stahlbeschlägen und den geschnitzten Ebenholzteilen sind ein Meisterwerk ihrer Art. Von Renette & Gastinne, Paris, um 1850. Hier abgebildet in ihrem kostbaren, mit Samt ausgeschlagenen Kasten.

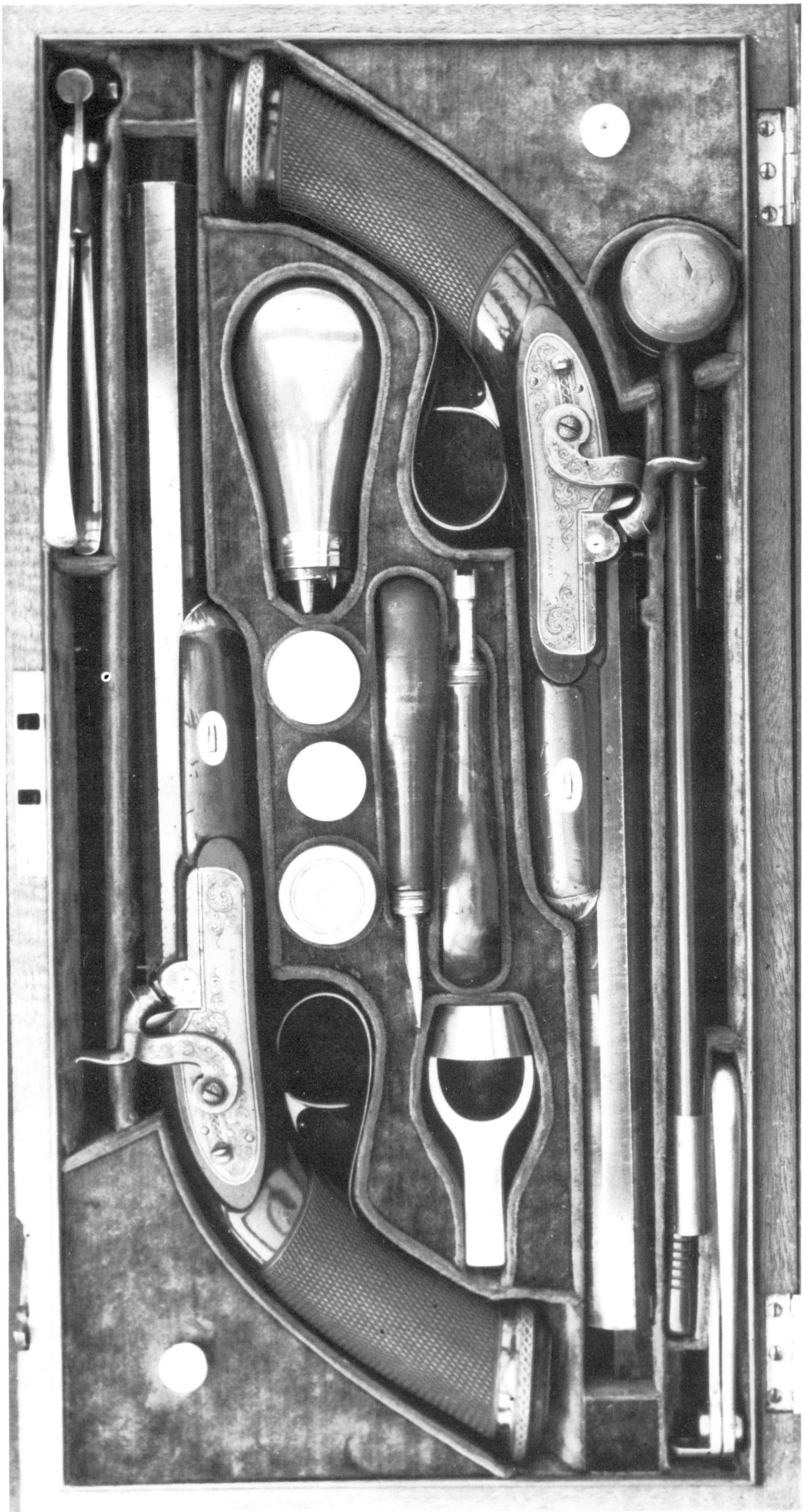

Ein französisches Duell im europäischen Stil mit Sekundanten auf beiden Seiten. Um 1880.

Ein selten schönes Paar gezogener Perkussions-Scheibenpistolen mit »Ebenholz«-Halbschäften von James Purdey, um 1835. Hier in ihrem mit Samt ausgeschlagenen Kasten zusammen mit Kugelzange, Gußnasenschneider, Pflasterschere, Pistonschlüssel und Ladestöcken.

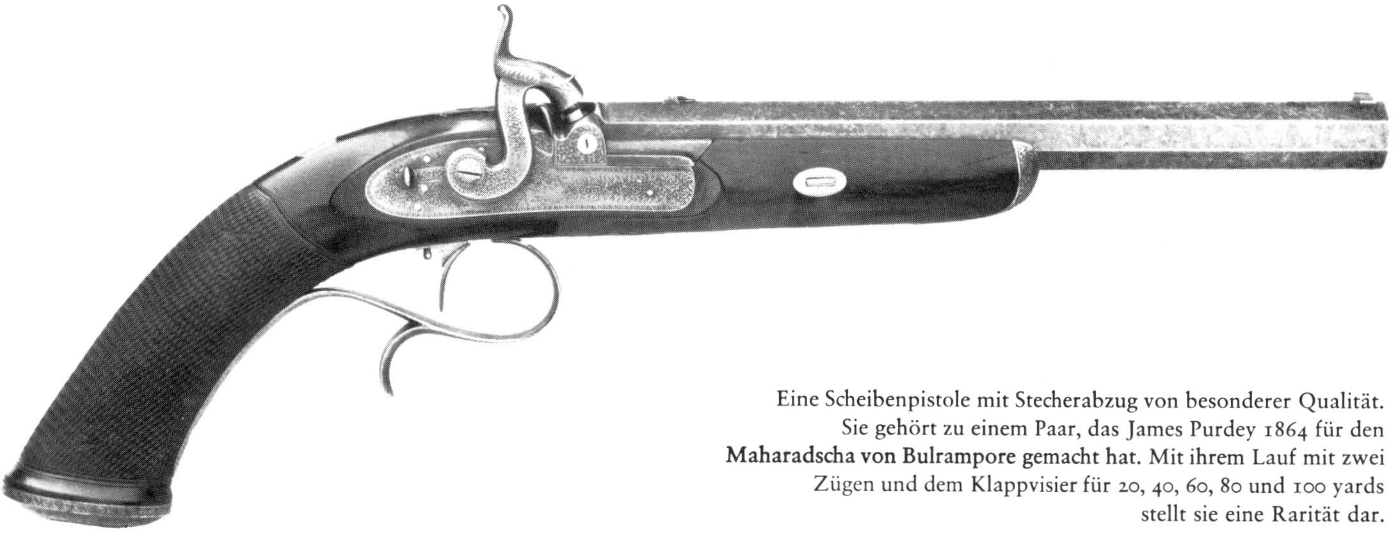

Eine Scheibenpistole mit Stecherabzug von besonderer Qualität. Sie gehört zu einem Paar, das James Purdey 1864 für den **Maharadscha von Bulrampore gemacht hat.** Mit ihrem Lauf mit zwei Zügen und dem Klappvisier für 20, 40, 60, 80 und 100 yards stellt sie eine Rarität dar.

Selbst-verteidigungs-waffen

Als die Feuerwaffen erst einmal allgemein eingeführt waren, benutzte man sie sehr bald auch bei Raubüberfällen einerseits und zur Verteidigung von Leben und Besitz auf der anderen Seite.

Die Behörden im Europa des 16. Jahrhunderts waren gezwungen, sich eingehend damit zu befassen, wie die folgende Verordnung beweist. Maximilian I., Kaiser des Heiligen Römischen Reiches Deutscher Nation, verbot 1518 den Gebrauch und die Herstellung von Radschloß-Feuerwaffen. Im Jahre 1523 wurden den Radschloßwaffen in Ferrara, Italien, verboten. Ähnliche Verordnungen ergingen in anderen Städten, in denen Mord und Totschlag, besonders mit Radschloßpistolen, überhand nahmen.

In England ging Heinrich VIII, 1542 gegen den Mißbrauch von Feuerwaffen vor: »Personen mit verwerflichen Neigungen ergötzen sich in endlosen Missetaten wie Mord und Totschlag, Verrat und Raubüberfällen. Sie sind bewaffnet mit Armbrüsten, kurzen Faustfeuerwaffen und kleinen Hakenbüchsen und bedrohen, ängstigen und gefährden des Königs getreue Untertanen ... Besagte Individuen treiben allerorts Tag für Tag ihr Unwesen. Mit ihren jederzeit feuerbereiten Waffen sind sie eine große Gefahr für des Königs getreue Untertanen.«

Die oben gemeinten kurzen Luntenschloßgewehre waren durchaus eine ernstzunehmende Gefahr in den Händen der Straßenräuber und anderer Verbrecher, aber nicht annähernd so gefährlich, wie die in einigen Teilen Europas gebräuchlichen, kleinen Radschloßpistolen aus Metall. Sie ließen sich gut am Körper verbergen und waren im Bedarfsfall augenblicklich zur Hand. Wenn Angehörige der Oberschicht zu Pferde oder in der Kutsche auf Reisen gingen, wurden sie von einer bewaffneten Eskorte begleitet, die Radschloßpistolen oder -gewehre im Sattelhalfter mit sich führten. Es besteht kein Zweifel darüber, daß man zu der Zeit auch nachts zum Schutz vor Straßenräubern kleine Radschloßpistolen, Degen und Dolche bei sich trug.

Im 17. Jahrhundert waren berittene, mit Pistolen bewaffnete Straßenräuber eine alltägliche Erscheinung in England. Einer von ihnen, John Cavel, 1626 gefangengenommen und zum Tode verurteilt, dann jedoch durch Charles I. begnadigt, verfaßte

Ein Paar hochwertiger Tromblons mit Messingläufen und -beschlägen aus dem 17. Jahrhundert.

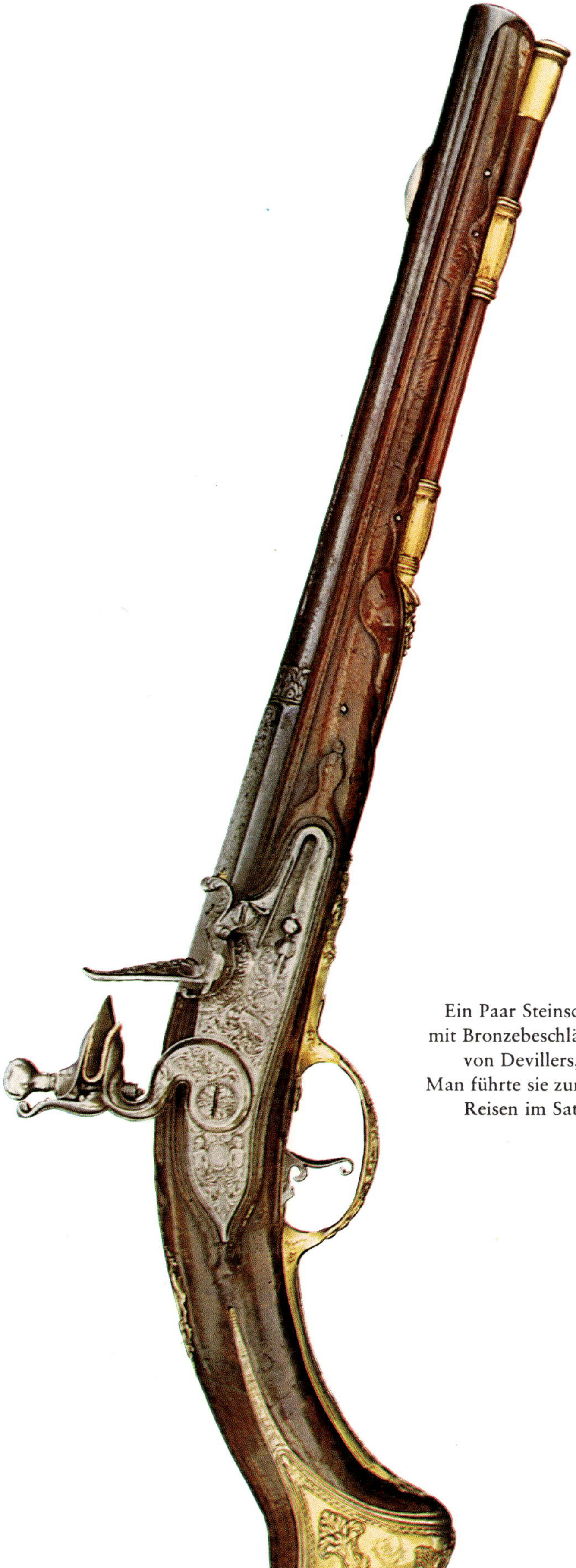

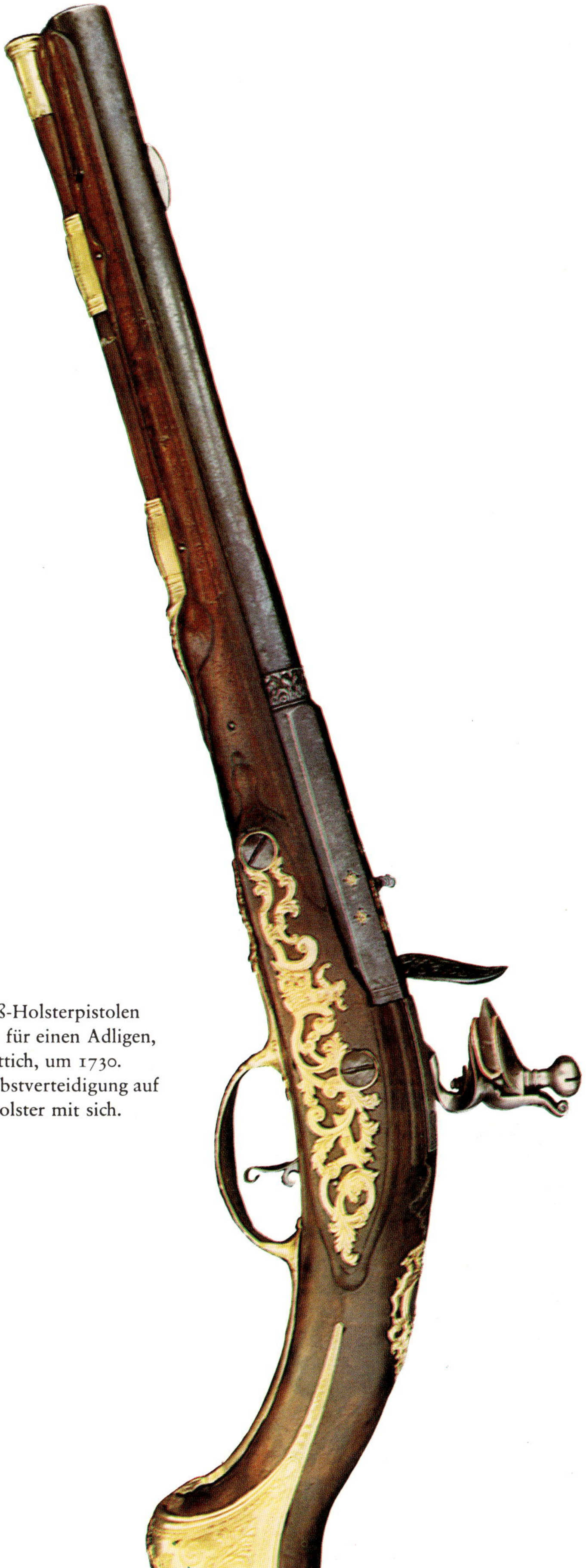

Ein Paar Steinschloß-Holsterpistolen
mit Bronzebeschlägen für einen Adligen,
von Devillers, Lüttich, um 1730.
Man führte sie zur Selbstverteidigung auf
Reisen im Sattelholster mit sich.

daraufhin seine Verse »Recantation of an Ill-led Life« (Abbitte für ein fehlgeleitetes Leben).

Nach Beendigung des englischen Bürgerkrieges wurde so mancher Soldat der Royal Army zum Wegelagerer. Gut beritten, vornehm gekleidet und mit einem Paar Steinschloßpistolen im Gürtel, wurden sie zum Urbild des in Romanen verherrlichten »Gentleman der Straße«, unsterblich geworden in der Figur des Captain Macheath aus der Bettleroper von John Gay. Captain Howard, ein ehemaliger Offizier, der seine Karriere gegen die eines Straßenräubers eingetauscht hatte, überfiel den Grafen von Essex und den Grafen von Pembroke und soll selbst Cromwell in einem Wirtshaus in Chester beraubt haben. Er wurde schließlich in Blackheath bei einem Überfall auf sechs Offiziere festgenommen und 1652 gehenkt.

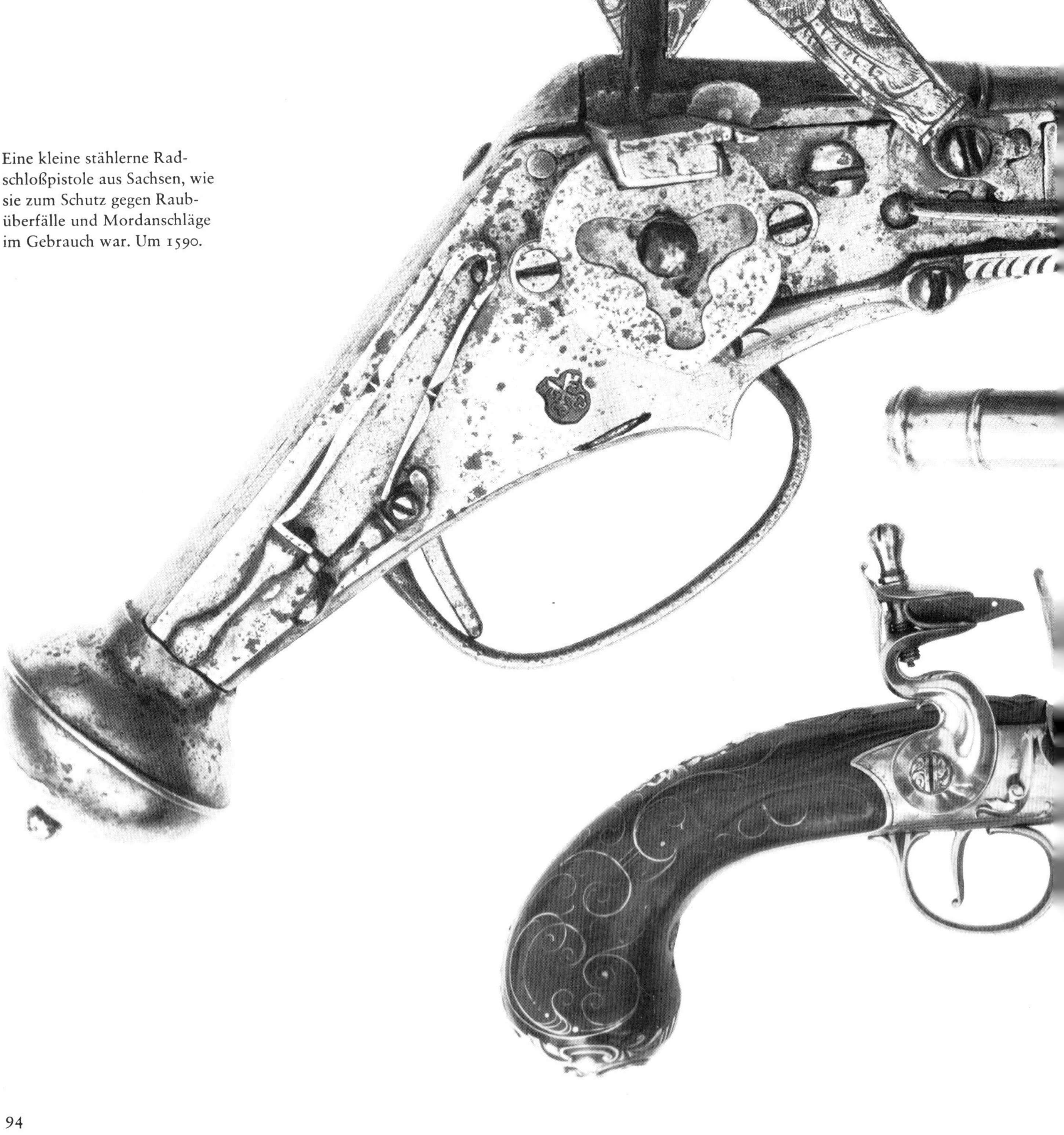

Eine kleine stählerne Radschloßpistole aus Sachsen, wie sie zum Schutz gegen Raubüberfälle und Mordanschläge im Gebrauch war. Um 1590.

Ein anderer Offizier aus dem Bürgerkrieg, der später als wagemutiger und tollkühner Straßenräuber eine gewisse Berühmtheit erlangte, war Captain Hind. Er wurde 1652 zum Tode verurteilt und gehenkt. Claude Duval war ein Franzose, der im Dienste eines aus dem Exil zurückkehrenden Begleiters Charles II. nach England kam. Als Straßenräuber war er für seine Vorliebe für das schwache Geschlecht bekannt. Er soll einmal mitten auf einer Heide mit einer Dame getanzt haben, nachdem er mit seiner Bande ihre Kutsche überfallen hatte.

Obwohl in der Überlieferung der Name Dick Turpin genannt wird, war es mit großer Wahrscheinlichkeit Nicks, der in fünfzehn Stunden von London nach York ritt und angeblich von Charles II. begnadigt wurde, als Gegenleistung dafür, daß er ihm von seiner Heldentat berichtete. Charles gab ihm den Beinamen »Swift« Nicks. Dick Trupin war ein vergleichsweise primitiver

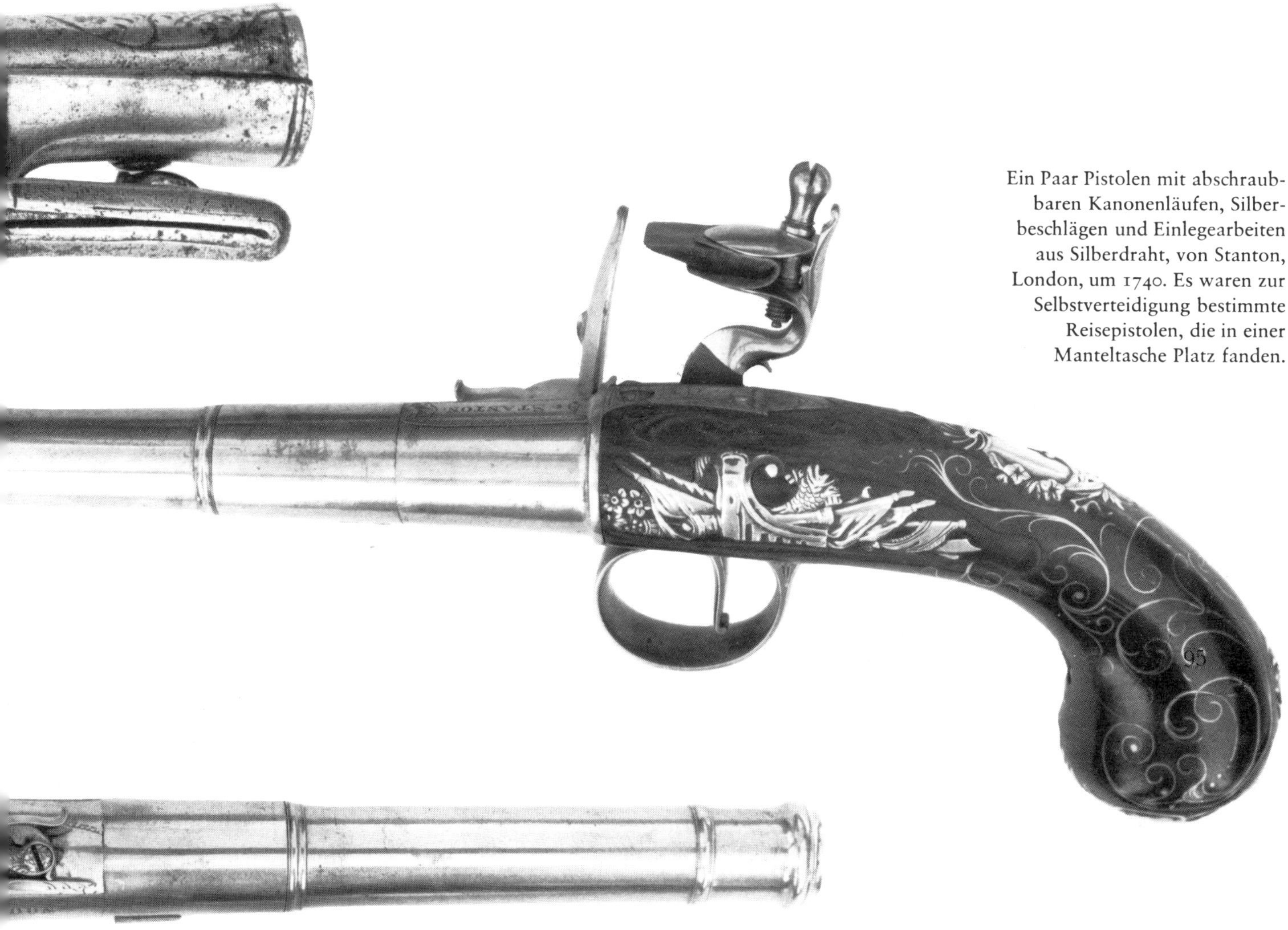

Ein Paar Pistolen mit abschraubbaren Kanonenläufen, Silberbeschlägen und Einlegearbeiten aus Silberdraht, von Stanton, London, um 1740. Es waren zur Selbstverteidigung bestimmte Reisepistolen, die in einer Manteltasche Platz fanden.

Ein Stiftfeuer-Taschenrevolver in seinem mit Samt ausgeschlagenen Kasten, hergestellt in Lüttich um 1860.

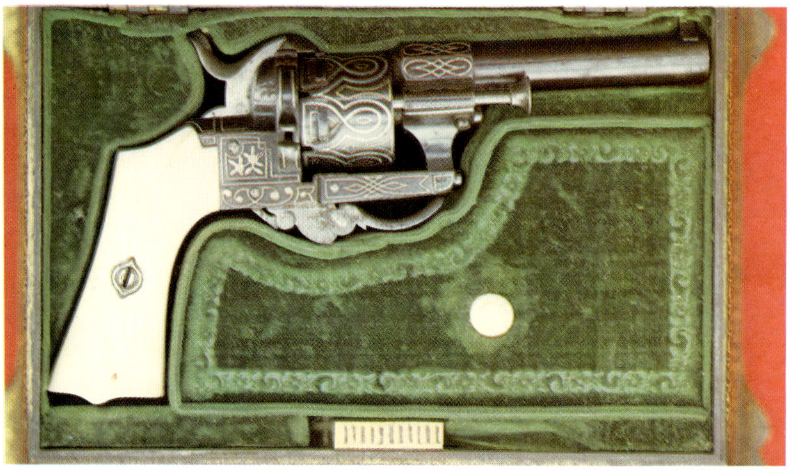

Ein besonders schönes Paar Steinschloß-Taschenpistolen mit abschraubbaren Läufen und mit Silber reich verzierten Griffen, von Mortimer, St. James's, London, um 1815. Hier abgebildet in ihrem mit Samt ausgeschlagenen Mahagonikasten, mit dem Ringschlüssel zum Abdrehen der Läufe, Pulverflasche, Schraubenzieher und Kugelzange.

Rechte Seite: »John Cottington, alias Mul-Sack, beim Überfall auf den Planwagen nach Oxford, in dem er viertausend Pfund in bar erbeutete«, eine Illustration aus der Geschichte der Straßenräuber, Wegelagerer, Ladendiebe und Betrüger beiderlei Geschlechts von Captain Alexander Smith. Das Geld war von Cromwells Rumpfparlament erhoben worden und auf dem Weg nach Oxford und Gloucester, um damit die dort stationierten Soldaten zu besolden. Vermutlich verdankt Cottington den Beinamen »Mul-Sack« seiner besonderen Vorliebe für dieses Getränk.

Ein Paar kunstvoll gearbeiteter Taschenpistolen mit Kastenschloß und abschraubbarem Lauf, von James Wilkinson & Son, London, um 1815.

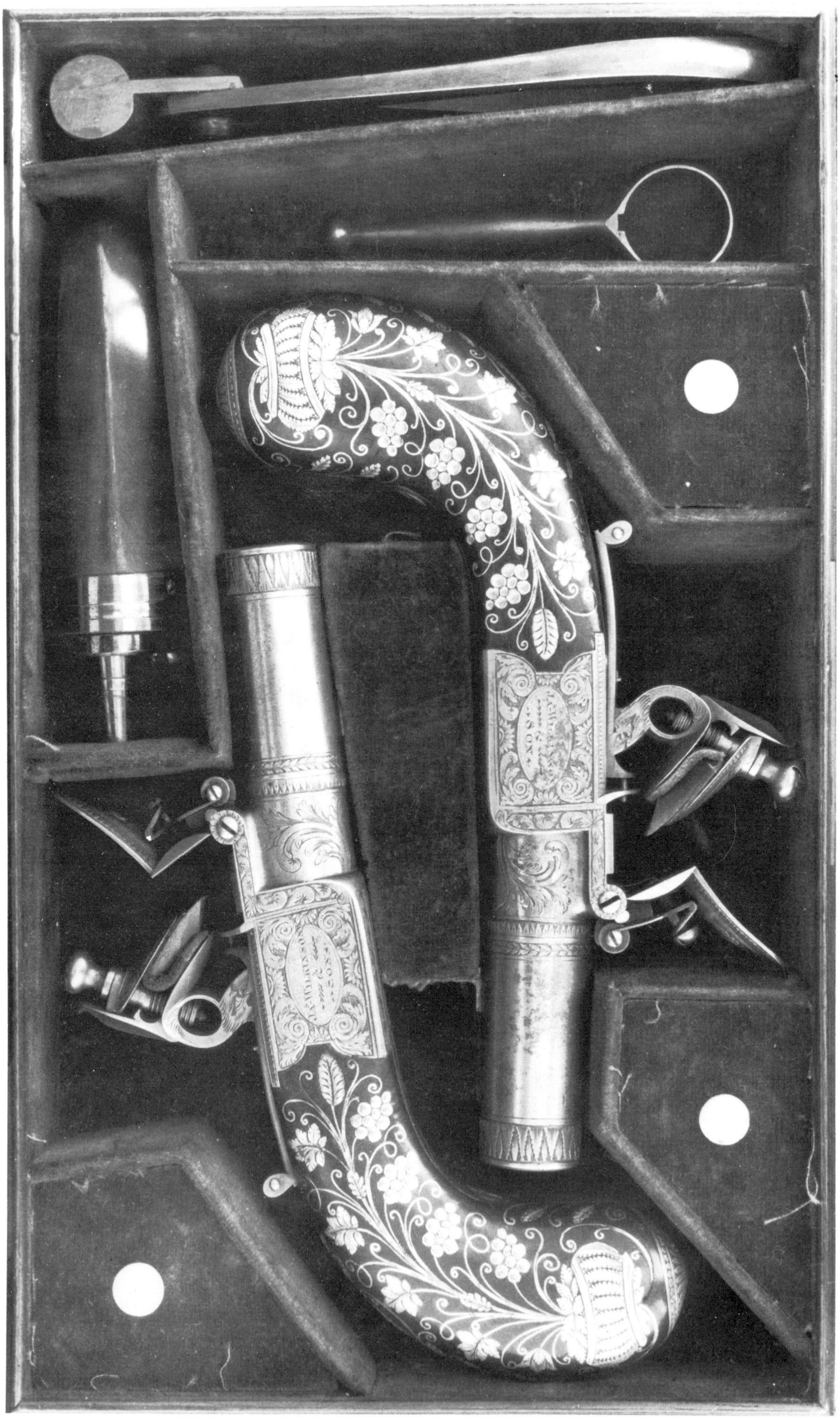

Straßenräuber, der als Metzger und Viehdieb begann, mit Tom King einige Raubüberfälle ausführte und 1739 als Pferdedieb gehängt wurde. In Deutschland trieb gegen Ende des 18. Jahrhunderts der berüchtigte Räuber Johann Bückler, genannt »Schinderhannes« sein Unwesen. Zuckmeyer hat ihm sogar ein Bühnenstück gewidmet.

Als Raubüberfälle auf den Straßen immer mehr um sich griffen, entwickelte man die sogenannten Kutschen- oder Reisepistolen, die wegen ihrer handlichen Größe gut in die Manteltasche paßten. Zu den beliebtesten Selbstverteidigungspistolen gehörten die mit abschraubbarem Kanonenlauf und silberner Abschlußplatte, eine Weiterentwicklung der Militärpistolen aus dem Bürgerkrieg. In der ersten Hälfte des 18. Jahrhunderts hatten sie Seitenschlösser und manchmal perforierte, silberne Schloßgegenplatten. Von diesen Modellen gab es auch ein paar kleine Taschenpistolen mit kurzem Lauf und rundem Holzgriff.

Mitte des 18. Jahrhunderts erhielten diese Pistolen Kastenschlosse und wurden in großen Stückzahlen hergestellt. Man fertigte sie auch mit zwei übereinanderliegenden Läufen. Bei diesen Pistolen drehte man einen Zapfen seitlich der Pfanne, um das Zündloch des unteren Laufs in Position zu bringen. Es tauchten auch Pistolen mit mehr als zwei Läufen auf, wie beispielsweise die »Entenfuß« oder »Mob«-Pistolen, die vier Läufe in fingerartig gespreizter Anordnung hatten. Mit einem zentralen Kastenschloß wurden sie gleichzeitig in einer breiten Garbe abgefeuert. Sie erwiesen sich als ungemein nützlich im Nahkampf, oder wenn man sich einen Pöbelhaufen vom Leibe halten wollte.

Gegen Ende des 18. Jahrhunderts wurde es üblich, kleine Schnappbajonette unter den Läufen der Kastenschloßpistolen anzubringen. Taschenpistolen dieser Art blieben auch während der ganzen Zeit der Perkussionszündung populär, wobei sie im 19. Jahrhundert flache Griffe hatten, um in der Manteltasche nicht so aufzutragen.

Unter all den Selbstverteidigungswaffen nahmen Tromblons einen besonderen Platz ein. Diese relativ kurzläufigen Waffen mit trichterförmig erweiterter Mündung tauchten im frühen 17. Jahrhundert zum erstenmal in Europa und etwas später auch in England auf. Sie verschossen Schrote in der Größe von Rehposten und wurden im Nahkampf eingesetzt. Obwohl man wegen der Trichtermündung auf ein sehr weites Trefferbild schließen könnte, war dem nicht so. Tatsächlich zerstreuten sich die Schrote nicht mehr, als bei einem glatten Lauf gleicher Länge. Die Trichtermündung wirkte indessen außerordentlich abschreckend auf den Gegner, der angesichts einer so furchterwekkenden Waffe mit dem Leben abschloß.

Rund um die Mündungsöffnung einiger Tromblons findet man den Warnspruch: »Glücklich der, der mir entkam«. Als Verteidigungswaffe war sie bei Begleiteskorten, Schenkenwirten und auch in vielen Haushalten im Gebrauch. Ihren Stammplatz hatte sie üblicherweise auf dem Kaminsims, und zwar nicht nur zur Dekoration, obwohl sie dort tatsächlich sehr dekorativ wirkte. Der wirkliche Grund war, daß sie geladen, mit Zündpulver versehen und so jederzeit feuerbereit sein sollte, und da bot der warme, trockene Kaminsims ideale Voraussetzungen.

Der Messinglauf des Tromblons stammt vermutlich aus der Zeit, als diese Waffe auf Handelsschiffen zum Schutz gegen Piraten mitgeführt wurde, aber auch die Begleiteskorten der Reisekutschen brauchten nichtrostende Läufe an ihren Waffen.

Gegen Ende des 18. Jahrhunderts rüstete man auch diese Waffen mit Schnappbajonetten aus, die im allgemeinen oben auf dem Lauf lagen und im Ruhezustand durch eine Verriegelung auf der Schwanzschraube festgehalten wurden. Viele gute Tromblons wurden bei Ketland in Birmingham gebaut, und einige von besonders hoher Qualität stammen von dem berühmten Henry Nock. Im 18. und 19. Jahrhundert baute man Tromblon-Pistolen mit Messingläufen in den verschiedensten Größen, von denen einige auch mit einem Bajonett ausgerüstet wurden.

Im späten 18. und beginnenden 19. Jahrhundert wurden die Reisepistolen in ihrer Grundkonzeption den Duellpistolen immer ähnlicher, nur waren die Läufe viel kürzer und die Pistolen im ganzen etwas kleiner gehalten. Ihr Kaliber jedoch war mindestens ebenso groß, wenn nicht noch größer.

Auf die Steinschloß- und Perkussions-Reisepistolen folgte die »Pepperbox« mit mehreren Läufen. Man hatte schon zur Zeit des Steinschlosses, besonders im frühen 19. Jahrhundert, Versuche mit »Drehpistolen« und Bündelrevolvern angestellt, aber erst die Einführung des kupfernen Perkussions-Zündhütchens ließ die Lösung dieses Problems in greifbare Nähe rücken. In den Jahren von 1830 bis 1860 wurden Bündelrevolver mit double-action-System in großen Stückzahlen in Birmingham und Lüttich hergestellt. Sie hatten durchschnittlich fünf oder sechs Läufe, manchmal sogar noch mehr. Man konnte sie schnell ziehen und abfeuern, denn bei Betätigung des Abzugs wurde sowohl das Laufbündel weitergedreht als auch der Hahn gespannt. Bei der Selbstverteidigung im Nahkampf leisteten sie hervorragende Dienste, ganz abgesehen von der abschreckenden Wirkung, die ihre sechs oder mehr Läufe auf Räuber, Diebsgesindel, Meuterer und ähnliches Gelichter ausüben mochten.

Der größte Nachteil dieser Waffen lag in ihrer recht mangelhaften Zielmöglichkeit. Hinzu kam, daß sie aufgrund ihres schweren Laufbündels ziemlich unhandlich waren. So dauerte es nicht lange, bis praktische Perkussionsrevolver von Adams, Tranter, Webley und anderen Büchsenmachern auf den Markt kamen. Auf der Weltausstellung von 1851 präsentierte natürlich auch Colt seine Revolver.

Bald begann der funktionstüchtige und handliche Revolver, die anderen Selbstverteidigungswaffen zu verdrängen. Nach Einführung der Zentralfeuerpatrone wurden die Perkussionsrevolver entweder umgebaut oder durch Patronenmodelle ersetzt. In Belgien wurden billige Stiftfeuer- und Bündelrevolver in großen Mengen gebaut. Und es kamen auch einige kleine ein- oder doppelläufige Patronenrevolver im Westentaschenformat heraus.

Mitte des 18. Jahrhunderts waren Raubüberfälle auf den Straßen Englands relativ selten geworden; umso weiter verbreitet waren sie im Australien des 19. Jahrhunderts. Die Buschklepper, wie man sie dort nannte, waren in den Jahren um 1820 eine ständige Bedrohung für die Reisenden und Siedler in Australien. John oder Jack Donahue, Anführer bei zahllosen Überfällen, entkam aus dem Gefängnis und setzte sich gegen die berittene Polizei zur Wehr. 1830 wurde er schließlich bei einem zusammen mit Walmsley und Webber ausgeführten Überfall erschossen. Durch eine seltsame Laune der menschlichen Natur wurde Donahue in Australien zum Volkshelden und in der Ballade »Bold Jack Donahue« unsterblich. Jack Duggan, einem späteren Buschklepper, hat man mit der Ballade »The Wild Colonial Boy« ein Denkmal gesetzt. Nach der Ballade soll er 1861 als Buschklepper begonnen haben. Seinen zweifelhaften Ruhm verdankt er vor allem dem Überfall auf die Postkutsche nach Beechwood, bei dem er Richter Macavoy ausraubte. Er wurde schließlich durch die berittene Polizei verwundet und gefangengenommen.

Als zwei Polizisten im Jahre 1861 versuchten, den Buschklepper Frank Gardiner festzunehmen, konnten sie nur mit

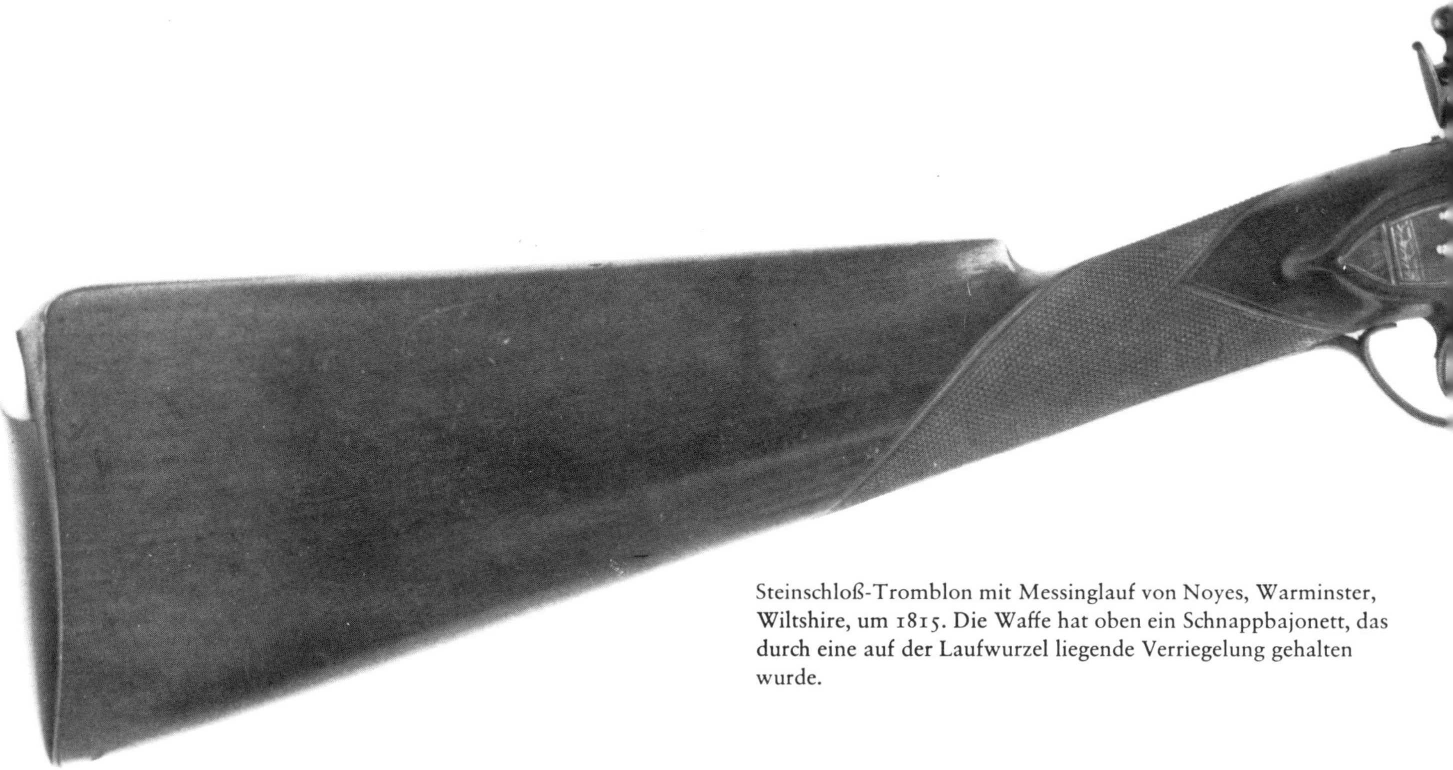

Steinschloß-Tromblon mit Messinglauf von Noyes, Warminster, Wiltshire, um 1815. Die Waffe hat oben ein Schnappbajonett, das durch eine auf der Laufwurzel liegende Verriegelung gehalten wurde.

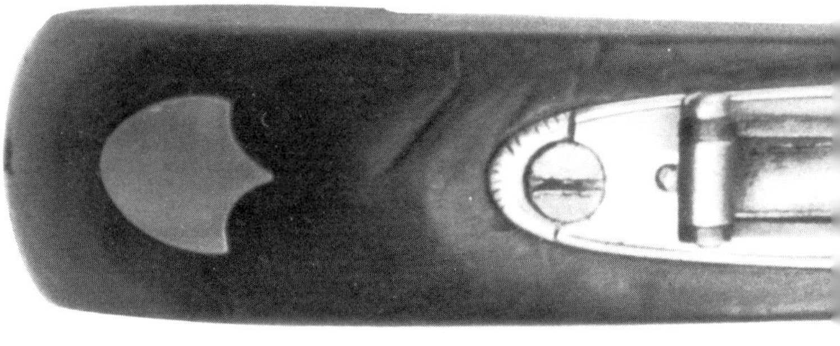

Eine »Entenfuß«, »Mob«- oder Meutereipistole mit Steinschloß, Messingkasten und -läufen und Gürtelhaken. Alle vier Läufe wurden zur gleichen Zeit abgefeuert. Von Goodwin, London, um 1800.

knapper Mühe entkommen. Einer von ihnen erhielt Treffer in Hand, Wange und Hüfte und der andere in die Stirn, aber zum Glück benutzte Gardiner einen Colt Paterson .31 aus dem Jahre 1836, der nur eine geringe Durchschlagskraft hatte. Gardiner stellte sich daraufhin auf einen Colt vom Kaliber .44 (11 mm) um. Er wurde später gefangengenommen, eingesperrt und dann deportiert.

Als im Jahre 1851 der Goldrausch in Australien einsetzte, nahmen Straßenraub und Verbrechen überhand. Die gefürchtetsten Buschklepper jener Zeit waren die Kellys, die, bewaffnet mit einem ganzen Arsenal von Büchsen und Revolvern, jahrelang raubten und mordeten. 1880 kam es zu einem Gefecht mit der Polizei, bei dem die Kellys unverwundbar zu sein schienen, bis dann schließlich aus dem Wirtshaus, in dem die Kelly-Bande gestellt worden war, eine sonderbare Gestalt trat: Sie trug einen langen Umhang und schien anstelle eines Kopfes ein Eisenrohr zu haben. Die Gestalt kam näher und feuerte dabei mit einer Pistole auf die Polizisten, deren Schüsse keinerlei Wirkung zeigten, bis der mysteriöse Revolverschütze ins Knie getroffen wurde und stürzte. Er konnte dann rasch überwältigt werden. Es war Ned Kelly, der zum Schutz von Kopf und Rumpf einen fast 7 mm starken, aus Pflugscharen gefertigten Panzer trug. Der Panzer war an vielen Stellen eingebeult, wies aber nirgends einen Durchschuß auf. Kelly wurde 1880 in Melbourne gehängt.

Die Doppelflinte, die mit Rehposten geladene Patronen verschoß, leistete in der Selbstverteidigung die gleichen Dienste wie früher das Tromblon. In Amerika benutzten Gesetzeshüter oft Flinten, so auch der Postkutschenbegleitschutz der Wells-Fargo-Linie.

Heute ziehen viele zur Selbstverteidigung dem Revolver die eleganten und wirksamen Selbstladepistolen vor.

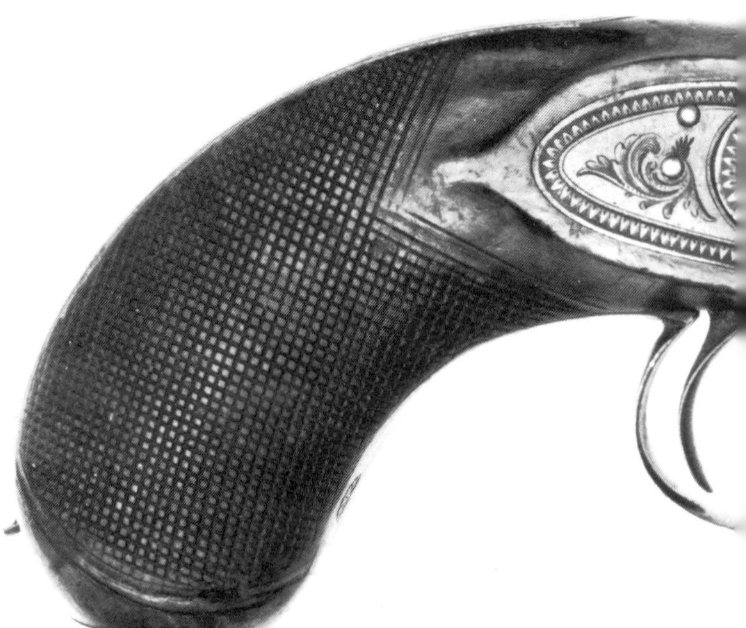

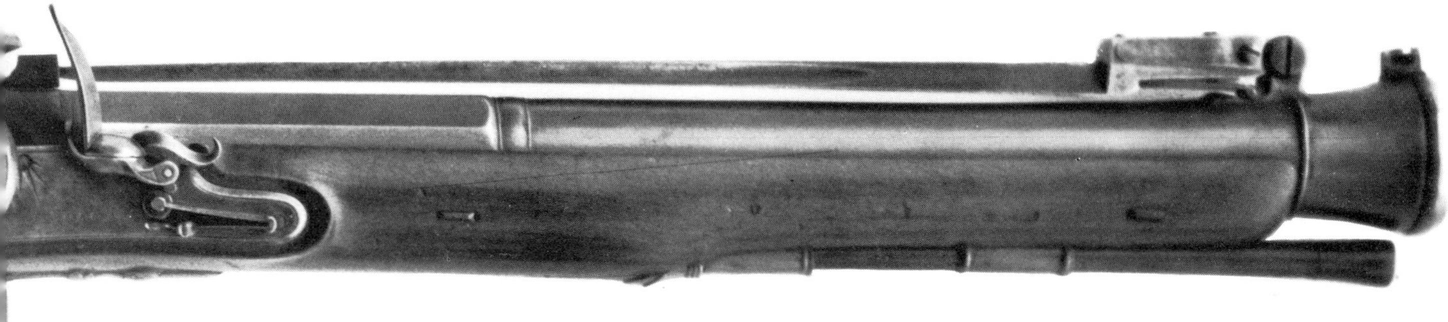

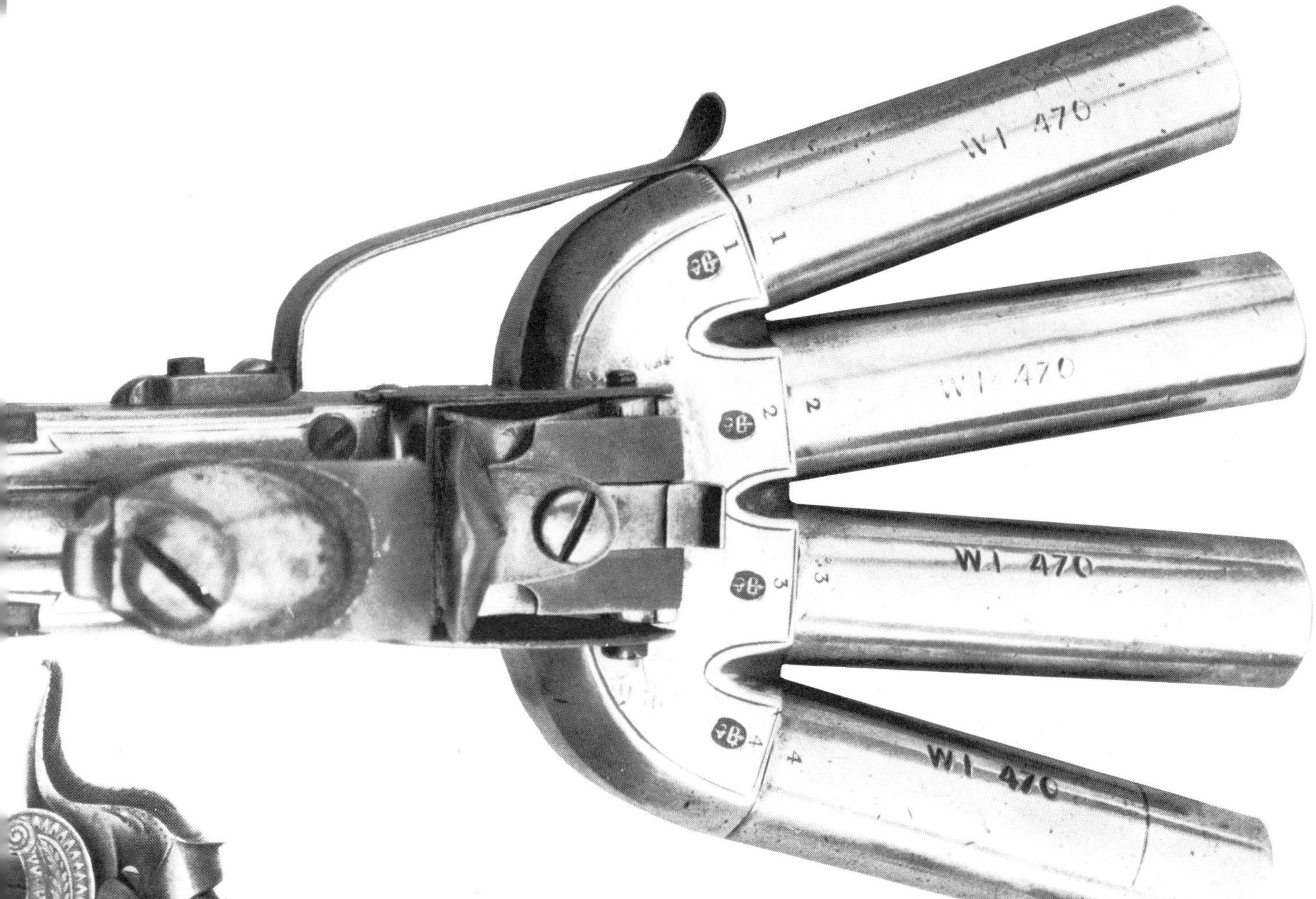

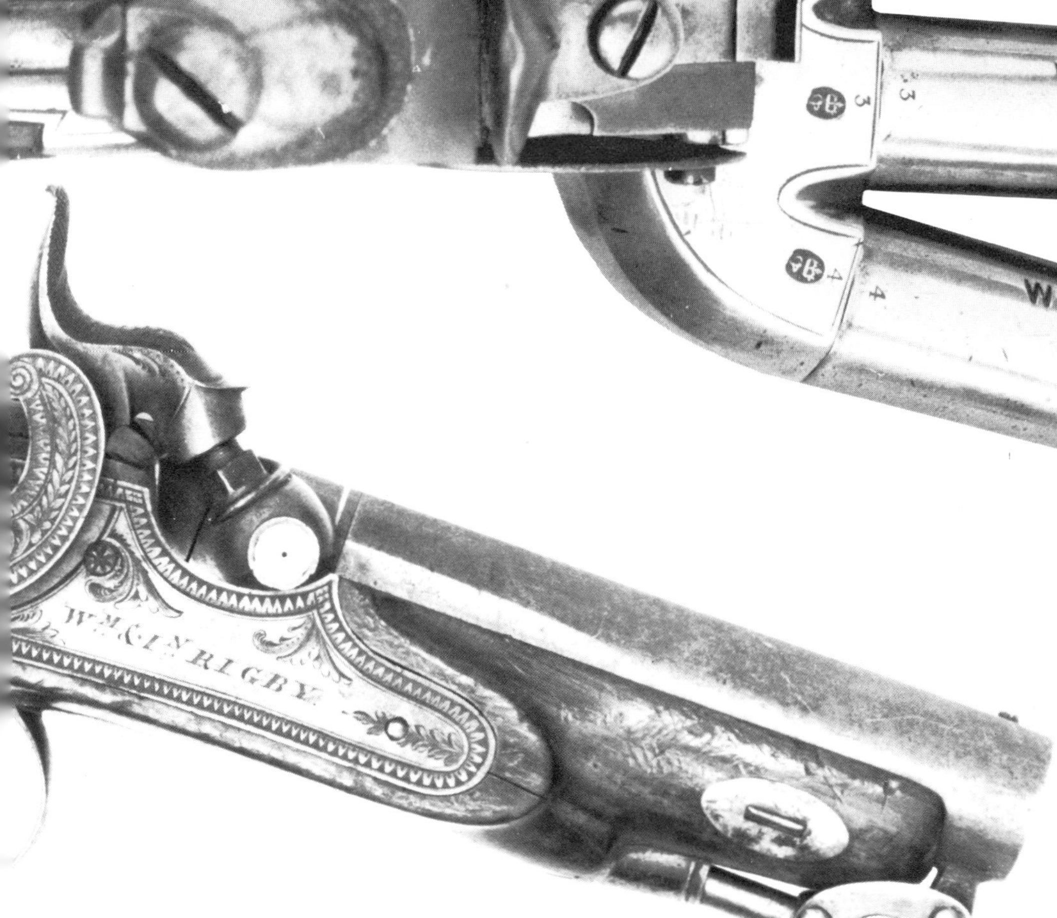

Eine Perkussions-Reisepistole mit angelenktem Ladestock von William und John Rigby, Dublin, um 1830.

Eine hochwertige Perkussions-Pepperbox, hier mit Kasten und Zubehör, von Joseph Lang, London, um 1845.

Rechte Seite oben: Ned Kelly in seiner aus Pflugscharen zusammengeschweißten Rüstung bei seinem Feuergefecht mit der Polizei. Australien, 1880.

Rechts unten: »Bailed up«, ein Gemälde von Tom Roberts. Buschklepper überfallen eine Postkutsche in Neusüdwales, Australien, um 1870.

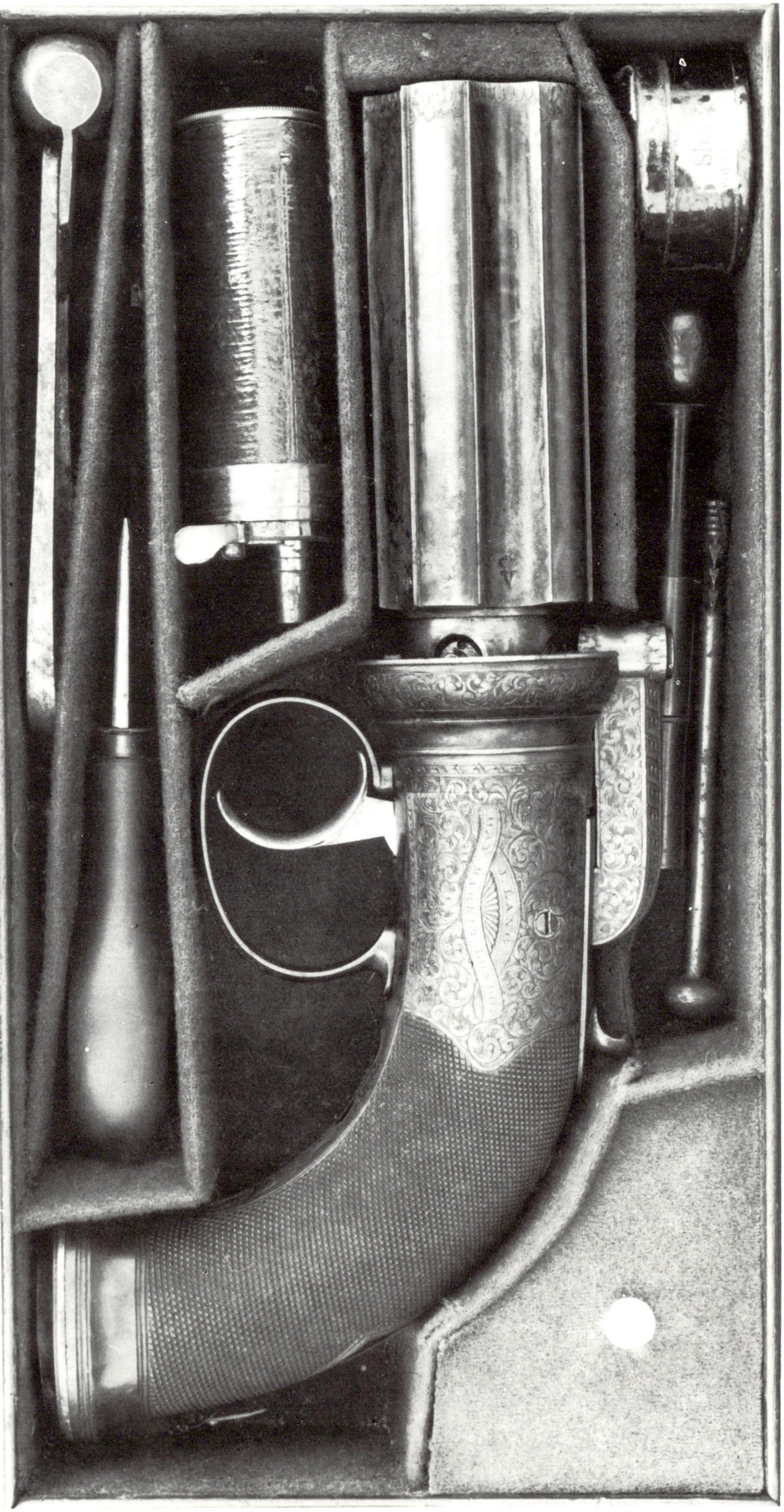

Agenten des FBI in einem Feuergefecht mit Gangstern während der Prohibition (1919–33). Einer von ihnen benutzt eine Thompson Maschinenpistole.

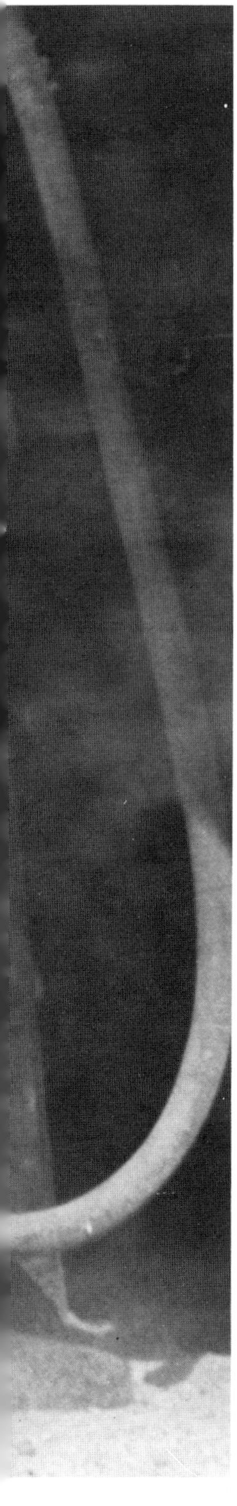

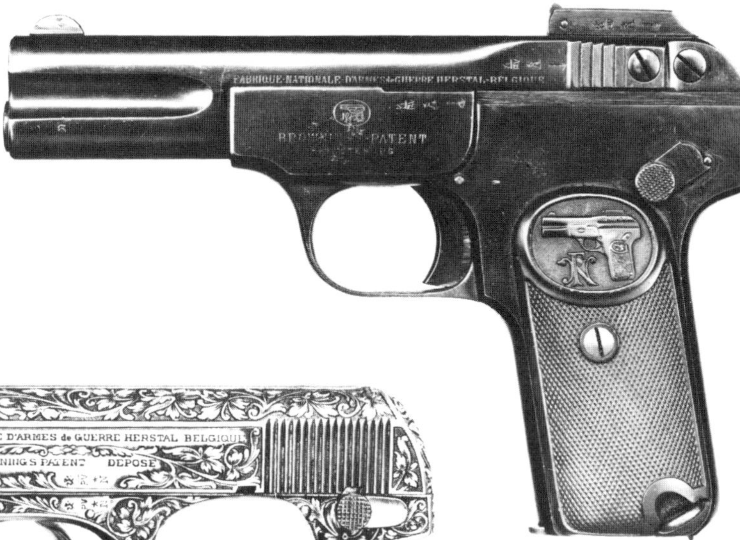

Oben: Browning Modell 1900 der »Fabrique Nationale«, Kaliber 7,65 mm. Als erste Selbstladepistole von Browning hatte sie eine Doppelfunktionsfeder, die auf den Schlagbolzen wirkte und gleichzeitig als Rückholfeder diente. Das separate Verschlußstück war mit dem Schlitten verschraubt.

Rechts: Die FN-Browning Modell 1910, noch immer erhältlich für Browning-Patronen der Kaliber 7,65 und 9 mm kurz. Das hier abgebildete Modell ist, abgesehen vom Perlmuttgriff, auf der ganzen Oberfläche graviert.

Links: Westentaschenpistole von Mauser, Modell W.T.P. 2, eingeführt im Jahre 1939. Diese deutsche Selbstladepistole verschoß eine Patrone vom Kaliber 6,35 mm.

Unten: Modell PPK von Walther, eine der modernsten Selbstverteidigungspistolen, auch heute noch gefertigt.

Gestaltung von Feuerwaffen

Ein Paar deutscher Radschloßpistolen mit gebläuten und silbertauschierten Läufen. Die Ebenholzgriffe sind verschwenderisch mit graviertem Hirschhorn verziert, auf dem Motive aus der Heiligen Schrift und der Mythologie zu sehen sind. Um 1565.

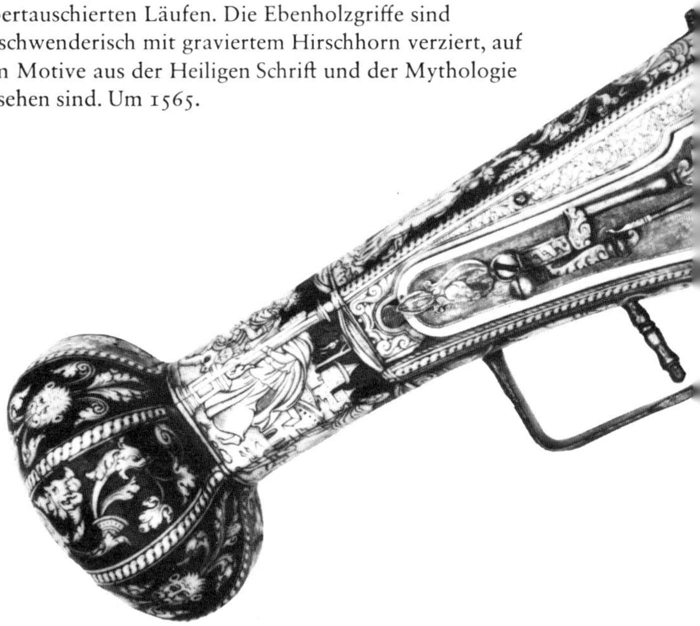

Seitdem es Waffen gibt, hat man überall auf der Welt danach getrachtet, sie zu vervollkommnen. Waffen, die ihren Zweck optimal erfüllen, zeigen eine Ausgewogenheit und Perfektion in Form und Linienführung, ähnlich der unvergleichlichen Eleganz, mit der sich wild lebende Tiere dem ihnen gemäßen Element anpassen.

Zu jeder Zeit hat es hochwertige Gebrauchswaffen gegeben, deren natürliche Schönheit man mit Verzierungen noch zu unterstreichen suchte. Anfangs wurde die Funktion der Waffen hierdurch in keiner Weise beeinträchtigt, aber mit der Zeit wurden Waffen für Häuptlinge, Prinzen und Könige so mit Verzierungen überladen, daß sie nur noch Repräsentationszwecken dienen konnten.

Das gleiche geschah mit den Feuerwaffen. Anfangs rein funktional wurden sie später jedoch aufwendiger gearbeitet und so reich verziert, daß sie zu regelrechten Kunstwerken wurden. Es ging so weit, daß der Adel und die reiche Oberschicht Waffen in Auftrag gaben, in denen man vor allem das Kunstwerk sah, und aus denen selten, wenn überhaupt, ein Schuß abgefeuert wurde.

Machten die Schnitzereien am Schaft ein Gewehr unhandlich oder die Verzierungen anfällig für Beschädigungen, die tiefen Gravuren das Schloß unsicher und erschwerten sie seine Reinigung, dann war die Funktionsfähigkeit der Waffe beeinträchtigt. Die äußere Erscheinung war dann am ansprechendsten, wenn verzierte und natürlich belassene Partien sich die Waage hielten. Einen Schaft aus besonders schön gemasertem Holz sollte man nicht vollständig unter Gravuren und Silberdrahteinlagen verstecken, um den Kontrast zwischen Silber- und Goldbeschlägen besser hervorheben zu können. Ebenso wirkte ein feiner Hufnagel- oder Damastlauf am besten, wenn man ihn glatt ließ oder eventuelle Gravuren und Einlegearbeiten auf wenige Stellen beschränkte.

Das 16. und beginnende 17. Jahrhundert zeichneten sich besonders durch Einlege- und Furnierarbeiten an Gewehrschäften aus. Man benutzte dazu vorzugsweise Hirschhorn, aber auch Fischgräten, Elfenbein, Knochen und Perlmutt wurden verarbeitet. Bei Furnierarbeiten verwendete man Nußbaum oder Ebenholz, auch hier Elfenbein, Perlmutt und Schildpatt.

Die Einlagen wurden in den verschiedensten Arten ge-

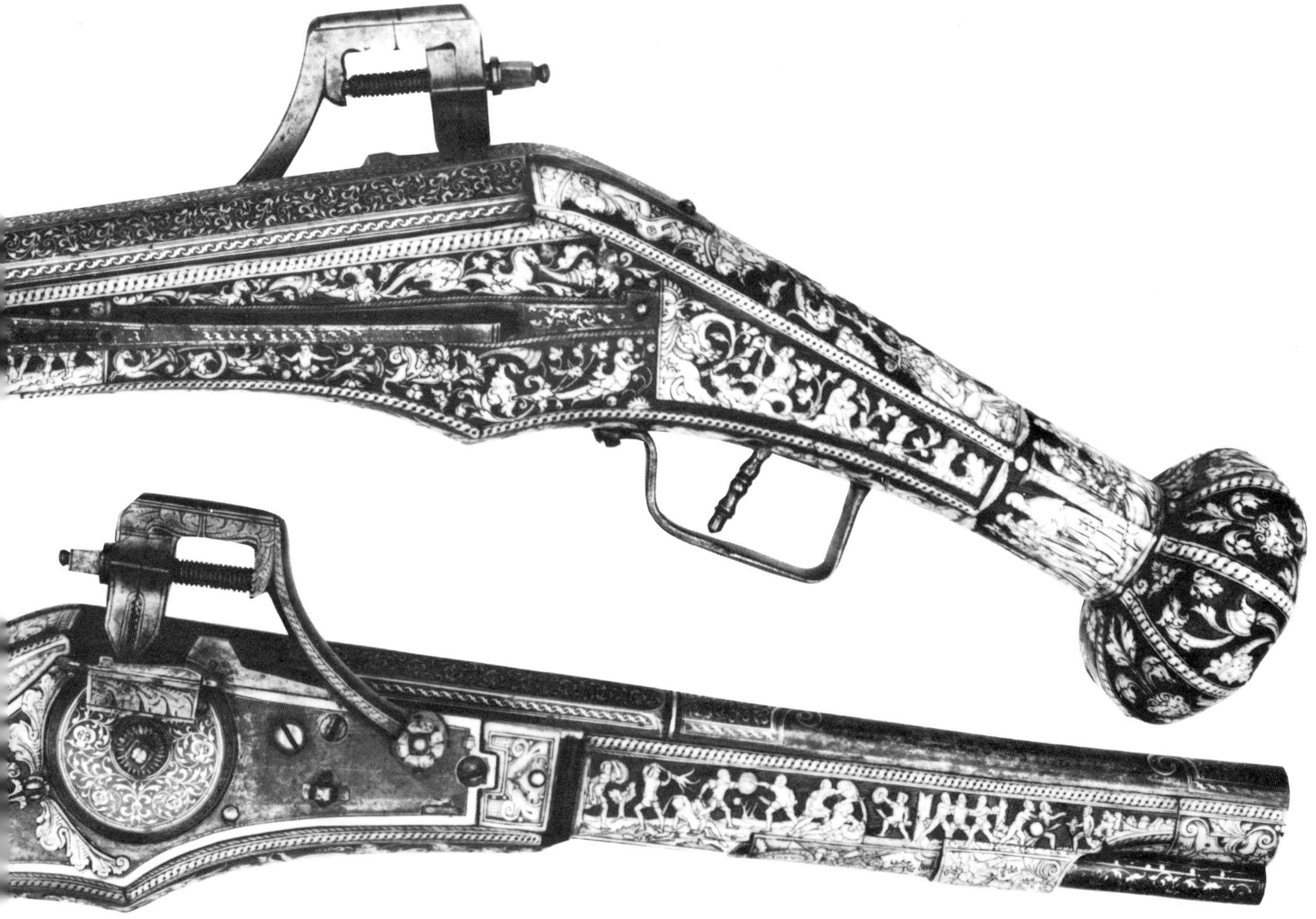

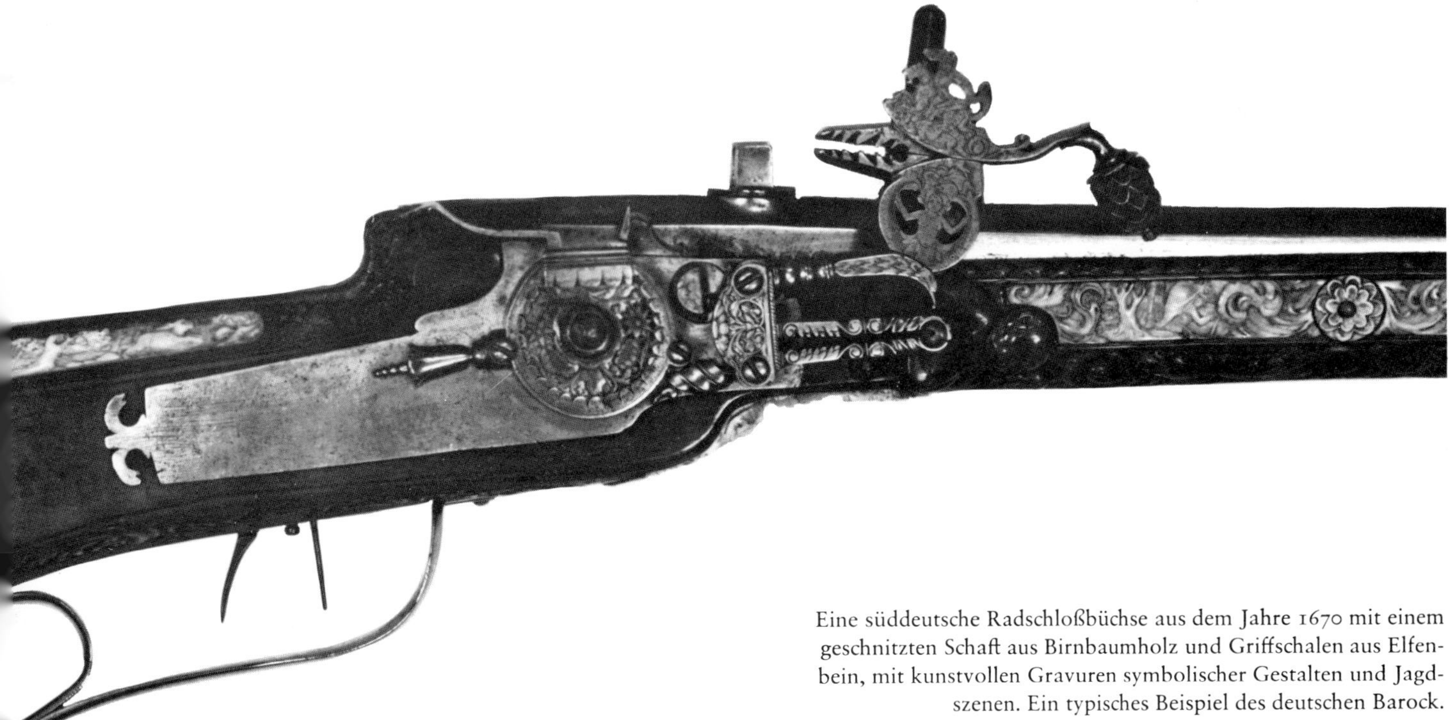

Eine süddeutsche Radschloßbüchse aus dem Jahre 1670 mit einem geschnitzten Schaft aus Birnbaumholz und Griffschalen aus Elfenbein, mit kunstvollen Gravuren symbolischer Gestalten und Jagdszenen. Ein typisches Beispiel des deutschen Barock.

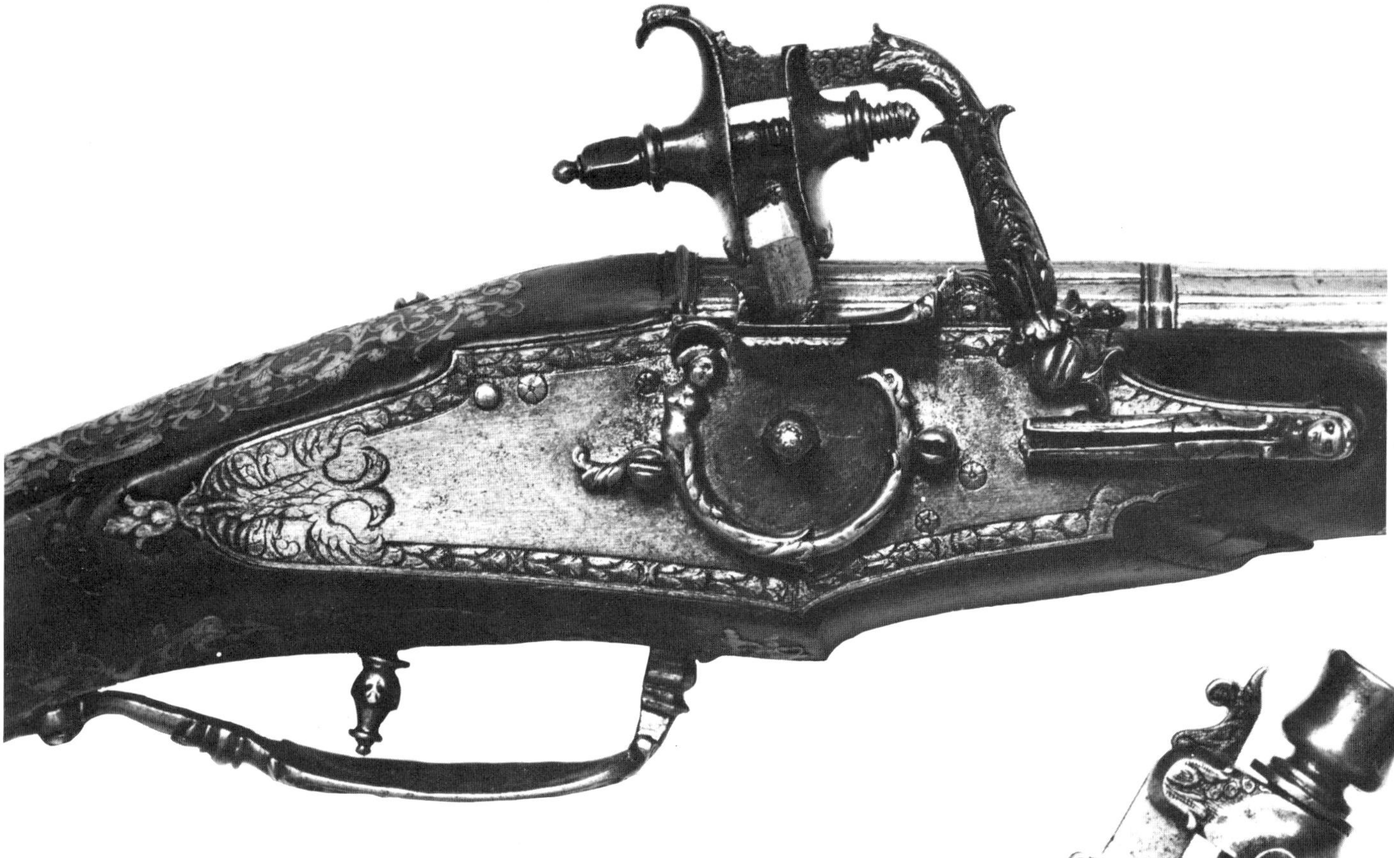

Links: Teilansicht des Schlosses einer Radschloßpistole aus Brescia, 1640. Den Hahnarm schmückt eine Ranke aus Bärenklaublättern, und das Ende der Hahnfeder läuft in der Darstellung eines Frauenkopfes aus. Das ringförmig um das Rad laufende Ornament endet auf einer Seite in einem Vogelkopf und auf der anderen in einer Frauengestalt. Die Schloßplatte, in deren hinteren Teil ein doppelköpfiger Adler geschnitten ist, wird von einer Ranke aus Blattwerk umsäumt. Der Schaft zeigt die für Brescia typischen Einlegearbeiten aus Eisenornamenten.

Teilansicht des wunderbar gearbeiteten Schlosses einer Pistole aus Brescia, Italien, um 1670. Inmitten reicher Rankenornamente, die auf dem seitlich flachen Hahn wiederkehren, sieht man den österreichischen Doppeladler.

schnitten, perforiert und graviert, wobei klassische, jagdliche und militärische Motive einander abwechselten. Die aus menschlichen Gestalten, Schmuckplatten, Ungeheuern oder Jagdtrophäen bestehenden Hauptmotive wurden oft von zarten Schnörkeln oder Ranken eingerahmt. Obwohl diese Art der Verzierungen in ganz Europa üblich war, bewiesen die Deutschen eine ganz besondere Meisterschaft auf diesem Gebiet.

Zu den Einlegearbeiten der Schäfte kamen die ziselierten, gestochenen und gravierten Schlosse. Während man auf den Schlossen eine große Vielfalt von Motiven findet, gab man den Spannbacken des Hahns überwiegend die Form eines Monsterkopfes, ein Motiv, das sich von der Funktion her geradezu anbietet. Besondere Berühmtheit erlangten die Arbeiten aus Bayern, wo man die exquisiten Motive auf einen mattierten und amalgierten Untergrund gravierte und so wundervolle Effekte erzielte. Das Quecksilber wurde mit dem Goldstaub vermischt und ergab einen goldfarbenen Anstrich. Durch Erhitzen des Metalls verflüchtigte sich das Quecksilber, und zurück blieb nur das Gold.

Die Motive für Metallgravuren kamen im 16. Jahrhundert vorzugsweise aus Nürnberg und Augsburg und wurden in ganz Europa zur Verzierung von Feuerwaffen übernommen. Später, im 17. Jahrhundert, veröffentlichten Graveure aus Paris, Nürnberg und München, den Hochburgen dieses Metiers, spezielle Musterbücher für die Gravur von Feuerwaffen, die weit über die Landesgrenzen hinaus Anerkennung fanden. Nicht zuletzt deshalb finden sich ähnliche Motive auch auf Waffen verschiedenster Herkunft.

Dennoch gab es Gravurzentren, wie beispielsweise Brescia in Italien, wo die alte Tradition unbeeinflußt von diesen internationalen Richtungen weiterlebte. Brescia war berühmt für überaus feine Einlegearbeiten aus Stahlornamenten, die im 17. Jahrhundert ihre äußerste Perfektion erreichten. Zweifellos bildeten diese stählernen Filigranornamente einen reizvollen Kontrast zu der natürlichen Anmut der wohlgeformten Nußbaumschäfte. Berühmt war Brescia ebenfalls für seine hochwertigen Gewehrläufe, wobei die Familie Cominazzo besonders hervorragte. Der Name Lazarino Cominazzo auf dem Lauf galt als Gütezeichen. Die Familie Cominazzo stellte auch komplette, in allen Einzelheiten meisterhaft gearbeitete Waffen her.

Gegen Mitte des 17. Jahrhunderts ging man immer mehr dazu über, die Schäfte mit Schnitzereien zu versehen. Man schnitzte Jagdszenen in das Holz und umgab sie mit feinen Rankenornamenten. Gegen Ende des Jahrhunderts waren fast alle Gewehrschäfte mehr oder weniger geschnitzt, besonders die Partien am Kolbenhals und um die Beschläge herum. Die Gewehre aus dieser Zeit zeichnen sich generell durch wohlgeformte Schäftungen aus, die, vorzugsweise aus Ahorn oder Nußbaum, die verschiedenartigsten Schnitzereien aufweisen. Die schlichte Schönheit des gemaserten Holzes wurde von den schweren Silber- und Bronzebeschlägen noch unterstrichen. Zuweilen verfeinerte man die Schäftungen noch mit Einlegearbeiten aus Silberdraht.

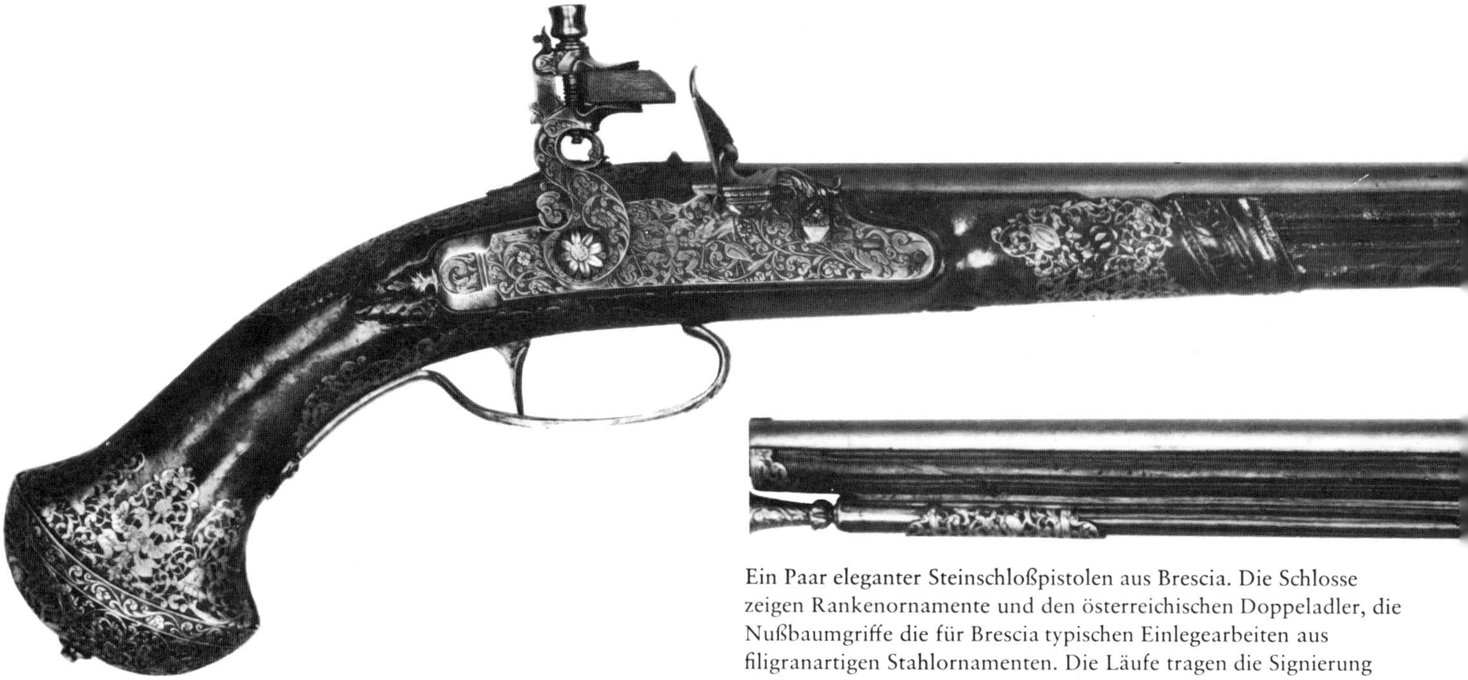

Ein Paar eleganter Steinschloßpistolen aus Brescia. Die Schlosse zeigen Rankenornamente und den österreichischen Doppeladler, die Nußbaumgriffe die für Brescia typischen Einlegearbeiten aus filigranartigen Stahlornamenten. Die Läufe tragen die Signierung des berühmten italienischen Büchsenmachers Lazarino Cominazzo. Um 1670.

Zwei Pariser Gravurmuster von den Büchsenmachern Thuraine und le Hollandais, aus »Plusiers Modéles«, um 1160 (links) und aus einer Vorlage des Graveurs De Lacollombe, um 1700 (rechts).

11
De Lacollombe fecit

Teilansicht einer Pistole von Boutet, um 1805. Auf dem Griff eine wundervolle Einlegearbeit aus graviertem Silber im Empire-Stil, und an der Kolbenkappe symbolische Motive, darunter die für Gerechtigkeit, Weisheit und Kraft. Die silberne Schloßgegenplatte zeigt ein allegorisches Motiv im klassischen Stil (oben). Die geschmackvolle Schloßplatte (unten) ist mit Tiergestalten aus der Mythologie graviert.

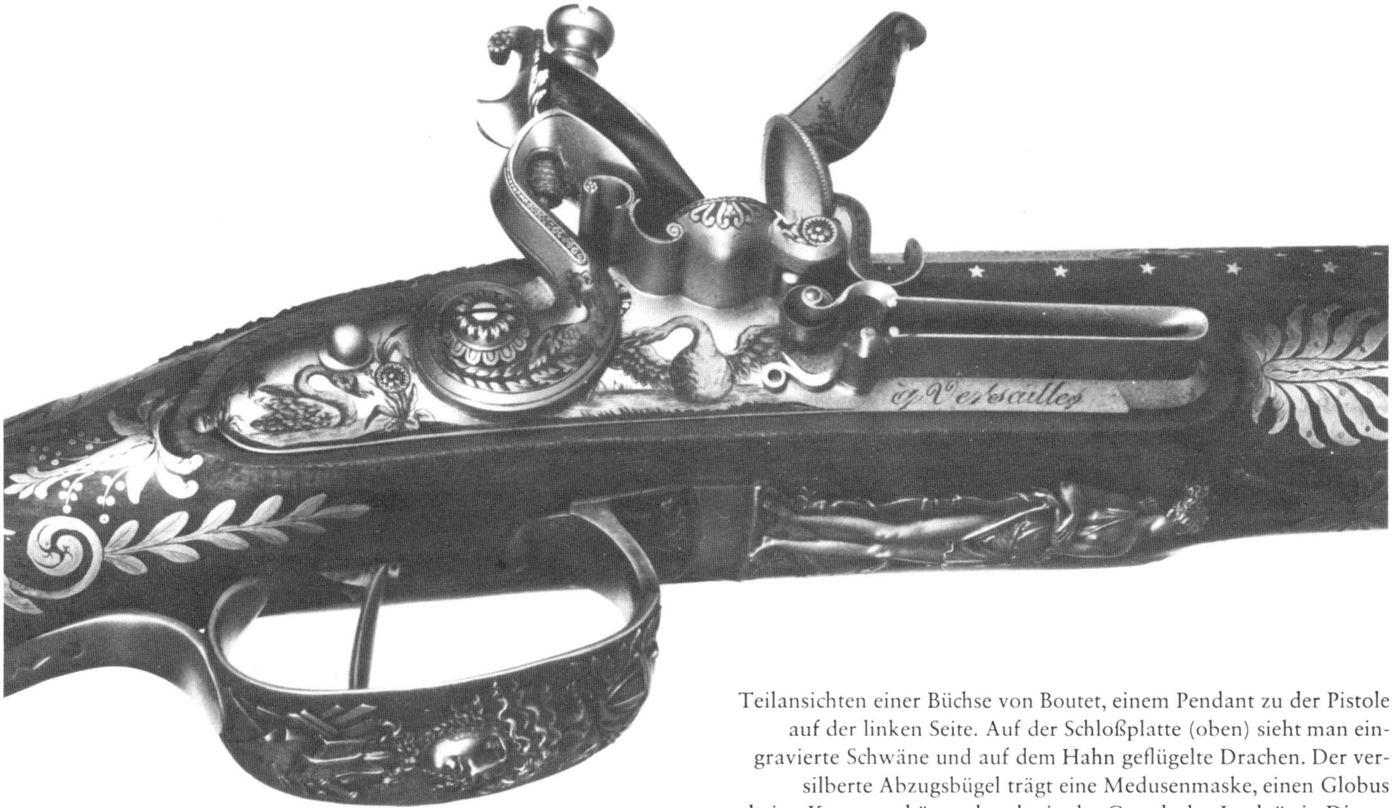

Teilansichten einer Büchse von Boutet, einem Pendant zu der Pistole auf der linken Seite. Auf der Schloßplatte (oben) sieht man eingravierte Schwäne und auf dem Hahn geflügelte Drachen. Der versilberte Abzugsbügel trägt eine Medusenmaske, einen Globus und eine Kunsttrophäe und endet in der Gestalt der Jagdgöttin Diana. Die Schloßgegenplatte (unten) zeigt eine klassische Wildschweinjagd. Das Laufende ist reich mit Goldornamenten und eingelegten Goldsternen verziert.

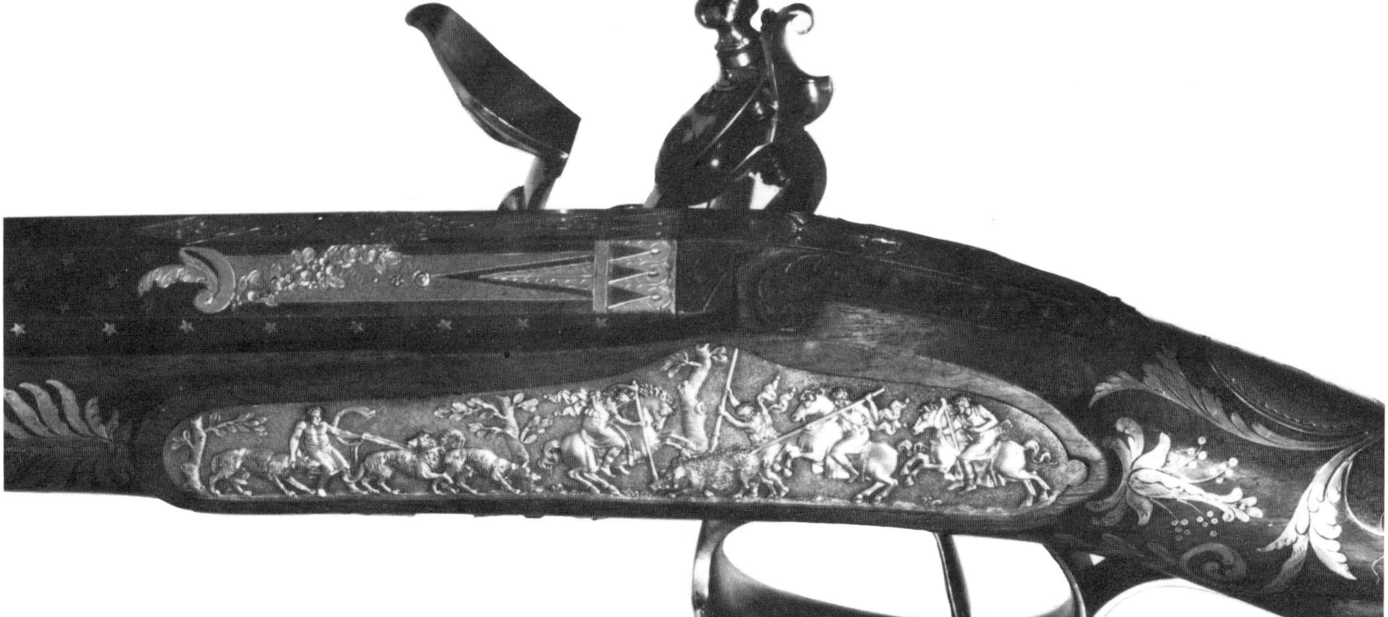

Links: Diese Pistole gehört zu einem Paar französischer Holsterpistolen von »Les La Roche in den Galleries des Louvre«, um 1750. Der Nußbaumgriff trägt Rankenschnitzereien und Einlagen aus Golddraht. Schloß und Stahlbeschläge sind kunstvoll graviert, und der Lauf ist gebläut und vergoldet.
Rechts: Ein Paar vergoldeter Highland-Pistolen, die George III. Sir Henry Clinton zum Geschenk machte. Die Läufe sind gebläut und mit Goldornamenten und Emaille-Portraits und -Plaketten verziert. Von Murdoch of Douane, Schottland, um 1760.
Unten: Eine englische Jagdflinte mit Silberbeschlägen von Delaney, London, um 1735. Das Schloß ist einfach, doch elegant, und der Nußbaumschaft trägt Einlegearbeiten aus Silberdraht.

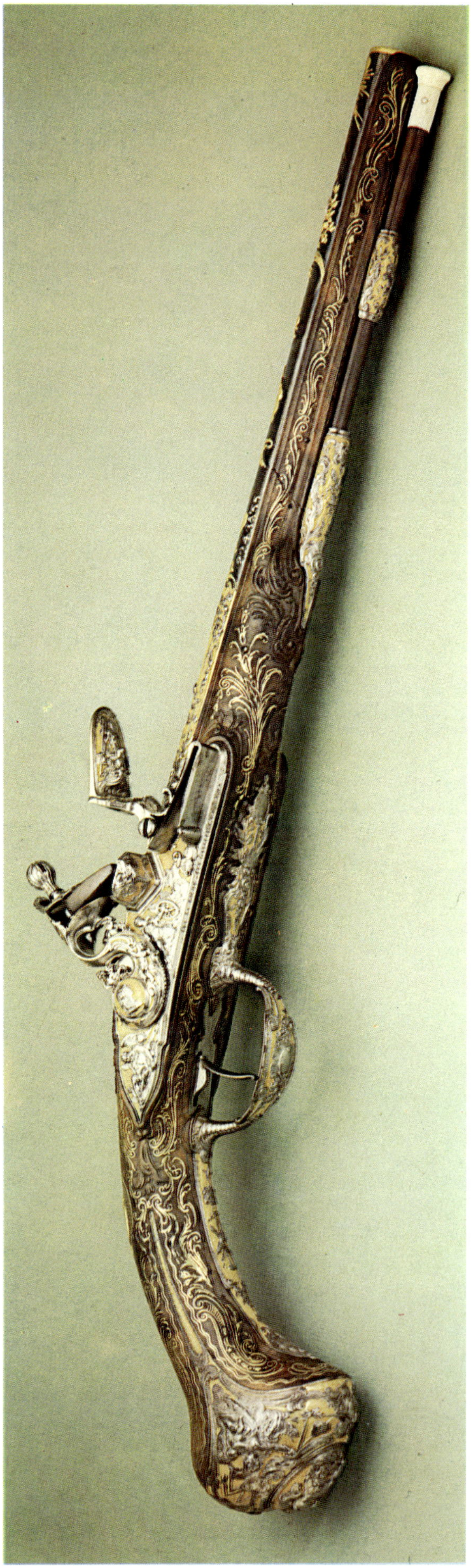

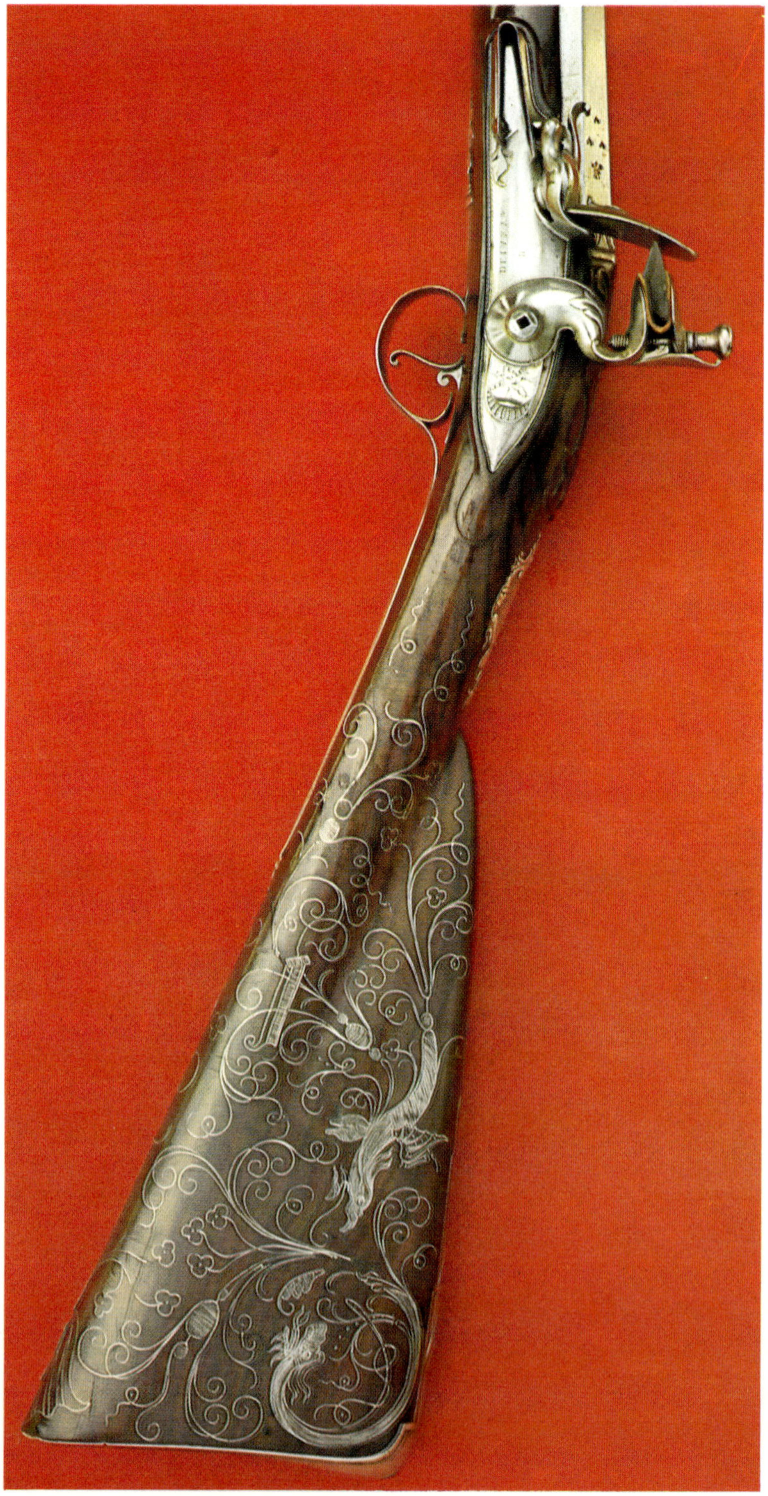

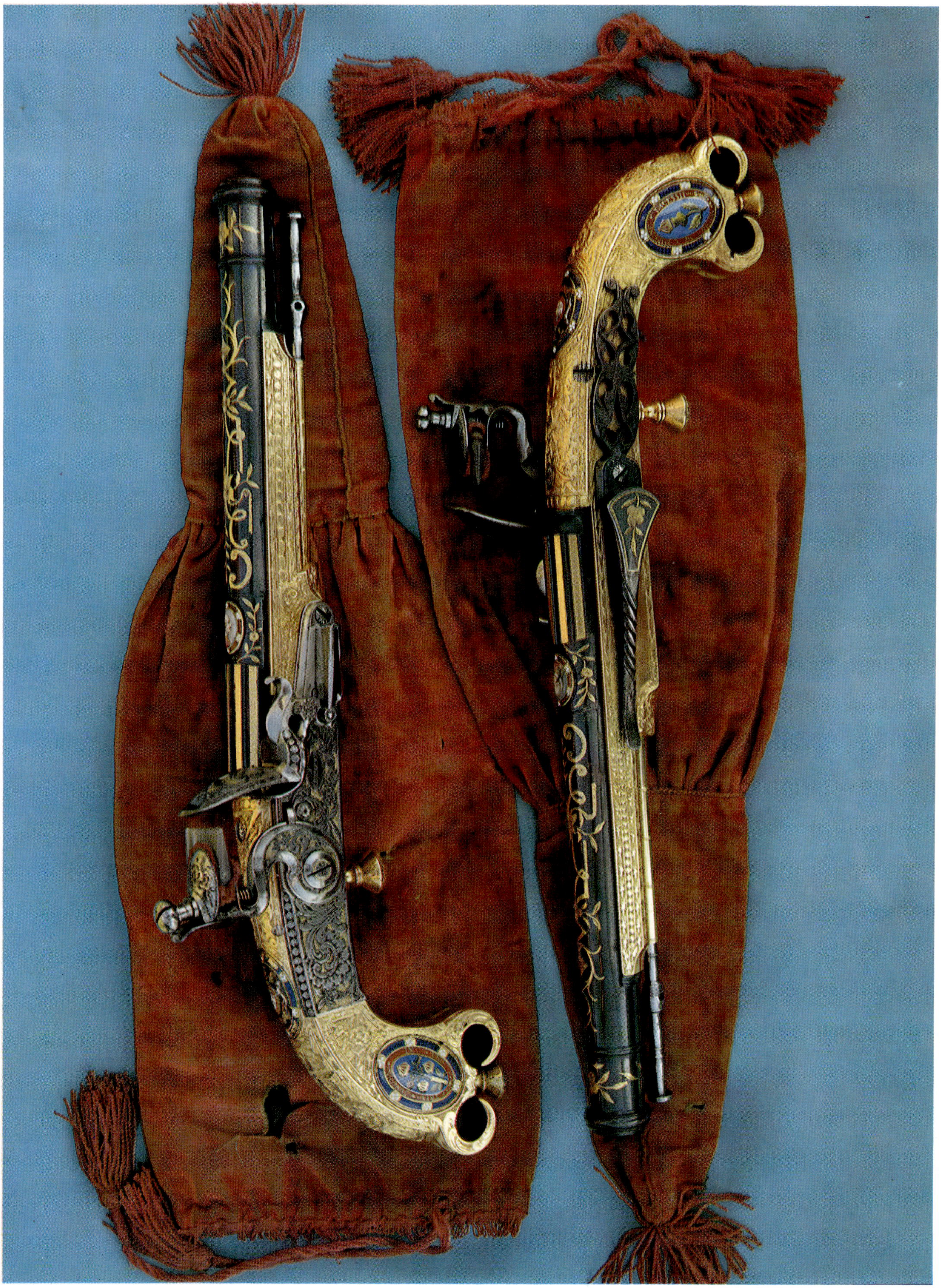

Beschläge aus Weichmetallen wie Silber oder Goldbronze erforderten weniger Arbeitsaufwand als Eisenbeschläge, die sorgfältig geschmiedet und gehämmert werden mußten. Kolbenplatten, Griffschalen, Abzugsbügel und Schloßgegenplatten wurden besonders reich verziert. Die größte Sorgfalt widmete man der Bearbeitung der Schloßgegenplatte, deren Funktion sowohl bei Pistolen als auch bei Gewehren darin bestand, den Halteschrauben der Schloßplatte als Gegenlager zu dienen.

Unter Ludwig XIII. und XIV. blühte die Kunst der Büchsenmacherei auf und beeinflußte in wachsendem Maße die Stilrichtungen Europas. Das französische Steinschloß wurde weitgehend übernommen, wie auch die in Paris kreierten, abgerundeten Schloßplatten. Ende des 17. Jahrhunderts ließ man allmählich von den grotesken Monster-Motiven ab und wandte sich Darstellungen aus der klassischen Mythologie zu. Die Göttin Diana war ein bevorzugtes Motiv, da sie die Jagd und gleichzeitig das weibliche Element verkörperte. Auch die Sage von Leda und dem Schwan war außerordentlich beliebt. Auf den Läufen erzielte man mit Goldverzierungen auf blauem Grund effektvolle Kontraste.

Durch Einführung der Musterbücher wurde der Pariser Stil überall in Europa bekannt und von den einzelnen Ländern ihrer Mentalität entsprechend interpretiert. In England tendierte man dahin, die Verzierungen soweit zu beschränken, daß sie die Funktionsfähigkeit der Waffen nicht beeinträchtigten. Dennoch entstanden vereinzelt auch hier reich verzierte Stücke, vorzugsweise jedoch zu Repräsentationszwecken. Aus dem 18. Jahrhundert stammen die zarten Einlegearbeiten aus Silberdraht. Sie zeigen Fuchsjagden oder Szenen im zeitlosen chinesischen Stil. Auch die Schäftungen wiesen in England weniger Schnitzereien auf, als auf dem Kontinent. Man beschränkte sich gewöhnlich auf ein Muschel- oder Rankenmuster im Bereich des Kolbenhalses.

Auch in Deutschland übernahm man die reich verzierten Beschläge, wobei man der Feuervergoldung den Vorzug gab. In Bayern spiegelte sich der fast ein wenig überladen wirkende Barockstil sowohl auf Beschlägen als auch auf den Schaftschnitzereien wider.

Kostbare Arbeiten, fast durchweg im Pariser Stil, entstanden im 17. und 18. Jahrhundert in Lüttich. Auch in Italien, und selbst bei der russischen Waffenherstellung in Tula machte sich um 1800 der Pariser Einfluß bis zu einem gewissen Grad geltend.

Die wohl größte Fertigkeit auf dem Gebiet der künstlerischen Waffengestaltung bewies Nicolas-Noel Boutet, dessen Flinten, Büchsen und Pistolen eine großartige Kombination von überaus reichen Verzierungen und bestechender Eleganz darstellen.

Boutet wurde im Jahre 1761 geboren, heiratete die Tochter des Hofbüchsenmachers von Ludwig XVI. und übernahm später selbst dieses Amt. Nach der Revolution wurde er 1792 zum Technischen Direktor der neuen staatlichen Waffenfabrik, der »Manufacture de Versailles« berufen. Obwohl der Schwerpunkt in der Lieferung von Militärwaffen lag, richtete man auch eine Spezialwerkstatt für feine Waffen ein, die vornehmlich für Repräsentationszwecke bestimmt waren. Dieser künstlerische Zweig des Unternehmens wurde um 1800 noch ausgeweitet, und im Jahre 1804 trat Boutets Sohn Pierre-Nicolas ebenfalls in die Firma ein. In den Jahren zwischen 1800 und 1815 entstand der größte Teil der Kunstwerke Boutets, die fast ausschließlich von Napoleon in Auftrag gegeben wurden. Nach Napoleons Niederlage bei Waterloo im Jahre 1815 nahmen die Preußen aus der

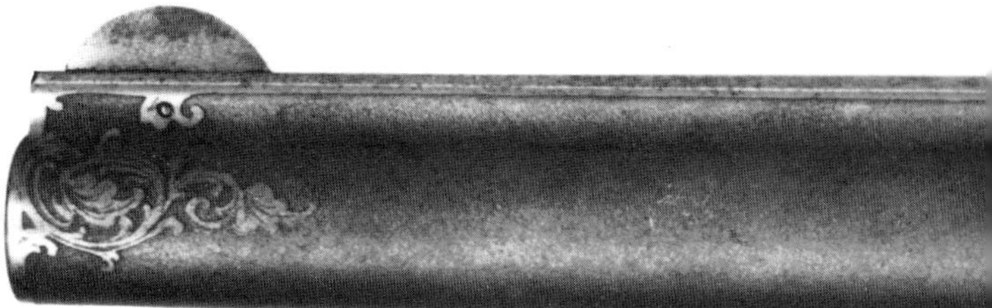

Ein kostbarer Revolver von Smith & Wesson mit Verzierungen von Tiffany & Company im Stil der art nouveau. Kaliber. 44 (11 mm). Der Rahmen hat eine getriebene Silberauflage, die sich bis zum Griff hinunterzieht. Der in einem Silberknauf auslaufende Elfenbeingriff trägt ineinander verschlungene Rankenschnitzereien. Walter Winans erhielt die Waffe 1893 als Geschenk von Smith & Wesson.

»Manufacture de Versailles« alles mit, was nicht niet- und nagelfest war. Boutet setzte seine Arbeit an der Rue de Richelieu 87 im Auftrag des Königs privat fort. Er starb im Jahre 1833.

Boutet gab der Büchsenmacherei eine Richtung, in der sich Technik und Kunst vollendet ergänzen, und die den Geist jener Zeit in unvergleichlicher Weise zum Ausdruck bringt. Die Nußbaumschäfte trugen schöne Schnitzereien, ließen jedoch genügend Raum für feine Einlegearbeiten aus Silber und Gold, und die Beschläge zeigten Motive aus der griechischen, römischen und ägyptischen Mythologie. Auch die Läufe und die eleganten Schlosse waren reich und kostbar mit Goldornamenten verziert. Der Gesamteindruck dieser Waffen bot ein unerreicht harmonisches Zusammenspiel von Form und Farbe, von Ausdruck und Anmut.

Boutet machte nicht nur Pistolenpaare von ausgesuchter Qualität und mit besonders schön gearbeiteten Kästen, sondern auch Waffen-Garnituren. Eine solche Garnitur bestand aus einer Büchse und einem dazugehörigen Paar Holsterpistolen, wobei sich die Ornamente, mit denen die Büchse verziert war, auf den Pistolen wiederholten. Den ganzen Waffensatz präsentierte Boutet mit Zubehör in mit Samt ausgeschlagenen Kästen.

Zu annähernd der gleichen Zeit, zu der Boutet seine wohl einmaligen Kunstwerke schuf, entwickelte sich in England ein vollkommen anders gearteter Stil. Gegen Ende des 18. Jahrhunderts wichen die schweren Silberbeschläge mehr und mehr einem unaufdringlichen, dem Wesen des Engländers entsprechenden Stil. Man bevorzugte leicht gravierte Eisenbeschläge und lockerte auch die klaren Linien der Schlosse lediglich durch einfache Gravuren ein wenig auf. Die Schäftungen wurden überhaupt nicht verziert. Das Fehlen aller überflüssigen Ornamente ließ die elegante Form und die Perfektion einer Waffe besser denn je hervortreten und brachte die natürliche Schönheit von Holz und Laufstahl wunderbar zum Ausdruck.

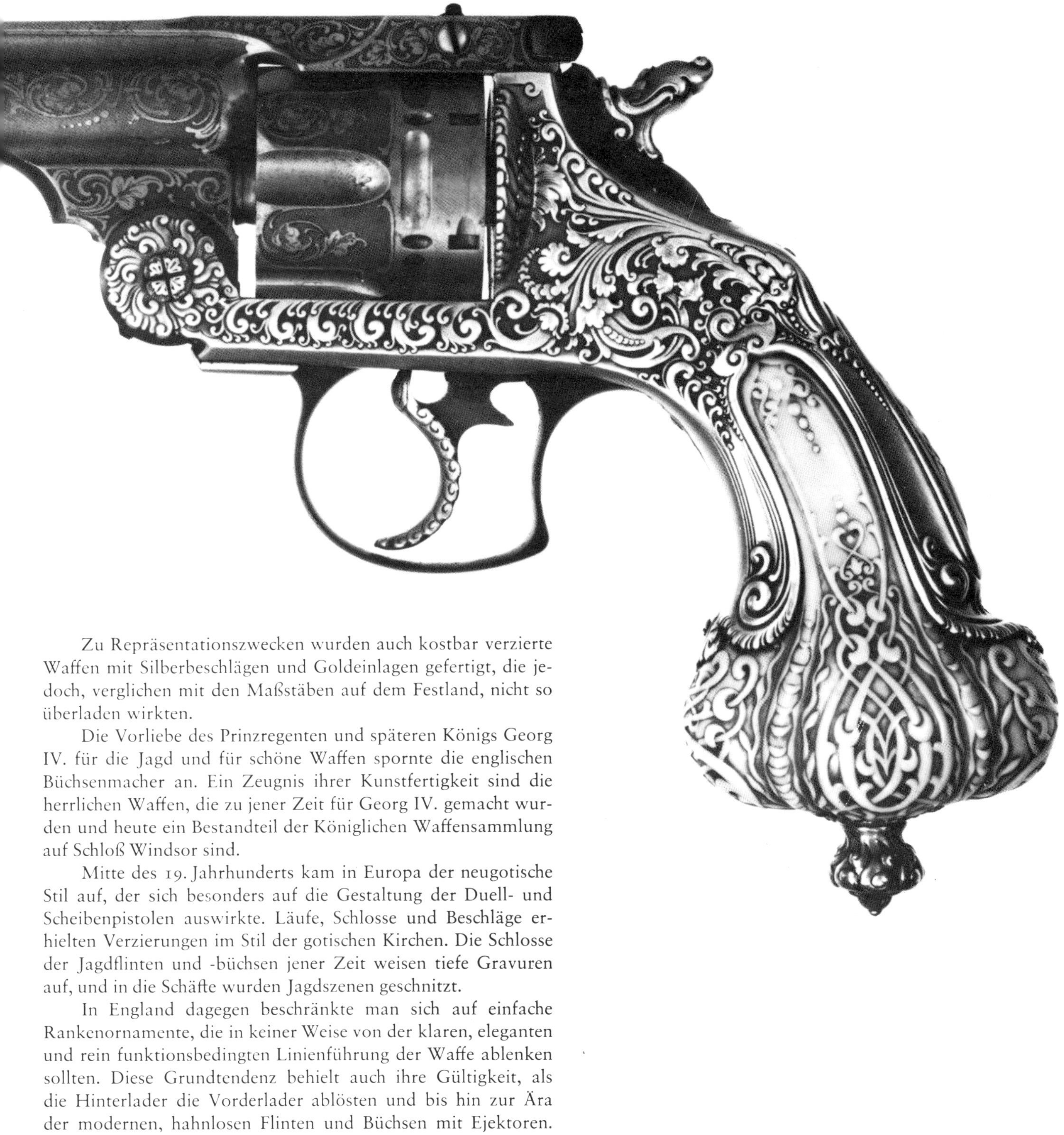

Zu Repräsentationszwecken wurden auch kostbar verzierte Waffen mit Silberbeschlägen und Goldeinlagen gefertigt, die jedoch, verglichen mit den Maßstäben auf dem Festland, nicht so überladen wirkten.

Die Vorliebe des Prinzregenten und späteren Königs Georg IV. für die Jagd und für schöne Waffen spornte die englischen Büchsenmacher an. Ein Zeugnis ihrer Kunstfertigkeit sind die herrlichen Waffen, die zu jener Zeit für Georg IV. gemacht wurden und heute ein Bestandteil der Königlichen Waffensammlung auf Schloß Windsor sind.

Mitte des 19. Jahrhunderts kam in Europa der neugotische Stil auf, der sich besonders auf die Gestaltung der Duell- und Scheibenpistolen auswirkte. Läufe, Schlosse und Beschläge erhielten Verzierungen im Stil der gotischen Kirchen. Die Schlosse der Jagdflinten und -büchsen jener Zeit weisen tiefe Gravuren auf, und in die Schäfte wurden Jagdszenen geschnitzt.

In England dagegen beschränkte man sich auf einfache Rankenornamente, die in keiner Weise von der klaren, eleganten und rein funktionsbedingten Linienführung der Waffe ablenken sollten. Diese Grundtendenz behielt auch ihre Gültigkeit, als die Hinterlader die Vorderlader ablösten und bis hin zur Ära der modernen, hahnlosen Flinten und Büchsen mit Ejektoren.

Nach diesem kurzen Einblick in die Grundrichtungen der künstlerischen Waffengestaltung in Europa soll nicht unerwähnt bleiben, daß es durchaus auch Gegenden gab, die ihren eigenen Stil – weitgehend unbeeinflußt von der Außenwelt – beharrlich weiterentwickelten.

In Schottland beispielsweise blieb der nationale Stil erstaunlich rein erhalten. Bei der Herstellung von Gewehren und Pistolen herrschte eine einheitliche Formgebung vor, und in ihrer äußeren Aufmachung wird der keltische Einfluß deutlich spürbar. Im 17. Jahrhundert besaßen schottische Gürtelpistolen die schottische Variante des Schnapphahnschlosses und einen höl-

Eine wundervolle Garnitur französischer Feuerwaffen im Empire-Stil: eine Büchse und ein Paar Pistolen von Nicolas-Noel Boutet, um 1805. Die silbernen Beschläge und Einlegearbeiten sind Meisterwerke im Stil jener Epoche. Die gebläuten Läufe sind an Verschluß und Mündung mit Gold überzogen und auf der ganzen Länge mit Goldsternen übersät, und die gleichermaßen eleganten wie funktionstüchtigen Schlosse tragen geschmackvolle Gravuren. Die Waffen liegen mit Zubehör in ihrem kostbaren, mit Samt ausgeschlagenen Kasten.

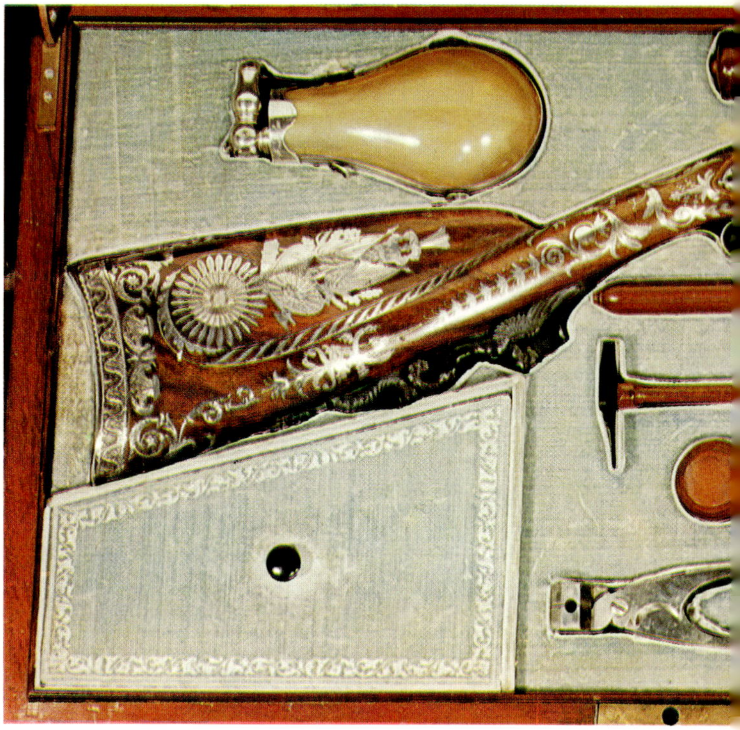

Eine besonders kostbare Jagdbüchse aus Tula, Rußland. Sie wurde 1755 für die Kaiserin Elisabeth Petrowna angefertigt. Lauf und Schloß sind vergoldet und reich verziert, und man kann schwere feuervergoldete Beschläge erkennen. Der Nußbaumschaft zeigt Jagdszenen und Rankenornamente aus Silbereinlagen.

Ganz rechts: Ein Paar meisterhaft gearbeiteter Duellpistolen mit schweren Silberbeschlägen aus dem Jahre 1815. Die Beschläge zeigen klassische Motive und Siegestrophäen. Schlosse und Läufe sind gebläut und mit Einlegearbeiten aus Gold verziert. Diese Pistolen wurden von Brunn, London, vermutlich für den Prinzregenten angefertigt.

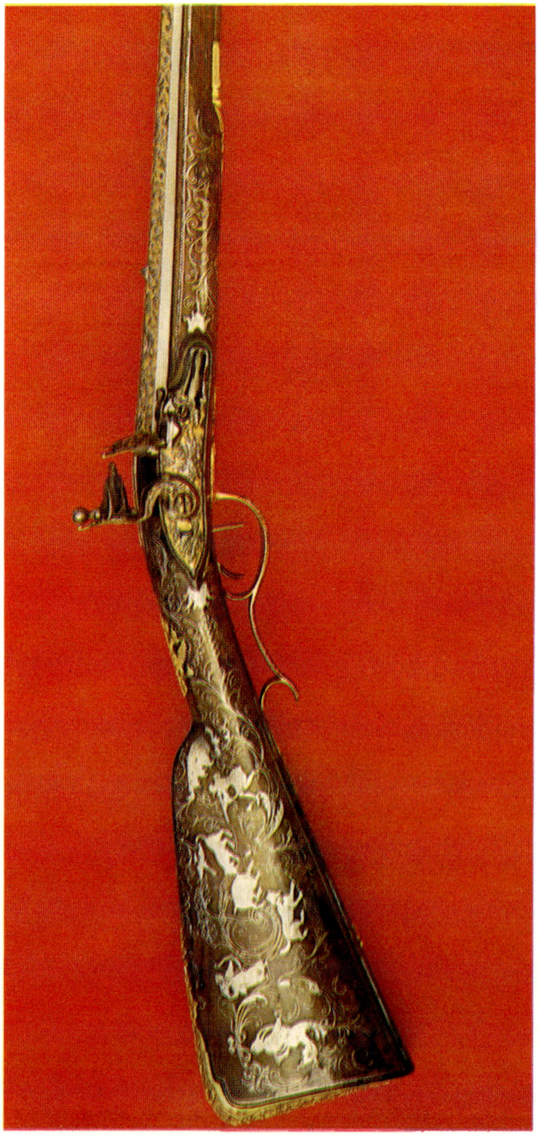

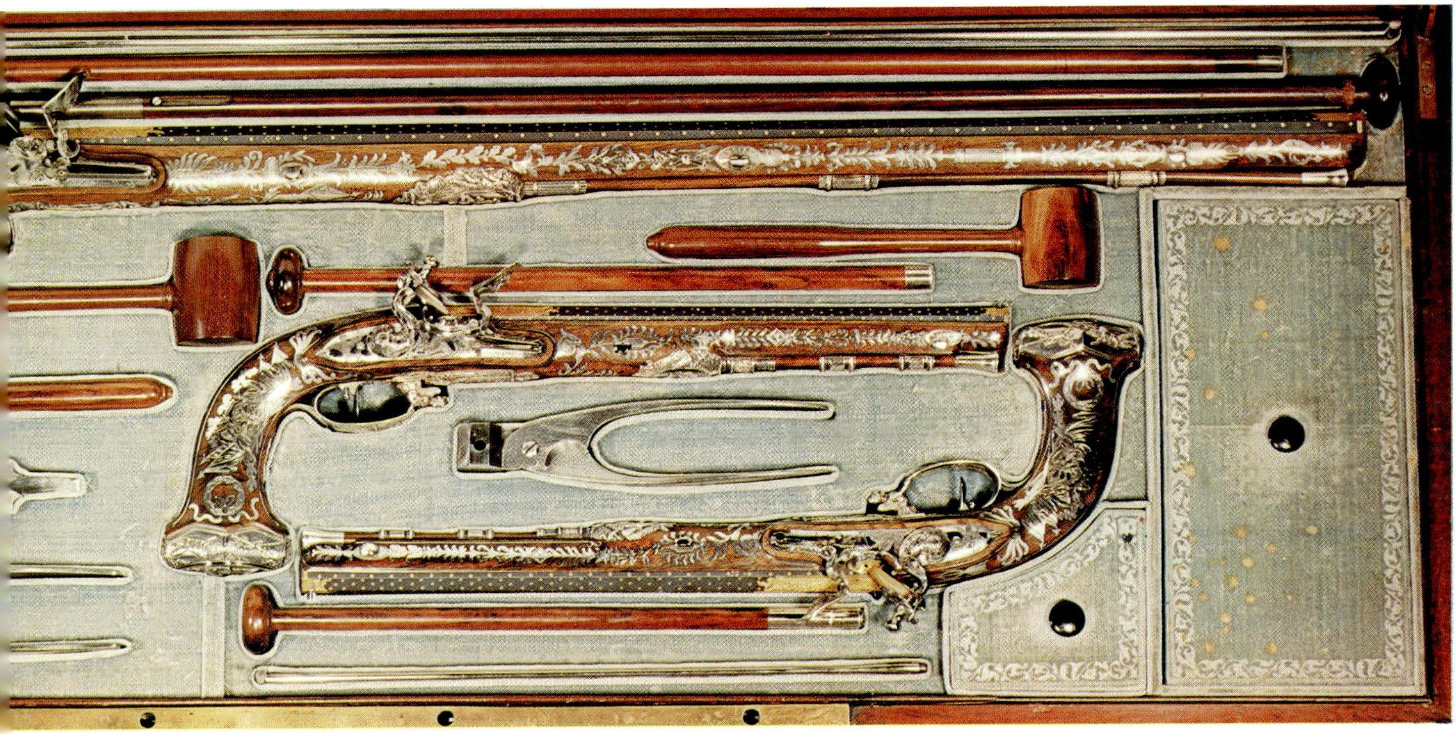

zernen Schaft, der in dem mit einer metallenen Kolbenplatte bewehrten sogenannten »Fischschwanz« auslief. Weitere spezifische Merkmale waren der lange Gürtelhaken und der bügellose Knopfabzug. Schloß und Beschläge trugen Gravuren im keltischen Stil. Eine weitere Variante waren in jener Zeit die ganz aus Metall bestehenden Pistolen mit ihrem zwiebelähnlichen Griff, deren Schlosse und Metallschäfte mit verschlungenen Bandverzierungen im keltischen Stil graviert waren. Lauf und Ladestock liefen am Ende oft distelförmig aus.

Die schottischen Feuerwaffen des 17. Jahrhunderts (sie besitzen Seltenheitswert) hatten Schnapphahnschlosse und eigenartige, geschwungene und gefurchte Griffe mit einer Daumenauflage. Wie die Pistolen haben auch die Gewehre gewöhnlich einen Knopfabzug.

Um die Jahrhundertwende machte man Gürtelpistolen ganz aus Metall, mit Steinschlossen und einem herzförmigen Griff, in dessen Kappe im allgemeinen eine Räumnadel zur Reinigung des Zündlochs geschraubt war. Der herzförmige Griff wurde dann jedoch von dem für das 18. Jahrhundert typischen Flachgriff mit den gewundenen »Widderhörnern« am Ende verdrängt. Bei dieser Ausführung war die Räumnadel zwischen den Widderhörnern eingeschraubt. Läufe, Schlosse und Schäfte der schottischen Pistolen waren im keltischen Stil verschwenderisch graviert. Vereinzelt findet man jedoch auch Pistolen mit Rankengravuren und Silbereinlagen.

Im 19. Jahrhundert entstanden reich verzierte Pistolen, die während der Zeit der schottischen Romantik zur Hochländertracht getragen wurden.

In jüngster Zeit hat die künstlerische Waffengestaltung in Europa, Amerika und England einen neuen Aufschwung genommen. Jagdflinten und Büchsen werden wieder mit einer Vielfalt von Verzierungen versehen. Man findet beispielsweise wieder kunstvolle Gravuren von Jagdszenen auf Schlossen, Abzugsbügeln und dem Verschlußsystem. Auch Schnitzereien und Goldeinlagen sind wieder sehr beliebt. Zuweilen werden bei Jagdszenen die Tiere, wie Elefanten und Löwen auf Büchsen und Federwild auf Flinten in Goldeinlagen oder Reliefschnitzereien überaus effektvoll dargestellt. Einer der namhaftesten Künstler auf diesem Gebiet ist heute der Büchsenmacher Kenneth Hunt in London, dessen hervorragende Arbeiten sich mit den großartigen Kunstwerken vergangener Zeiten durchaus messen können.

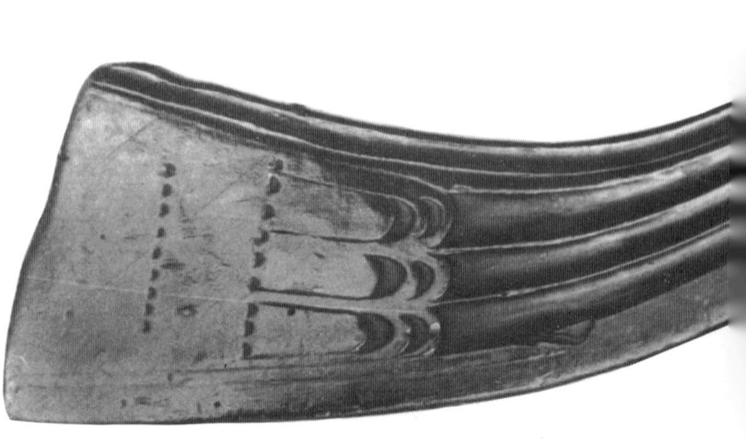

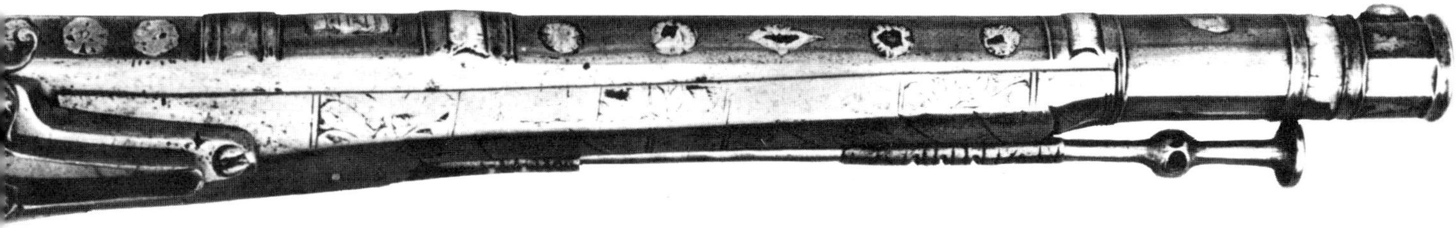

Eine schottische Ganzstahl-Gürtelpistole mit herzförmigem Griff von John Burgess, Elgin, um 1700.

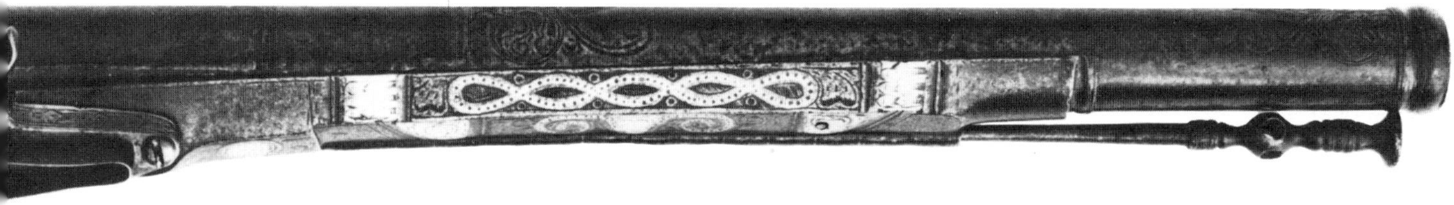

Schottische Gürtelpistole mit »Widderhorn«-Flachgriff, bei der die Räumnadel zwischen den Hörnern eingeschraubt ist. Gravuren und Silbereinlagen sind im keltischen Stil gehalten. Von John Campbell, Doune, um 1715.

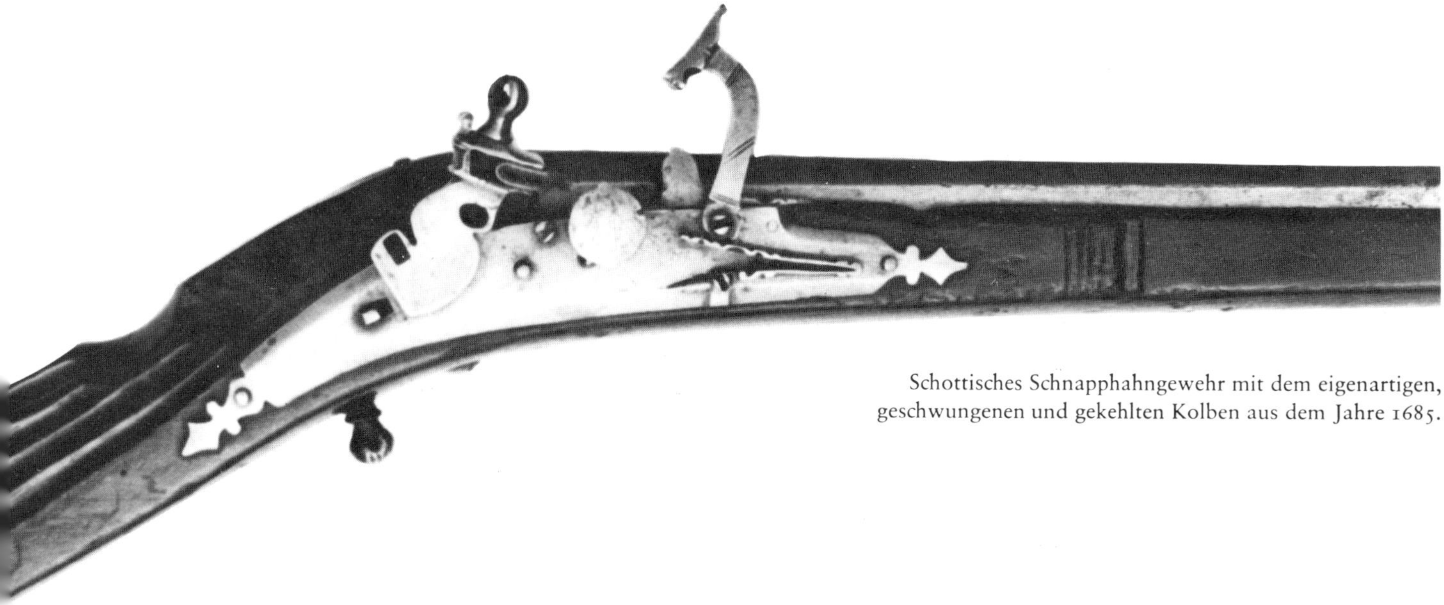

Schottisches Schnapphahngewehr mit dem eigenartigen, geschwungenen und gekehlten Kolben aus dem Jahre 1685.

Dieses von James Purdey & Sons, London, im Jahre 1971 fertiggestellte Gewehr trägt kostbare Goldverzierungen von Ken Hunt. Die im Renaissance-Stil gehaltenen Ornamente sind flach eingelegt und graviert, während Fasane und Vorstehhund auf der rechten Schloßplatte, Eichhörnchen und Eichenzweige auf der Muschel erhaben sind. Die Einlegearbeit auf dem Abzugsbügel stellt drei Baumwachteln dar, und der biberschwanzförmige Vorderschaft wird von dem goldenen Kopf des Hirtengottes Pan abgeschlossen.

Alphabetisches Sach- und Namensverzeichnis

(Die Ziffern in Kursiv beziehen sich auf Abbildungen)

Quellennachweis

Die Reproduktionen erscheinen mit Genehmigung von:

Australian News & Information Bureau 103 unten
Verfasser 11 oben, 47, 58–9, 65, 91 unten
Trustees of the British Museum Vorspannblatt mit Inhaltsangabe
Amon Carter Museum, Fort Worth, Texas 81 oben
Christie, Manson & Woods, London 85, 112 oben und unten, 113 oben und unten, 116–117, 118–119 oben
Churchill Ltd., London 68–69 oben
Fabrique Nationale, Herstal 105 oben und oben Mitte
Richard Green Gallery, London 42–43
Imperial War Museum, London 36 oben und unten, 37 oben
Kungl. Livrustkammaren, Stockholm Innenspiegel, Schmutztitel, 110 unten, 111 unten
National Army Museum, Chelsea 18 oben, 19 oben, 23 unten, 26–27, 30–31 unten, 31 oben, 34, 35, 68–69 unten
W. Keith Neal Collection Schutzumschlag vorn und hinten, 6, 7 oben, Mitte und unten, 10, 14 oben, Mitte und unten, 15 oben, 16, 17 oben, 21 unten, 38, 39 oben, 40, 41, 43 oben und unten, 44, 45 links und rechts, 46 oben und unten, 48 oben und unten, 49, 50, 54 oben, 63 oben und unten, 66, 82–83, 83 rechts, 84, 86, 90, 92, 94, 94–95, 96 oben und unten, 100–101 oben und Mitte, 102, 114 rechts, 115, 118 unten, 120–121 oben, Mitte und unten.
Diana Keith Neal Collection 98
James Purdey & Sons Ltd., London 51 unten, 53, 122–123
Remington Art Museum, Ogdensburg, New York 73 rechts
Royal Military Academy Sandhurst 18–19 unten
Shooting Times and Country Magazine, Maidenhead 59 rechts
Sotheby and Co., London 89, 100–101 unten
Tower of London (crown copyright reserved) Titelseite, 15 Mitte und unten, 17 unten, 21 oben, 24, 32 oben, 33, 71 Mitte und rechts
Union Pacific Railroad Museum Collection 78–79
Victoria and Albert Museum 22–23 oben, 62 (crown copyright reserved), 106–107 unten, 114 links
Wallace Collection, London 106–107 oben, 108–109 oben, 110–111 oben
Webley & Scott Ltd., Birmingham 61
Winchester Gun Museum, New Haven, Connecticut 72–73 oben, Mitte und unten, 74 links, 74–75 oben, 76–77 Mitte und unten, 80–81, 81 unten

Fotos:
Geoffrey Boothroyd 105 untere Mitte und unten
Harriet Bridgeman Ltd., London Titelseite
Bulloz, Paris 29 unten
Amon Carter Museum, Fort Worth, Texas 81 oben
Central Office of Information, London 37 (crown copyright reserved)
Christie, Manson & Woods, London 85, 112 oben und unten, 113 oben und unten, 116–117, 118–119 oben
Churchill Ltd., London 68–69 oben
Department of the Environment (crown copyright reserved) 15 Mitte und unten, 17 unten, 21 oben, 24, 32 oben, 33, 72 Mitte und rechts
Mary Evans Picture Library, London 80 oben
Fabrique Nationale, Herstal 105 oben und obere Mitte
Richard Green Gallery, London 42–43
Hamlyn Group Picture Library C. Crosthwaite: 11 Mitte und unten, 25 oben und unten, 54 unten, 56–57, 57 oben, 58 oben
J. R. Freeman & Co. Ltd., Vorspannblatt mit Inhaltsangabe
Hawkley Studios: 18–19, 51 unten, 53, 114 links, 122–123
W. Keith Neal: Umschlag vorn und hinten, 6, 7 oben, Mitte und unten, 10, 14 oben, Mitte und unten, 15 oben, 16, 17 oben, 21 unten, 38, 39 oben, 40, 41, 43 oben und unten, 44, 45 links und rechts, 46 oben und unten, 48 oben und unten, 49, 50, 54 oben, 63 oben und unten, 66, 82–83, 83 rechts, 84, 86, 90, 92, 93, 94, 94–95, 96 oben und unten, 98, 100–101 oben und Mitte, 102, 114 rechts, 115, 118 unten, 120–121 oben, Mitte und unten.
Imperial War Museum, London 36 oben und unten, 37 oben
Kungl. Livruskammaren, Stockholm, Innenspiegel, Schmutztitel, 110 unten, 111 unten
Mansell Collection, London 13, 32 unten, 35 unten, 51 oben, 87, 91 oben, 103 oben, 104–105
National Army Museum, Chelsea 18 oben, 19 oben, 23 unten, 26–27, 30–31 unten, 31 oben, 34, 35 oben, 68–69 unten
Radio Times Hulton Picture Library 29 oben, 67, 68 links, 70–71, 97
Remington Art Museum, Ogdensburg, New York 73 rechts
Shorting Times and Country Magazine, Maidenhead 59 rechts
Sotheby and Co., London 89, 100–101 unten
Union Pacific Railroad Museum Collection 78–79
Victoria and Albert Museum, London 22–23 oben, 62 (crown copyright reserved), 106–107 unten
Wallace Collection, London 106–107 oben, 108–109 oben 110–111 oben
Woley & Scott Ltd., Birmingham 61
Winchester Gun Museum, New Haven, Connecticut 72–73 oben, Mitte und unten, 74 links, 74–75 oben, 76–77 Mitte, 76–77 unten, 80–81, 81 unten